아랍 문화의 미학

아랍 문화의 미학

도리스 베흐렌스-아부세이프 지음 | 김인성 옮김

꾸란에서 장식까지
아랍 세계가 사랑한 아름다움

사회평론아카데미

아랍 문화의 미학

꾸란에서 장식까지, 아랍 세계가 사랑한 아름다움

2025년 12월 8일 1쇄 찍음
2025년 12월 15일 1쇄 펴냄

지은이 도리스 베흐렌스-아부세이프
옮긴이 김인성

편집 김천희·김찬호
디자인 김진운
마케팅 유명원

펴낸이 윤철호
펴낸곳 ㈜사회평론아카데미
등록번호 2013-000247(2013년 8월 23일)
전화 02-326-1545
팩스 02-326-1626
주소 (03993) 서울특별시 마포구 월드컵북로6길 56
홈페이지 www.sapyoung.com
이메일 academy@sapyoung.com

ISBN 979-11-6707-208-5 93600

게르하르트 베흐렌스에게

모든 것에는 그것을 빛나게 하는 장식이 있다.

— 하디스

장식성을 숨기지 않는 예술이야말로 삶에 어울리는 예술이다.

— 오스카 와일드

한국어판 서문

어떤 책이라도 출간된 지 20년이 넘었다면 개정할 필요가 있다. 그간 다른 연구 주제들에 몰두하게 되면서 미처 『아랍 문화의 미학』을 살펴볼 겨를이 없었다. 그렇지만 7년여에 걸쳐서 준비했던 이 책의 메시지는 지금도 변함이 없다. 그것은 이슬람의 확산으로 형성된 문명 속에서 전근대 아랍 문화가 '예술을 위한 예술(l'Art pour l'Art)'이라는 개념을 어떻게 적용했는지 기록하자는 것이었다. 즉 이 개념은 미학적 기준이 이념적 규범으로부터 자율적임을 인정하는 것을 의미한다. 이것(예술지상주의적 성향)이야말로 아마도 아랍계 이슬람 예술의 특정 측면이 다양한 성향의 사람들에게 지속적으로 영감을 주고 매료시키는 이유이기도 하다.

아랍 문화 또는 아랍어권 사람들의 문화는 7세기에 이슬람 종교의 확산과 함께 아랍 반도에서부터 대서양과 중국 국경 접경에 이르기까지 광대한 지역으로 전파되면서 확장되었다. 이슬람 민족의 문명은 전 세계 박물관에 전시된 건축 유산과 예술적 업적을 통해 입증되듯이 세계에서 매우 중요한 위치를 차지하고 있다. 이슬람 문화는 무슬림 통치하에서 도시의 확산과 팽창, 그리고 광범위한 상업 네트워크의 발전을 따라 일어난 것이라 본질적으로 도시적 성격을 띠고 있었다.

아름다움과 예술은 즐거움(혹은 쾌락)이라는 개념에서 상호작용하고 중첩되지만, 아름다움에 대한 인식이 예술 작품에만 국한되는 것도 아니고, 아름다움에 대한 개념이 예술 이론과 동일한 것도 아니다. 아랍 문화에서 아름다움에 대한 인식은 암묵적 표현뿐만 아니라 명시적 진술로도 나타난다. 아름다움에서 비롯된 즐거움(혹은 쾌락)은 주관적이고 개방적인 경험으로, 미리 정해진 규칙에 따라 한정되는 것이 아니다. 아랍 문화는 여러 면에서 아름다움의 상대성과 주관적 차원을 강조해 왔으며, 결과적으로 아름다움을 인식하는 다양한 접근 방식을 용인해왔다.

꾸란은 성경과 달리 역사를 말하거나 이야기를 서술하지 않고, 그보다는 하나님에게 이르는 길을 선포하며, 간헐적인 서사만을 담고 있다. 페르시아 예술과 달리 아랍 예술은 서사적이거나 묘사적이지 않으며, 오히려 추상적인 디자인과 함께 문자 텍스트를 통해 의미를 전달하고 있다. 서예나 기하학, 그리고 양식화된 패턴은 그 매체가 무엇이든 건축이든 휴대 물품이든 무관하게, 성스러운 상황이든 세속적인 상황이든, 의례적이거나 일상적인 맥락을 구분하지 않고 예술적으로 서로 유사하다는 것을 보여주고 있다. 이슬람 예술에서 엄밀하게 종교적이라고 분류되는 예술 작품은 극히 드물다. 시각 예술은 종교가 명시적으로 개입하지 않는 영역에서 번성했다.

어떤 물건이 경배용이라든가 경건한 목적에 바쳐졌다는 것을 결정하는 것은 그 물건이 전달하는 명확한 메시지가 아니라 그 예술적 가치에 따라 이루어졌다. 항상 귀중하다고 여겨졌던 동양의 도자기가 오만의 모스크 기도실을 장식하는 이유는 이 때문이다. 이런 점에서 모스크와 궁전은 동일한 미적 원칙을 공유하고 있다

그러나 아랍어권 문화권에서는 시각 예술 이론이 발전하지 못했다. 예술 창작의 개념은 전통적으로 시각 예술보다는 문학, 특히 시에 집중되어 있었기 때문에, 미적 개념은 주로 문학 비평의 영역에서 찾을 수 있었다. 저명한 신학자이자 법학자인 무함마드 압두(1905년 사망)는 아랍의 시를 유럽 문화권의 회화나 조각과 동등한 것으로 묘사했다.

아랍 문학에는 시각 예술에 대한 언급이 없지만, 시는 그 대상을 찬양했고, 역사가들은 경이롭고 이국적인 유물들의 이야기와 일대기를 서술해 왔다. 높은 미적 기준에 맞춰 정교하고 예술적으로 만들어진 일상용 예술품은 이슬람 문명의 특징 중 하나이다. 꾸란에 묘사된 낙원에는 최고급 공예품들로 가득하다. 전근대 도시에서 사용되던 기물이나 일상용품에는 고상한 글귀와 후원자들의 이름이 새겨져 있어 그것들의 의미와 가치를 고양시키고, 그 물건들이 단순한 실용성을 넘어섰으면 하는 열망과 감정을 표현하고 있었다. 문자에 대한 집착을 가지고 있었기 때문에 이미 이슬람 이전의 아랍인들도 사막의 돌과 바위를 무수한 낙서로 가득 채웠다. 시각 예술 중 오직 서예만이 배우고 연구해야 할 미적 규칙을 지닌 학문의 지위를 얻었고, 서예가들은 무명으로 남은 다른 예술가나 장인들과 달리 인물백과사전에 이름을 올렸다. 일부 학파에서는 서예를 영적

수행과 관계가 있다고 생각해왔다.

내가 미학적 즐거움(혹은 쾌락)이라는 주제를 탐구하고 그 개념을 도출해보고자 한 것도 주요 소통 매체인 시의 우월성, 시와 세상과의 상호작용, 시에서 표현된 '삶의 환희'와 자유사상, 그리고 무엇보다도 종교계에서 의심의 눈초리를 던지게 만들었던 시의 세속적 성격과 그를 뒷받치고 있는 정교한 문학 비평 때문이었다.

이 책에 제시된 아름다움과 예술의 일부 개념은 아랍 문화에서 여전히 공감을 불러일으키고 있다. 예를 들어, 꾸란의 텍스트가 하나님의 말씀이며 그 미적 완벽함이 문학적 표현의 이상을 담고 있다는 믿음에 기반한 문학적 미학이 그렇다. 그러나 이러한 개념을 키워낸 물질적 세속 문화는 살아남지 못했다. 그것은 지나간 시대에 속해버려서 이제는 오직 탐구와 역사적 탐색을 통해서만 드러날 수 있게 되었다.

2025년 5월

도리스 베흐렌스-아부세이프

옮긴이의 말

본서 『아랍 문화의 미학』은 프린스턴대학출판부의 중동 연구 시리즈의 하나로 출간된 *Beauty in Arabic Culture*를 번역한 것이다. 독자에게 좀 더 친절하자는 뜻에서 번역서의 부제를 〈꾸란에서 장식까지, 아랍 세계가 사랑한 아름다움〉이라고 했지만, 책은 꾸란과 장식을 훨씬 넘어 아랍 세계의 다양한 분야와 예술장르를 탐색하면서 초기부터 15세기까지 아랍 문화권에서 '미(美)'를 어떻게 바라보고, 어떤 것을 '아름답다'고 받아들였는지 살펴본다. 저자인 도리스 아부세이프(Doris Behrens-Abouseif) 교수는 그리스 로마의 고전과 더불어 아랍의 철학, 신학, 신비주의, 시와 문학 비평뿐 아니라 〈천일야화(千一夜話)〉 등의 설화와 역사문헌까지 섭렵하면서 다양한 미의 개념을 제시하고, 아랍인들의 일상생활뿐 아니라 종교와 문학, 음악과 시각예술까지 여러 분야를 다루었다. 저자는 저서 내내 학문적 깊이를 잃지 않으면서도 현학(衒學)과 지나친 각주(脚註)

로 독자에게 피로감을 주는 실수를 하지 않는다.

책은 총 4장으로 이루어져 있으며, 각 장마다 핵심적인 미학적 논제를 중심으로 해당 예술 장르에 적용 사례를 소개하고 그와 더불어 이슬람 미학사상의 큰 줄기를 이루는 저술가들의 입장을 다루고 있다. 본문의 〈들어가며〉 부분에서는 서구인들의 예술관과 은연중에 그들이 서구의 기준에서 조망한 이슬람 예술에 대한 오해를 지적하면서 저자가 이 책을 쓰게 된 배경과 동기를 알려준다. 1장에서는 아랍문화의 정점이라고 자타가 공인하는 이슬람의 경전 〈꾸란〉의 아름다움을 중심 주제로 이슬람 종교와 경험에서 등장하는 미학적 논점들을 소개한다. 2장은 이슬람 세계의 일상생활과 자연에서 마주치게 되는 미학개념을 아랍 저술가들의 글을 인용하면서 설명한다. 1,2장을 통해 아랍인들이 〈꾸란〉 자체의 문학적 우수성을 아랍 예술의 절대적 지표로 삼고, 그리스 철학과 사상을 받아들이면서 수피와 이슬람 신학자들이 아름다움과 사랑의 관계를 우주의 근본 동력으로 이해하고 있음을 알게 된다.

3장에서는 '음악과 문학'장르를 함께 다루고 있는데, 노래와 이어지는 문학작품이 많다는 사실을 감안하면 이러한 접근법을 채용한 데에는 그만한 설득력이 있다. 3장에서는 특히 문학에 많은 양을 할애하고 있어 음악의 분량은 많지 않다고 하지만 아랍인들의 음악 애호 전통과 아랍 음악의 독특한 성격에 대한 저자의 깊은 이해는 비서구음악, 특히 아랍 음악에 관심을 가진 독자들에게 큰 자극이 되리라고 본다. 음악과 마찬가지로 아랍 문학은 주제나 문체상의 매력뿐 아니라 지적, 정신적 성숙을 도와주는 역할을 한다고 보았다. 책 가운데 가장 긴 분량을 담고 있는 4장은 아랍 문화 중 시각 예술에 집중한다. 저자는 오랫동안 카이로의 유서 깊은 이슬람 건축물을 직접 답사하고 관련 문서들을 연구했던 뛰어난 역사가이자 미술사가답게 서예부터 회화, 건축, 복식 등 다양한 분야에서 그 실제사례들을 들어가면서 아랍 문화의 미학적 배경을 설명해주는데, 특히 4장을 읽을 때에는 문장 하나하나마다 진지하고 열성적인 그녀의 학문적 탐색의 결실을 보는 듯한 재미가 있다.

아부세이프 교수가 이 책에서 강조하는 바는 다음의 몇 가지로 요약할 수 있다. 첫째, 이슬람 문화가 흔히 생각하듯 낙타를 타고 돌아다니는 아랍의 행상인들이 어찌어찌 만들어낸 조잡한 산물이 아니라는 점이다. 사실 아랍 문화는 오랫동안 이중(二重)의 오해를 받았던 면이 있다. 이슬람 문화라는 점 때문에 기독교 문화권의 세례를 받은 식자층의 오해를 받아야 했고, 또 다른 한편으로는 같은 이슬람 권내에서도 세련되고 고상한 페르시아 문화에 비해 무지하고 거친 유목 상인들의 산물이라는 편견을 겪어야 했다. 그러나 본서에서 수차례 강조하듯 아랍 문화는 유목이나 시골생활과는 무관한 것으로 거대한 제국의 전통과 문화가 밀집된 도시에서 발생한 문화이고, 같은 이슬람 문화권 내에서도 아랍인들은 이슬람 문화의 핵심이라는 자부심을 가지고 있다.

탁월한 고대문명지를 정복하면서 세워진 제국답게 이슬람 문화권의 초기 아랍 정복자들은 자신들이 이러한 문화의 후예라고 여겼고 그 예술의 후원자로 활동했다. 예술을 후원하면서 군주들은 명예와 위세를 자랑할 수 있었고, 동시에 적대적 관계에 있었던 기독교 문화권에 맞설 수 있을 만큼 강력하고 풍요로운 무슬림 공동체의 이미지를 내세울 수도 있었다. 시와 서예, 음악, 건축, 장식 미술에 이르기까지 아랍 예술은 이러한 후원과 지지의 체계 내에서 번성했다.

두 번째는 이슬람 예술에서 엄밀하게 종교적이라고 분류되는 예술작품은 드물다는 주장이다. 즉, 종교적 공간에서만 배타적으로 사용되는 물건이 따로 있는 것이 아니고, 단지 일상생활에서 쓰는 물건이 좀 더 정교하게 만들어졌을 뿐이다. 예를 들자면 가정집에서 세안, 세척용으로 수반(手盤)을 사용하고 모스크에 입장하기 전에도 같은 수반에 세정(洗淨)을 할 수 있다. 이런 점에서 모스크와 궁전은 동일한 미적 원칙에 따라 만들어진 것이라 할 수 있다. 이는 아랍 예술을 포함하여 이슬람 문화권 전체에 해당되는 전제이면서 기독교나 불교문화권의 예술과는 다른 것으로, 이슬람 문화만의 특징이기도 하다.

그리고, 서양의 미학이론과 유사하게 아랍 문화에서도 근대 이전까지는 모든 예술의 정점은 문학, 그 중에서도 시라고 보았다. 시각 문화에 경도된 작금의 경향으로는 도저히 이해하기 어려울 수도 있겠지만, 또 저자 자신이 오랫동안 미술사가로 활동해 왔지만, 전근대 아랍 문화에서 세속 문화 중 가장 우월한 가치와 영예를 누린 분야는 시였음을 강조한다. 한편, 초, 중기 아랍 문화권에서는 작품의 메시지가 예술 작품의 가치를 결정하는 것은 아니라고 본다. 서양에서는 19세기가 지나갈 무렵에서야 '예술을 위한 예술(art for art's sake)'이라는 개념과 운동이 일어났던 데에 비하면 아랍 문화의 이러한 미학적 태도는 가히 근대적이라 할 만하다.

***

아부세이프 교수는 이집트의 알렉산드리아에서 태어나 이집트에 있는 프랑스 학교를 다녔고 독일에서 대학부터 하빌리타치온(Habilitation)까지 마쳤다. 아랍인이면서 유럽인이었고, 영국 런던 대학에서 교수직을 하면서 그녀는 뛰어난 언어 실력과 연구의욕으로 출판 논문의 숫자나 저서로만 가늠할 수 없는 학문적 업적을 이루었다. 수십 편이 넘는 논문과 함께 흔히 벽돌서라 불리는 두터운 저서들을 출판하면서 아부세이프 교수는 맘룩시대를 이슬람 미술의 중요한 분기점으로 정립했다. 그녀의 연구 영역은 이슬람 미술에만 한정되지 않았다. 구약의 창세기 연구에서부터 이집트 콥트 역사와 문화, 중세 아랍의 와크프(waqf) 문서 연구, 유럽과의 외교 문서를 통해 본 아랍 무슬림의 교류까지 자신의 학문적 관심과 호기심이 닿는 한 자유롭게 연구의 주제로 삼고 그를 능숙하게 다루어냈다.[1]

본서는 1999년 독일에서 초판이 나왔고 이어서 미국에서 출간되었다. 출간 후 상당히 시간이 지났지만 본서가 여전히 아랍 미학 분야의 중요 도서로 회자되는 데에는 아부세이프 교수의 저술 능력이 큰 역할을 했으리라 본다. 아랍 문화의 아름다움이라는 주제를 다루는 책은 많겠지만, 본서는 그러한 학문적 배경과 태도를 가진 학자만이 전달할 수 있는 그녀만의 독특한 설득력과 매력을 갖고 있어 아마 이런 류의 책이 또 나오기는 어려울 거 같다. 참고로, 본서는 2023년 중국어로 번역 출판되어(俞雨森(역),《阿拉伯文化中的

1 아부세이프 교수는 2021년 중동 중세학자 모임의 평생 공로상(Middle East Medievalists (MEM) Lifetime Achievement Award)을 수상하였다. 그녀의 연구업적과 활동에 대해서는 다음의 수상수락문을 참조할 수 있다. https://journals.library.columbia.edu/index.php/alusur/article/view/uw30behrens-abouseif/uw30behrens-abouseif

美》, 中西書局), 상당한 주목을 받은 바 있다. 전문 연구자를 포함하여 어느 정도 아랍이나 이슬람 문화에 관심을 갖고 있는 일반 독자라면 이 책을 통해 아랍 문화에 대한 아부세이프 교수의 깊은 통찰에 접할 수 있으리라 본다.

역자가 이 책을 번역해보겠다고 생각한 것은 박사과정 기간 동안이었다. 2008년 런던대학에서 미술사로 다시 학부과정을 시작하면서 아무 사전 준비도 없이 〈이슬람미술사 개론〉을 듣고 느꼈던 혼돈과 당혹감은 20여 년이 지난 지금까지도 생생하다. 학교 공부를 시작한 이래 그렇게 처음부터 끝까지 못 알아들었던 수업은 없었다. 뭘 준비하고 예습해서 대비를 해야 하는지조차 몰랐을 정도로 그 분야에 깜깜했다. 아부세이프 교수는 팀티칭으로 진행된 개론 중 이슬람 서예 부분을 가르치셨는데, 명성이 당사자보다 먼저 온다는 말이 있듯이 그분의 지독한 학구열과 연구자세는 학생들 사이에 이미 널리 알려져 있었다. 2학년이 되어 교수님의 〈이슬람 장식미술사〉를 들었던 것은 학비 내고 다니면서 그러한 명성을 가진 학자의 강의를 놓칠 수 없다는 내 나름의 계산에 더해 이 나이에 성적이 나쁘게 나온들 뭔 대수냐 하는 배짱도 있었다. 다행히 성적도 나쁘지 않아 3학년 때에도 다시 교수님 수업을 들었는데, 2학년 수업에 들어왔던 친구들은 단 한 사람도 등록을 하지 않았다. 교정에서 눈부시게 젊고 아름다웠던 그 아랍 여학생들과 만날 때마다 그들은 성적도 안 주고 무섭게 구는데 또 그 수업을 듣느냐면서 나를 힐책하기도 했고 위로하기도 했다.

사실 아부세이프 교수의 수업 시간은 긴장과 두려움이 가시지 않았다. 책상 위에 전화기를 꺼내 놓기라도 하면 녹음하느냐면서 아주 싫어하셨고, 어리석은 대답을 하면 핀잔도 잘 주셨다. 웬만한 헛소리를 해도 다 좋다 좋다 하는 영국 대학의 학습분위기와는 사뭇 달랐다. 그렇지만 대학에서 선생을 했던 내 경험으로 교수님의 강의는 그런 불편을 무릅쓰고서라도 들을 만했다. 학기 초에 내주는 두툼한 참고도서 목록만으로도 꽤 큰 덕을 봤고, 깜깜하던 이슬람 미술에 조금씩 빛이 들어오는 듯한 느낌은 말로 설명할 수 없는 즐거움을 주었다.

우여곡절 끝에 아부세이프 교수님은 나의 박사과정 지도교수가 되었고, 결국 그보다 더한 우여곡절을 함께 겪으면서 교수님 덕분에 2017년 무사히 학위과정을 마치게 되었다. 학부부터 박사과정에 이르는 동안 교수님의 저서 *Beauty in Arabic Culture*를 자주 참조했는데, 읽을 때마다 새로운 내용이 눈에 들어왔다. 평이한 문장 속에서 진주처럼 귀한 내용들이 숨어 있어 관심을 기울이지 않으면 쉽사리 놓칠 수 있었기 때문이다. 재학중에 한국에서 온 교환학생들과 만날 기회가 많았다. 그 가운데에는 이슬람 미술 수업을 듣고 싶어 하는 친구들이 있었지만 당시만 해도 이슬람 문화에 대한 배경 지식이 미약해서 수업이 너무 힘들다면서 모두 중간에 포기했었다. 공부를 마치면 교수님의 책을 번역해서 한국 독자들에게 이슬람 문화의 아름다움을 알리면 좋겠다는 생각을 하게 되었는데, 그 마음을 먹은 날부터 지금 출판까지 도대체 얼마나 시간이 흘렀는지, 교수님이나 출판사에게 민망하고 송구할 따름이다.

아부세이프 교수님은 그 사이 은퇴를 하시고 지금은 런던 대학의 명예교수로 계신다. 평생을 함께 한 남편 베흐렌스(Gerhard Behrens) 박사께서 최근 별세하시면서 어려운 시간을 보내고 계시지만 여전히 연구와 출판, 강연을 계속하신다.

2021년, 모두 이제는 코로나가 끝나려나 기대하고 기도하던 때, 사회평론에 출판 문의를 했다. 어느 정도 무난하게 진행이 되어가는 듯하여 중국보다 먼저 번역을 낼 수도 있겠다고 설레기도 했는데 역시 난관이 없지 않았다. 그간 오랜 기간이 지났는데도 불구하고 끝까지 책의 기본틀을 잊지 않으면서 항상 새로운 아이디어를 제시해주고, 함께해준 출판사의 김천희 선생에게 깊은 감사를 드린다. 원서에 비해 표지도 아름답고 장정도 훨씬 좋아진 모습을 보니 출판사에 새삼 감사를 드리며, 부디 이 책이 세상에 나가 많은 독자들과 만날 수 있기를 바라면서 글을 맺는다.

2025년 10월에

옮긴이 김인성 씀

차례

제3장

음악과 문학

제4장

시각 예술

들어가며

코르도바, 대모스크의 미흐랍, 10세기경

『이슬람 백과사전』에는 현대 아랍어로 '미학'에 해당하는 "일름 알-자말('ilm al-djamāl)"[1]이라는 제목의 항목이 있는데, 미학에 대한 일반 이론을 설명하면서 "아랍 문명의 역사에서는 이 분야 용어에 대한 정확한 정의가 결여되어 있다"고 적혀 있다. 그러나 미학 개념이 결여되어 있는 것은 이슬람 문화에만 국한된 것이 아니다. 이는 다른 전근대 문화의 특징이기도 하다. 여러 미학사가들 가운데 움베르토 에코(Umberto Eco)도 유럽 중세 시대 또한 순수 예술 이론을 펼친 적이 없다고 지적하면서, 미적 즐거움의 전달을 그 본질적 목적으로 하는 예술 창작물과 그러한 창작물을 만들려는 열정의 고상한 의미까지 섭렵하는 순수 예술 이론은 없었다고 한다.

예술에 대한 무슬림의 현실적 태도, 즉 미학을 생활 규범이라고 보는 태도를 생각해보면 그들 문화에 예술론이 없다고 주장하는 것은 잘못이다. 거의 모든 무슬림 세계 어디에서나 언제나 시각 예술을 즐겼고, 또 장려했다. 건축은 언제나 가장 두드러진 이슬람 예술로 돋보이지만, 여러 번 지적되었듯이 이슬람 문화에는 고전 유럽의 비트루비우스(Vitruvius)라든가 건축 설계 및 실행 과정을 조절하고 분석한 인도의 『바스튜 샤스트라(건축 과학, *Vastushastras*)』와 같은 이론적 저작물이 나오지 못했다. 저명한 중세 유럽 미학 연구에서 더 브라위너(De Bruyne)는 "중세 작가들이 체계적인 예술 이론을 펼치지 않았다고 해서 그들이 예술과 아름다움의 관계를 알지 못했다는 뜻은 아니다"[2]고 했는데, 이 말은 이슬람 세계에도 그대로 적용된다.

철학적, 신학적 문서들을 분석해서 고전 및 중세 유럽의 아름다움의 개념을 연구한 뛰어난 저서들이 많지만, 아랍-이슬람 연구물 가운데에는 그러한 저술이 거의 없다. 예외라고 한다면 이슬람 예술을 다루면서 미학 문제까지 포함하는 경우를 들 수 있을 정도다. 문학사가들은 아랍 고전 문학이라는 특정 분야에서 광범위하게 미학 개념을 다루고 있지만, 중세 유럽 연구에서처럼 철학적이거나 사회적 관점에서 이 주제를 다루지는 못했다.

미술사에서 이슬람 미학에 접근하는 방식은 국제화 양상을 띤다. 보통 이슬람의 디자인 현상을 출발점으로 삼아, 중앙아시아에서 스페인에 이르는 무슬림 세계 전체를 8세기에서 18세기까지 혹은 그 이후까지의 변화를 다루는데, 이러한 관점은 너무 광범위하고 너무 일반적이라서 문헌 자료에 근거한 연구에서는 채택하기 어렵다. 본 연구에서는 미술사적 접근 방식이 아니라 그보다는 주로 아랍 문헌 자료에 의존하는 문화적 관점을 채택하려 한다. 따라서 연구 범위도 무슬림 세계 전체를 모두 포괄하는 것이 아니라 아랍 문화로만 한정하려고 한다.

고전 이슬람에서는 아랍어를 사용했고, 아랍어로 문서가 남아 있다. 아랍어가 이슬람 철학의 언어가 된 것은 그리스 철학과 과학을 아랍어로 번역하고 정교하게 다듬었던 번역 활동 덕분이다. 이슬람 문화의 첫 번째 단계는 아랍의 패권과 후원 아래에서 일어났다. 그 황금기는 바그다드가 압바스 칼리파의 수도이자 무슬림 세계의 중심지였을 때로, 이때 아랍어는 지적 담론의 언어였다. 9세기 압바스조가 정치적으로 확장되었지만 그렇다고 해서 그 용광로 같은 문화적 창조성이 약화되지는 않았다. 오히려 그와 반대여서, 압바스의 황금시대를 메쯔(A. Mez)는 이슬람의 르네상스라고 불렀다. 이 황금시대는 오래된 문화의 재생이 아니라 새로운 문화의 탄생이 일어난 때였기 때문에 '르네상스'라는 용어를 문자 그대로 해석해서 쇠약해진 것이 부활했다는 의미로 받아들여서는 안 된다. 그러나 '르네상스'라는 용어를 유럽에서 계몽정신과 강한 탐구심으로 예술과 과학에서 창의력의 폭발을 일으켰을 때와 같은 문화의 탄생이라고 정의한다면, 그러한 용어를 써도 틀리지 않다. 압바스 시대에는 아랍-이슬람 문화, 신학, 문학, 합리적 과학, 철학, 음악학, 심지어는 앞으로 다가올 수세기 동안의 생활 방식을 형성하고 규정하는 기준까지 대부분 이때 생겨났다. 이슬람 예술의 주요 특징, 즉 서예, 기하학, 아라베스크, 무카르나스(*muqarnas*)* 등이 이 시기에 확립되었다. 당시에 만들어진 예술 기준이 전근대 무슬림 세계의 역사에 널리 퍼져 있다.

....

* 이슬람 건축 양식 중 하나로 종유석 같은 모양의 천장장식. (역자주)

이 연구를 아랍어 문화로 한정하는 또 다른 중요한 이유는 아랍 문학과 문학 비평이 미적 기준을 공식화하는 데에 중요한 역할을 했기 때문이다. 시는 언제나 아랍인들이 가장 소중히 생각하고 가장 널리 토의하던 예술이며, 아랍인들은 엄청난 양의 문학 비평을 남겼다. 이슬람의 고전 시대 이래 모든 무슬림 사회에서 수피즘(Sufism)*은 문학을 포함하여 중요한 역할을 담당했는데, 사회의 지역적, 정치적, 문화적 특성에 따라 다양한 모습을 띠었다. 아랍 문학에서 수피즘은 이란에서처럼 그렇게 절대적 역할을 하지 못했고, 아랍어 수피의 시는 페르시아어 수피의 시만큼 중요하지도 않았고 탁월하지도 않았다. 가장 위대한 아랍 시인들인 알 무타나비(al-Mutanabbi, d. 995)와 아불 알라 알-마아리(Abu l-Ala al-Maarri, d. 1058)는 염세적인 지식인들이었다. 그들은 종교적이지도 않았고 신비주의자도 아니었다. 반면 이란의 『제왕기(諸王記)』(피르다우시 Firdawsi[d. 1010]의 『샤나메[*Shahname*]』)와 니자미(Nizami, d. 1141)의 시 작품은 이란과 튀르키예의 문학 및 예술에 강한 충격을 주었지만, 아랍 예술 전통에는 그만한 영향을 남기지 못했다. 이븐 할둔(Ibn Khaldun, d. 1406)의 합리적 역사관은 중세 후기 아랍 문화에서 생긴 엄청난 역사기록학적 운동의 산물이었다.

수피 사상은 지역에 따라 완전히 다른 경향을 띠었다. 수흐라와르디(Suhrawardi, d. 1191)의 빛의 형이상학은 아랍 세계보다 이란 세계에 더 강한 영향을 남겼는데, 아랍 세계에서는 알 가잘리(al-Ghazali, d. 1111)의 계몽적인 정통 신학의 영향을 받아 좀 더 차

* 이슬람의 신비주의적 교파. (역자주)

분한 형의 수피즘을 택했다. 이븐 아라비(Ibn Arabi, d. 1240)는 그의 밀교적(密教的) 신비주의로 해서 아랍 수피즘보다는 튀르키예, 이란, 인도의 수피즘에 더욱 두드러진 영향을 남겼다. 페르시아의 시인 잘랄 알딘 루미(Jalāl al-Dīn Rūmī, d. 1273)는 흔히 가장 대표적인 이슬람 신비주의자라고 알려져 있지만, 아랍 문화에서는 큰 영향을 남기지 못했다.

몽골 침략으로 인해 무슬림 세계의 모습이 바뀌었고, 무슬림 세계의 동쪽 부분과 서쪽 부분 사이의 이질성은 더욱 심해졌다. 그 후 아랍어권에서는 좀 더 보수적인 문화가 생겨났다. 학문과 연구는 제도화되었고, 사변적인 학문보다는 백과사전이나 역사 문헌들처럼 실용적인 학문들이 일어났다. 다양한 분야들이 그 매력을 잃어버렸다. 이전의 철학은 사라졌고, 대신 온건한 수피즘이 흥했다. 그렇다고 해서 중세 후기 아랍 사회에서 고전적인 압바스 시대의 유산을 거부한 적은 없었다. 오히려 다음 수 세기 동안 수많은 서적 생산을 통해 그 유산을 영속시켰는데, 지칠줄 모르는 열정으로 고문서들을 복사하면서 그것들을 새 선집이나 백과사전에 삽입하기도 했다. 새롭고 좀 더 금욕적인 경향으로 대체되기는 했지만 이러한 보수적 태도로 인해 일단 규정된 규범과 이상을 보호했다. 예를 들어, 맘루크 시대에는 음악가들이나 의사들에 관한 사전을 새로이 만들지 않았지만 예전의 사전을 계속 사용했다. 오스만 시대까지 그 사전들을 참조하고, 복사하고, 인용하고 그에 대해 논의했다.

아랍의 패권이 쇠퇴하면서 이슬람화한 이란과 투르크 문화가 번성하기 시작했다. 그들은 아랍어권 세계와는 다른 역사적 요인들에 의해 영향을 받으면서 다른 방향으로 진화해갔다. 오스만, 티무르, 사파비, 무굴조(朝)의 예술에서 나타난 현상은 마그리브*나 이집트, 시리아에서는 볼 수 없는 것으로 이들 아랍국가들은 대체로 충실하게 중세 전통을 고수했다. 14세기 이후 아랍 지역의 예술에서 회화와 회화의 형상 표현은 거의 완전히 사라졌다. 이런 까닭에 예술적 개념에 대한 논의를 전체 무슬림 세계에 무차별적으로 적용할 수가 없다. 압바스 시대에 이란인들이 자신들의 문학적 언어와 문화를 되살리면서 아랍어권 민족들이 이란의 문화적 영향을 받았으나, 시대가 지나면서 정점을 지나 영향력이 줄어들었다. 오스만 제국이 16세기 아랍 지역을 정복했을 때, 이란의 문화적 영향은 미미했고 아랍어가 계속 공식적, 문학적 언어로 쓰이게 되었다.

이븐 할둔이 인정했듯이, 아랍 문화는 주로 비(非)아랍인에 의해 형성되었다. 따라서 여기에서 아랍 문화를 정의하는 기준은 민족이 아니라 언어이다. 아랍어는 꾸란의 언어, 다시 말하면 신(神)의 언어로, 계속해서 무슬림 세계 전역의 문화적 연결고리가 되고 있다. 이 책에서 아랍 문화라는 용어는 항상 아랍어권 세계를 의미하는 것으로, 현재 아랍 국가뿐만 아니라 이슬람 스페인과 아랍어 저작을 남긴 고전 시대의 이란도 여기에 속한다. 이러한 용어 사용은 "이란 예술과 문화"라는 용어가 투르크 민족도 속해 있는 문화를 가리키는 것과 비슷하다. 아랍어의 역할은 중세 유럽에서 라틴어의 역할과 비슷했지만, 중요한 차이점이 있었으니 라틴어와 달리 아랍어는 살아 있는 언어였다. 그러나 많은 경우 아랍과 이슬람을 구분할 수 없을 때는 '이슬람'이라는 용어를 사용한다. 그렇지 않으면,

....

* 이슬람 세계의 가장 서쪽 지역, 이집트를 제외한 튀니지 등 북아프리카 지역. (역자주)

아랍 문화라고 하면 아랍어 사용권의 국제적인 문화를 의미하는 것으로 현지 기독교인들과 유대인들도 이 문화에 기여했다.

무슬림 세계의 미학 일반 이론이 없기 때문에 무슬림 사회에서 예술이나 아름다움의 의미를 찾기 위해서는 예술 작품 자체뿐 아니라 여기저기 흩어져 있는 문학적, 문화적 서술에서 추론해야 한다. 다양한 출처에서 이 연구와 관련된 문서상 기록을 찾을 수 있는데, 여기에는 꾸란, 법률 문서, 종교 문서 및 수피 문서, 연대기, 전기, 순수 문학, 문학 비평, 과학과 지리 및 철학 문헌 등이 포함된다. 『아라비안 나이트(*Arabian Nights*)』는 중세 후기 아랍 세계, 그 가운데에서도 주로 이집트에서 수집되고 기록된 것으로 그 기원이 다양하고 이질적이지만 아랍 미학을 이해하는 데 중요한 문서이다. 따라서 이 책에 등장하는 아름다움에 대한 서술에는 종교적, 지적, 문학적 이상형이 담겨 있고, 예술적 감수성과 삶의 규범이 드러나며, 예술적 생산의 사회적 맥락에 대해 알려주고 있다.

이 책의 구성은 시간 순서를 따르는 것이 아니라 유형론적 구조를 따라 지속적이고 특징적인 주제를 개관하는 것으로, 역사적 발전이나 변이를 언급할 때에는 개별 사례를 들게 된다. 따라서 아랍 문화에서 채택하고 아랍 문화로 통합된 개념이나 예술적 형식의 기원과 뿌리를 분석하지는 않을 것이다. 어떤 문화에서 수세기에 걸쳐 이루어진 아름다움의 개념과 같이 광범위한 주제를 다루자면 압축과 일반화를 피할 수 없다. 아름다움이 어떻게 받아들여졌는지, 혹은 예술이 중세 사회에 어떤 의미를 가졌는지 관찰하고 규정하기 위해 예외가 될 만한 것들은 제외하고 문화적 주류에 집중할 것이다.

이 책에서 다루는 질문 가운데 많은 것들이 아름다움에 대한 중세 유럽의 개념을 연구한 문헌들에서 영감을 얻은 바가 크다. 최근 몇 년 동안 올레그 그라바(Oleg Grabar)와 나눈 대화뿐 아니라 그가 이슬람 예술에 있어서의 아름다움과 즐거움에 대해 제기해 온 질문 역시 나의 작업에 도움이 되었다. 본 연구에서 이슬람 예술의 의미에 대한 서양 학자들의 입장을 참고하고 사용했지만 그에 대해 토론하지는 않을 것이다. 그러한 것들은 오리엔탈리즘의 사회학이라는 별도의 연구로 다룰 만하다. 또한 나의 목표는 현대의 미학적 기준에 근거하여 아름다움에 대한 아랍의 개념을 분석하는 것도 아니며, 단지 아름다움이라는 주제와 관련된 전근대 아랍의 이야기들을 모아서 제시하는 것이다.

중세 유럽과 이슬람의 철학 사상에는 많은 유사성이 있고 공통 전통을 갖고 있다. 그러나 내가 특별히 주목하게 된 차이점이 있는데, 그 때문에 이 책을 저술하게 되었다. 그것은 아랍 문화에서 선(善)과 미(美)를 분리하고, 종교적이거나 도덕적인 규범에 매달리지 않고 시와 시각 예술의 아름다움을 그 자체만으로 감상했다는 것으로, 이러한 점은 중세 유럽에서는 보기 드물었던 태도로, 당시 아랍 문화가 당대 유럽에 비해 이미 근대성을 담고 있었음을 보여준다.

제1장

종교적 접근

بسم الله الرحمن الرحيم
الحمد لله رب العالمين ۝ الرحمن
الرحيم ۝ مالك يوم الدين ۝ إياك نعبد
وإياك نستعين ۝ اهدنا الصراط
المستقيم ۝ صراط الذين انعمت
عليهم غير المغضوب عليهم
ولا الضالين ۝
آمين

세계관

아랍 이슬람권의 아름다움/미(美) 개념을 연구하자면 중세 유럽의 사상을 함께 다룰 수밖에 없는데, 이는 이슬람과 유럽 문화 모두 성서 전통과 그리스, 로마 문명에 공통 뿌리를 가지고 있고, 이슬람 철학이 중세 유럽 사상에 직접적이며 실질적으로 영향을 주었기 때문이다. 그렇지만 아랍인들이 그리스 사상 전체를 수용했던 것은 아니었다. 그들은 자신들의 문화와 어울리지 않거나 흥미를 일으키지 않는 주제들 – 예를 들면 호머, 극장 등 – 을 많이 제외시켰고, 라틴 문학의 영향을 받은 바도 없어서 아랍어 출처에서 비트루비우스와 세네카를 찾아볼 수는 없다. 아리스토텔레스(Aristotle)를 깊이 존경했음에도 불구하고, 무슬림들은 서구처럼 향수 어린 마음으로 그리스 문화를 회고했던 것이 아니라, 단지 그 문화에서 배우고 그들 자신의 지식에 그를 추가하려고 했을 뿐이다.

철학은 서구에서는 이슬람 세계와는 다른 기능을 수행했다. 유럽에서는 철학이 일상적 종교 생활을 포괄하고 교회에서 쓰임새가 있었지만, 아랍 세계에서 철학은 엘리트 지식인들의 문제로 남아 있었다. 무슬림 철학자들은 철학이란 지식인들만의 주제이지 평범한 종교 관습의 일부가 아니라고 여겼다. 그리스 철학을 이슬람과 조화시키려는 시도는 결국 성공하지 못했고, 이븐 시나, 이븐 루슈드(Ibn Rushd) 같은 철학자들은 철학과 종교의 영역을 별개라고 보았다. 결국, 아랍 종교 사상은 그리스 철학을 반박하여 이슬람과 어울리지 않는다고까지 했고, 대신 수피즘을 이슬람 정통의 율법주의적 접근에 대한 대안으로 받아들였다. 수피즘은 비록 오리엔트적 요소뿐 아니라 플라톤주의와 신플라톤주의적 요소까지 담고 있지만, 그런데도 불구하고 좀 더 용이하게 이슬람 종교 관행과 어우러질 수 있었던 것은 그 접근 방식이 프로그램화되지 않고 개별적인 특성을 갖고 있었으며, 철학과는 달리 대중적 요소를 담고 있으면서 그 안에 철학 사상이 녹아 있었기 때문이다.

그리스 철학의 유산이 아랍 이슬람 문화에 기여한 것은 주로 아리스토텔레스-플라톤주의와 신플라톤주의의 방사(放射)설인데, 이 학설에서는 영원한 세계는 영원한 일자(一者)에 의해 다스려진다고 되어 있다. 모든 것은 이 일자에서 방사되어 그 주변을 맴돌고, 사랑이나 욕구에 따라 움직인다. 영혼은 육체에서 해방되어 절대적인 아름다움(미)과 진리를 향해 오름으로써 영적 세계와 물질 세계 사이의 중개자 역할을 하는 능동 지성(Active Intelligence)의 도움을 받아 일자에게로 회귀할 수 있다. 그러나 무에서부터 창조(*ex nihilo*)라는 꾸란의 창조 개념과 육신의 부활을 믿는 무슬림들의 신앙에 이르게 되면, 이 교설은 정통 이슬람과 충돌하게 된다. 그렇지만 영혼과 물질 사이에 있는 인간 존재의 관계라든가 비물질적인 불멸의 영혼이 삶과 운동의 원리라는 개념에 관해서는 이슬람 신학은 그리스 철학과 같은 관점을 갖고 있다. 지성이야말로 영혼의 활동이며, 인간은 지성을 통해 완전을 향해 가고 신을 향해 가게 된다. 인간은 인간의 영혼을 해방하고 하위 우주의 물질적 힘에 맞서 싸워야 한다. 정통 이슬람이 철학에서 분리되었다고 해서 철학이 이슬람에 영향력을 행사하지 못했던 것은 아니다. 철학적 접근법의 가장 확고한 반대자였던 가잘리조차도 아리스토텔레스와 이븐 시나의 방법론을 이용하여 자신의 개념을 만들어냈던 걸 보면 철학자들의 영향력이 컸다는 것을 알 수 있다.

이슬람은 종교이며 동시에 국가, 혹은 종교이며 동시에 삶(딘 와 다왈라, 딘 와 두니야 *dīn wa dawla*, *dīn wa dunyā*)이기도 한데, 이는 이슬람이 인간 삶의 영적, 사회적 측면 둘 다를 모두 아우른다는 뜻이다. 꾸란은 종교적 진리뿐만 아니라 예배와 인간 행위 및 사회적 행동의 규제도 포함한다. 이슬람은 율법의 종교이며, 그 신학은 본질적으로 율법학에 기초한다. 샤리아(*Shari'a*)는 신의 뜻을 전달하고 인간 삶의 모든 측면을 지배한다. 샤리아는 무슬림이 따라야 할 의무가 있는 신앙의 규범을 지정해준다. 이러한 상황이기 때문에 이슬람 사회가 결국 하나의 출구로 수피즘에 의지하게 되는 것은 당연하다고 할 수 있다. 하나님에 대한 황홀하고 친밀한 접근 방식과 즉각적인 종교적 경험을 추구함으로써 수피즘은 샤리아의 제식적, 법률적 특성에 대한 대안을 제시했다.

인간은 지상에서 신을 섬기고 대변하기 위해 하나님의 형상으로 창조되었다. 즉 인간은 하나님의 권능에 복종해야만 하고, 이는 절대적인 것으로 인간의 이해를 넘어서는 것이다. 알-아샤리(al-Ashari, d. 935)의 지배적인 교리에 따르면, 하나님의 창조는 불변하며 영원하다. 하나님은 창조자이자 선하고 악한 모든 것들의 원인이시다. 하나님은 인간의 행위를 창조하셨지만, 그에 더해 그들의 행위에 대한 책임을 질 수 있는 능력도 주셨다. 타고난 행위 능력(카스브*kasb*)이라는 개념은 9세기에 합리주의적인 무타질라파(派, Mu'tazilites)가 주창했던 자유의지 원칙에 대한 반응으로 만들어진 타협안이었지만, 결국 그들 간의 공유점을 찾으려는 노력은 실패로 끝나고 말았다.

아샤리의 교리에 따르면 무슬림은 의심없이 꾸란을 믿어야 한다. 꾸란은 만들어진 것이 아니고, 하나님의 영원한 속성으로 불변의 것이다. 꾸란에 그려져 있는 하나님의 인간적 속성, 즉 보좌에 앉아 얼굴과 손을 가지고, 보고 듣는 등의 속성에 대해 신자들이 이해하기 어려울 수 있지만 신앙으로써, '어떻게'를 묻지 말고(빌라 카이파*bilā kayfa*) 그러한 것들을 받아들여야 한다. 무타질라파와 같이 합리주의파에서 주창하듯 그러한 것들을 비유적으로 해석해서는 안된다.

수니파 사상에서는 철학자들과 합리주의자들이 선호하는 꾸란에 대한 우화적 해석에 대해 반대하고 있다. 꾸란의 언어는 직접적이고 구체적이다. 즉 꾸란은 형이상학적 용어를 사용하지 않는다. 예를 들어, 낙원(파라다이스)은 꾸란에서 세속적 특징들을 가진 것으로 그려져 있는데, 대부분의 정통 신학자들은 그것을 문자 그대로 받아들이지 상징적이라고 보지 않는다. 꾸란은 단순한 불멸이 아니라 육체의 부활을 예언하고 있다. 신학자들의 합의에 따르자면 낙원은 성전(聖典)에 묘사되어 있듯이 신체적 환락의 장소라고 본다. 철학적 접근방식을 비판하면서 가잘리는 다음과 같이 말했다.

> 그들(철학자들)은 육체의 부활, 영혼의 환희 상태 복귀, 실체적인 지옥의 존재, 낙원과 그 낙원에 사는 미녀들*의 존재 등 인류에게 약속된 모든 것들을 부인하고, 이런 모든 것들은 육체보다 더 높은 단계에 있는 영혼을 보통 사람들에게 설명하기 위해 만들어진 단순한 우화로 영혼의 보상과 응징을 의미한다고 주장하는데, 이는 반드시 반박되어야 하는 주장이다. 이는 모든 무슬림들의 믿음에 위배되는 것이다.[3]

철학자들이 낙원에 대한 꾸란의 설명을 우화라고 해석하는 것과는 달리, 정통 학자들은 영적 행복과 육체적 행복의 호환성을 믿었다. 전반적으로 보자면, 이슬람은 항상 절제를 옹호하고 과잉을 거부했고, 신자를 고독한 숭배자가 아니라 사회의 일원이라고 본다. 정통 이슬람교도에게 있어, 지고의 행복이란 이 세상에서 얻고 난 후에만 낙원에서도 이루어질 수 있다. 반면에 철학자와 신비가들은 영혼과 지성을 고양시켜야만 이 세상에서 탁월함과 행복을 추구하게 된다고 보았다.

하나님의 말씀, 즉 꾸란은 모든 이에게 열려 있는 책이다. 따라서 꾸란은 단어 하나, 하나 그대로 해석되어야 한다. 꾸란의 주해는 율법을 알고 의미학(意味學)을 아는 사람들이 이끌게 된다. 꾸란의

....

* 후리(houri), 경건한 무슬림의 동반자가 되는 천당미녀(天堂美女). (역자주)

정통 해석은 비유의 여지가 거의 없기 때문에 수니파 무슬림 문화에서는 상징 레퍼토리가 발달하지도 않았고, 신비를 해결하거나 비유를 해석하기 위해 성직자가 필요하지도 않았다.

선지자 무함마드는 인간이고 따라서 모든 인간적 속성을 가지고 있는데, 하나님이 그를 지상에서 자신의 사자로 선택했다. 이슬람 전통은 선지자를 뛰어난 인격체라고 보며, 수피파는 그를 계시의 상징으로서 숭배하지만, 무함마드가 꾸란 표현에 관여했다든가 초자연적인 속성을 가지고 있었다고 믿지 않는다. 무함마드는 문맹이었다. 마시뇽(Massignon)이 말했듯이, 꾸란과 무슬림의 관계는 기독교인들과 예수의 관계와 같은 것이지 성경과 같은 것이 아니다. 하나님은 그분의 말씀과 그분의 창조로 드러난다. 우주는 그 아름다움과 완벽함으로 인해 창조주를 드러내는 표지들로 가득 차 있다. 믿음이 충실한 사람들이라면 이 표지들을 바로 읽을 수 있고 인식할 수 있다. 즉, 그들에게는 종교적 권위가 있는 중재가 필요하지 않다. 하나님의 표지를 알아채는 것은 인식(마리파*ma'rifa*. 일름*'ilm*)의 문제이다. 수피들은 종종 하나님에 대한 지각을 의미하는 것으로 '마리파'라는 말을 사용한다. '일름'은 좀 더 복잡하여 세속 과학까지도 포함한다. 이슬람에 있어 지식이란 기독교에 있어 신앙과 같은 것이다. 수피들에 따르자면, 진정한 지식(마리파)을 가지면 사람이 산을 움직일 수 있다.[4] 그것은 사람이 추구할 수 있는 최고의 미덕이며 최고의 의무이다. 이는 또한 개인의 행복을 위한 길이기도 하다.[5] 하나님은 가장 많이 알고 있는 분이다. 하나님의 말씀이 어떤 인격체가 아니라 책을 통해 인류에 다다른다는 사실로 말미암아 이슬람 문화는 독특한 지적 성격을 갖게 된다. 즉 독서와 배움은 종교에 근본이 된다는 것이다.

이슬람 공동체는 후기보다 초기 역사에 지적으로 더 다양했다. 9세기에 합리주의적 무타질라파가 인간의 자유의지 대(對) 하나님의 결정이라는 논쟁을 시작했고 이는 아샤리의 타협으로 승리했다. 수니파 이슬람은 그 사회적 성향 때문에 항상 서로 다른 사상의 타협과 화해를 지향해왔다. 아샤리와 가잘리는 아랍 수니파 사상에 가장 결정적인 영향을 남긴 사상가인데, 이 두 사람의 장점은 심각하게 공동체를 쪼갤 수도 있는 커다란 반대 원칙들을 조정하여 통합성을 이루었다는 것이다. 아샤리는 꾸란 해석에서 '비율'에만 의존하지 않고 신앙의 여지를 남겨둔 교리를 제시함으로써 합리주의 학파들 간의 숙명론자와 극단주의자들 사이의 갈등을 완화시켰다. 가잘리의 역할은 정통성을 수피즘과 화해시키고 사변철학적 사상을 종식시켰다는 것이다.

10세기 이후 수니파가 그 기본 특징을 이루게 되면서, 율법학자들과 신학자들은 더 이상 개인적인 신학적 노력(이즈티하드*ijtihād*)을 계속해서는 안 되며 차라리 이미 정교하게 규정된 율법을 적용하는 데 노력을 집중해야 한다고 동의했다. 즉, 개별 추론의 문이 닫히게 된 것이다. 이것을 절대적 금지라고 이해해서는 안 되지만, 시간이 지남에 따라 원칙으로써 점점 더 강력하게 적용되었다.

샤리아의 최고 역할에도 불구하고, 이슬람 사회는 이슬람과 충돌하지 않는 한 종교적 법률 이외의 규정에 의해 지배될 수 있는 영역이 있다는 것을 인정했다. 예를 들어, 그리스인들로부터 물려받은 합리적 과학은 정통 당국이 철학을 거부한 후에도 계속 인정되었다. 시야사(*Siyasa*, 통치술) 역시 공동체를 이끌기 위해 군주가 채택하는 입법의 원천이라고 인정되었다. '시야사'는 종교적 법률과는 구별되지만, 상호 보완적이어서, 그와 충돌해서는 안 되었다.[6]

이슬람에서는 무엇보다도 신자들의 공동체와 집단의 요구 사항을 준수해야 한다. 따라서 개인적인 아이디어는 집단과 전통에 종속된다. 선지자의 언어와 행위는 하디스(언행록*Ḥadīth*)라고 명문화되어 개인과 공동체의 행동에 대한 선례와 지침으로 쓰이는 권위를 가지게 되었다. 하디스에는 수나(전통*sunna*)가 담겨 있는데, 이는 근본적인 법적 원천으로 꾸란 다음으로 중요한 것이다. 선지자의 전통과 무슬림 공통체의 초기 역사를 보존하고 전달하는 것이 종교 당국의 주요 관심사였다. 이슬람이 열망하는 이상이란 선지자와 그의 동반자들이 최초의 공동체의 삶을 다스렸던 시대의 원래 이슬람을 회복하고자 하는 것이다. 결과적으로, 이슬람 사회를 항상 이끄는 것은 과거를 알고 연구하자는 책무이다. 역사 연구는 도덕적 의무로, 꾸란의 여러 구절에서 신자들에게 행동의 모델을 찾기 위해 과거를 들여다보라고 한다. 따라서 아랍어로 쓰여진 역사지리서적의 양이 엄청나다.

과거와 이슬람의 기원에 관해 관심을 갖는 것은 개인의 추론에 대해 문을 닫았다는 사실과 함께 근대 이전의 아랍 문화가 정적인 특성을 갖도록 만들었다. 과거지향적 향수는 이슬람 문화의 많은 측면을 이루고 있다. 폰 그루네바움(Von Grunebaum)은 아랍의 세계상을 '연대기적 프리미티비즘(chronological primitivism)'*라는 용어로 설명했는데,[7] 이는 황금시대를 되돌아보고 현재에서 쇠퇴 또는

....

* 시간상 과거에 가장 소박하고 소중한 것이 있다는 주장. (역자주)

도덕적 부패를 발견하는 것이다. 최고의 아랍시는 비관적이다. 아랍인의 자부심인 아랍어는 꾸란에서 타의 추종을 불허하는 아름다움으로 표현되었다고 여겨지며, 따라서 꾸란은 예전은 물론 지금까지도 여전히 문학적 우수성의 모델이 된다. 세속적 수준의 시조차도 그 탁월함을 재는 기준은 이슬람 이전의 시적 전통에 따라 이루어진다고 보았다. 이렇게 과거지향적 접근 방식은 유연성의 부족으로 이어지고, 심지어 급진적 혁신과 자유로운 사고에 대한 적대감으로 이어지기까지 했다.

그렇지만 이러한 과거지향적 향수에도 불구하고, 아랍 문화가 과거만 지향하고 있는 것은 아니었다. 성스러운 창조의 징후를 인식하기 위해 우주에 대해 숙고하라고 권장하면서, 꾸란은 이슬람 문화 안에서 지식과 인식론에 대한 커다란 관심을 불러일으켰다. 하나님을 인지하기 위해서는 지식이 필수적이기 때문에 지식은 종교의 일부가 된다.

꾸란과 우주

"하나님/신은 아름다우며 모든 아름다움을 사랑하신다"는 말은 선지자의 말씀이라고 알려져 있으며, 중세 시대와 마찬가지로 오늘날에도 자주 인용되고 있다. 이슬람 신학자들과 주석가들은 이 하디스의 진위를 의심하여 많은 이들이 그를 위작(僞作)이라고 무시하고 있지만 그렇다고 해서 이슬람 문화에서 하디스가 가진 타당성과 중요성을 약화시키지는 못한다. 신의 아름다움이라는 개념이 플라톤적이지 셈족 전통은 아니라는 것도 그 의미를 무효화하지는 못한다.[8] 이 하디스야말로 수피 사상의 근본을 이룰 정도로 중요했으며 지성적인 이슬람 신앙과 대중적인 이슬람 신앙 모두에서 없어서는 안 될 부분이다.

아름다움에 대한 용어(후슨*ḥusn* 또는 자말*jamāl*)가 꾸란에서 자주 사용되는 것은 아니다. 자밀*jamīl*(아름다운)이라는 단어는 도덕적인 맥락에서만 쓰이는데, 의연함/용기(사브르*ṣabr*)를 뜻한다. 다른 많은 언어처럼 아랍어도 아름다운 것과 선한 것을 구별하지 않는다.[9] 그러나 꾸란에서 쓰이는 동사 자야나(*zayyana*)는 '아름답게 만들다', '꾸미다', '장식하다'라는 뜻이기 때문에 본질적으로 미적 아름다움을 의미한다. 아름다움에 대한 또 다른 용어는 말리흐(*malīḥ*)로, *m-l-h* 어근에서 파생되었는데, 여기에서 소금을 의미하는 단어 밀흐(*milḥ*)가 만들어졌다. 이는 아름다움이라는 개념에는 소금을 더했다, 또는 간을 더했다는 함의가 있는 것으로, 도덕적인 선보다는 맛을 낸다는 데에 더 가깝다는 걸 내포하고 있다. 와심(*wasīm*)이라는 단어는 인간의 육체적 아름다움만을 의미한다. 꾸란은 세상의 시각적 아름다움에 대한 언급으로 가득 차 있으며, 신자들이 하나님의 위엄의 표징을 인식하기 위해서 우주를 묵상해보라고 권하고 있다.

꾸란 그 자체야말로 그 언어의 독특함때문에 그러한 표징이 된다. 무슬림들은 꾸란의 아름다움을 하나님의 말씀이라면서 찬양한다. 그 독특함은 그를 흉내 낼 수 없다는 것으로 입증된다. 어떤 인간도 꾸란과 동등하거나 비교할 만한 것을 만들어낼 수 없다.[10] 꾸란이 신성하다는 증거는 바로 그 아름다움이다. 키르마니(Kirmani)가 썼듯이, 우리는 여기에서 'ästhetischer Gottesbeweis(신의 미학적 증거)', 즉 아름다움을 꾸란의 신성한 근원에 대한 증거로 다루고 있다.[11] 꾸란이 유일하다는 이슬람교의 기본 믿음은 꾸란의 내용뿐 아니라 그 형태에도 영향을 미치며, 다른 종교에서는 찾아볼 수 없는 개념으로 신의 말씀을 미학적 가치로 설명한다. 꾸란은 계시일 뿐만 아니라, 문학이며 예술이기도 하다. 그 아름다움은 바로 그 즐거운 특성으로 잘 드러난다. 하디스의 한 구절에서는 이렇게 말한다.

laysa minnā man lam yataghanna bi'l-qur'ān("누구라도 꾸란의 즐거움을 놓칠 수 없다").[12] (야타그하나*yataghannā*라는 단어는 원래 음악을 즐긴다는 뜻이다). 그러나 청교도적 진영에서 내세우는 반대에 직면하면서 신학자들은 꾸란이 계시이자 즐거움의 원천이며 이 둘 사이에 모순이 없다고 주장하게 되었다. 정통 신학자들이 꾸란의 번역을 정통 문헌으로 받아들이지 않는다는 사실은 꾸란의 형식과 특히 그를 낭송할 때 그 문헌상의 아름다움이 지닌 중요성을 증명하는 것이다.

가잘리에 따르면, 꾸란의 어떤 구절들은 듣는 사람에게 황홀경(와즈드*wajd*)을 일으킬 수 있다. 이러한 이유 때문에 종교 음악 연주는 예배의 한 형태로 인정되었다. 이슬람 전통에서는 꾸란을 듣는 사람들에게 전달하는 황홀경을 시를 즐기는 것과 유사한 용어로 묘사했다. 듣는 사람들은 꾸란 낭독을 듣기만 해도 울거나 의식을 잃

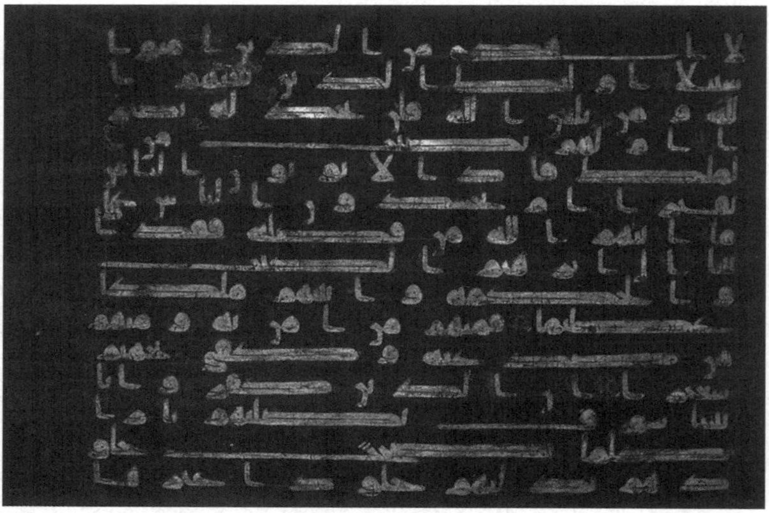

쿠파체로 쓰여진 꾸란, 9세기 시리아, 미국 브루클린 박물관

을 수 있다. 초기 이슬람 시대 이야기 가운데 꾸란 낭송을 듣고 그 소리의 아름다움에 매료되어 이슬람으로 개종한 사람들에 대한 이야기가 많다.

기독교인들이 원죄로부터의 구속(救贖)을 구하는 것과는 달리 이슬람교도들은 세속적 삶에 대해 긍정적인 태도를 가지고 있다. 그들은 죽음을 형벌이 아니라 인간이 복종하고 있는 신성한 질서의 일부라고 본다. 돌스(M. Dols)는 흑사병에 대한 무슬림의 반응에 대해 "기도는 속죄가 아니라 간구였다"고 했다.[13] 선지자 자신이야말로 인생을 즐기는 고결한 사람의 모범이었다. 이슬람 윤리는 플라톤적인 육체 거부보다는 인간 영혼의 운명이 육체의 운명과 연결되어 있다는 아리스토텔레스적 화해의 견해에 더 가깝다. 행복 추구는 사람들의 세속적 필요에 의해 좌우된다.[14] 수니파 이슬람교에서는 기독교에서처럼 신앙을 위해 고난을 겪고 구원을 얻는다는 의미로서의 순교라는 건 없다.[15] 무슬림은 자신의 본성과 충돌하지 않고도 하나님의 창조물을 즐기고 하나님을 경배할 수 있다. 하나님의 창조는 본질적으로 선하고 아름다우며 인류가 특정 윤리의 규칙 내에서 하나님의 창조물을 향유할 수 있도록 한다. 꾸란에서 우주의 아름다움을 전하기 위해 사용하는 용어는 형이상학적인 것이 아니라 오히려 구체적이고 직접적이다.[16]

> 하나님께서 어떻게 하늘에서 물을 내려 보내사 우리가 각기 다른 열매를 맺게 하는지 보지 못하였느냐? 산에는 붉은색과 흰색의 다양한 색조의 시내와 칠흑 같은 암석이 있다. 사람도 짐승도 소떼도 자기 나름의 색깔을 갖고 있다. (35:27. 28)

그분은 전능하시고 자비로우시며 만물의 창조에 탁월하신 분이시다. (32:7)

… 하나님, 모든 것을 완성하신 분. (27:88)

눈을 떠 보라. 균열 하나라도 감지할 수 있겠는가? 그런 다음 다시 한 번 더 살펴보라.

결국 당신의 눈은 흐릿해지고 피곤해질 것이다. (67:3. 4)

하나님은 별자리로 하늘을 장식하고 보기 좋게 만들었다. (15:17, 18)

자야나*zayyana*(장식하다)라는 단어는 꾸란에서 자주 하나님이 그의 창조물로 우주를 장식하신다는 의미로 쓰이고 있다.

나[하나님]는 온갖 장식품으로 땅을 꾸몄다… (18:7)[17]

그들이 그들 위에 있는 하늘을 관찰하여 하나님이 어떻게 그것을 만들고 장식하여 그 공간에 아무런 균열도 가지 않도록 하신 것을 알아본 적이 있는가? (50:6)

나[하나님]는 가장 낮은 하늘을 등불로 장식했다… (67:5)

자연은 인간을 기쁘게 하기 위해 창조되었을 뿐만 아니라 인간은 자신을 기분 좋게 장식할 자격이 있다. 하나님이 우주를 창조하실 때 인류에게 보석과 장식용으로 사용할 재료도 제공하셨다.

나[하나님]는 너의 벌거벗음을 가리는 옷을 주었고 보기에 아름다운 옷을 주었다… (7:25)

> 그분이야말로 바다를 너에게 복종시키어 네가 그 신선한 생선을 먹고 그 깊은 곳에서 네 몸을 단장하는 장식품을 가져올 수 있도록 하셨다. (16:14)
> 두 군데 바다에서 나는 신선한 생선을 먹고 자신을 장식할 장식품을 가져온다. (35:12)

낙원에서의 생활에는 사치와 장식도 포함되어 있다.

> … 그들은 금 팔찌로 장식하고 고운 녹색 비단과 풍성한 장식으로 된 옷을 입을 것이다. (18:30)
> 금 접시와 금잔으로 대접을 받을 것이다. (43:71)
> 그들은 고운 녹색 비단과 풍성한 장식으로 된 옷을 입고 은팔찌로 장식하게 될 것이다. (76:21)

위의 꾸란 구절들을 보면 우주의 아름다움을 찬양하며 우주는 인간이 즐기기 위해 창조되었으며 장식이 아름다움의 필수 속성이라고 한다. 장식은 세련됨의 표현이며 자연이나 인간 아름다움의 일부이다. 장신구와 장식은 불필요한 인위적인 추가물이 아니라 하나님의 창조물의 일부이다. 신학자들은 '타지인 알 아르드(*tazyīn al-arḍ*)'라는 단어를 자주 사용하는데, 이는 하나님이 하신 '지상의 장식'을 뜻하는 것으로 덕성을 인간의 '장식'이라고 설명한다. 서양 기독교인들이 하나님을 우주의 건축가라고 묘사한다면, 이슬람교도들은 은연중에 하나님이 우주를 아름답고 보기 좋게 만들고 가장 시적이고 매혹적인 언어로 꾸란을 말씀하셨던 예술가라고 표현한다.

한편, 꾸란에는 '지나*zīna*(치장)'라는 단어도 등장하는데, 이는 허영심을 나타내는 것으로 이 세상을 게임, 오락, 치장거리, 즉 모든 헛된 것들로 묘사한다. 이 경우의 치장은 유한성의 무가치함을 압축한 것으로, 이는 수피들이 소중하게 여기는 견해이다.

> 이 세상의 삶은 단지 스포츠요 오락이고 쇼이며, 그대들 사이에서 벌어지는 공허한 과시(*zīna*), 재물을 구하고 더 많은 자녀를 구하려는 욕심에 불과하다는 것을 알아야 한다. 그것은 마치 비가 온 뒤에 무성하게 자라는 식물과 같다. 농부는 그들이 자라는 것을 보고 기뻐하지만, 그들은 곧 시들고 누렇게 되어 쓸모없는 그루터기가 되고 만다. (57:20)

가잘리, 수피의 길, 빛의 상징

알 가잘리

아부 하미드 알 가잘리(Abu Hamid al-Ghazali, d. 1111)[18]는 법학자이며 신학자, 신비주의자로 수니파 이슬람에서 가장 뛰어난 인물이다. 그는 시아파 교리와 신플라톤 철학에 맞서서 이슬람 정통을 열렬히 옹호했으며, 수피 경험을 지식의 가장 높은 형태라고 주장했다. 그의 철학은 영적인 아름다움뿐만 아니라 현세적인 아름다움도 다루고 있다. 이 주제에 대한 그의 담론은 극히 미묘해서 때로는 양면성이 있을 정도이다. 선지자의 말을 인용하면서 그는 모스크의 장식이 숭배자의 주의를 분산시키며, 전통에 따르면 천사 가브리엘이 무함마드에게 장식 없이 메디나에 모스크를 지으라고 명령했다는 이유를 들어 그러한 장식을 정죄했다.[19] 가잘리는 또한 꾸란 경전을 아름답게 장식하는 것을 비난했다. 그는 인간의 아름다움에 대해 말하면서 죄에 빠질 수 있는 유혹에 대해 경고했다.[20] 그러나 이와 동시에 그는 다른 정통 신학자들과 달리 음악을 모두 비난하지 않았고 종교 공연을 장려했다. 그에 따르면, 이 세상에서 시각이나 청각, 마음으로 지각할 수 있는 아름다움은 모두 하나님의 빛과 능력의 반영이다. 아름답고 사랑스럽고 선한 것은 모두 그분의 위엄을 나타내는 것이다. 하나님은 아름다움과 완전함의 속성을 모두 갖고 계시므로 우리는 모든 사랑을 받쳐야 한다.

가잘리는 신의 창조에 대한 인간의 지각과 예술에 대한 지각 사이에 유사성이 있다고 본다. 아름다운 서예나 벽화가 보는 이로 하여금 예술가의 재능을 숙고하도록 하는 것처럼 세상의 경이로움을 보면 우리로 하여금 그것을 설계하신 분을 생각하도록 만든다. 가잘리는 장황한 표현으로 신자들에게 우주의 아름다움, 인체의 아름다움, 자연과 그 동물들의 아름다움을 묵상하라고 하면서 세상이란 가장 귀한 재료로 꾸며진 커다란 집과 같다고 비유했다. 아름다움에 대한 가잘리의 진술 가운데 아주 중요한 특징은 우주가 신의 창조물이기 때문에 선험적으로 아름답다고 규정하는 것이 아니라 인간이 관조와 반성을 통해 이 아름다움을 인식하게 된다고 보는 것으로, 이렇게 하여 사람들이 하나님께로 이르게 된다.

가잘리는 아름다움 그 자체에 대한 사랑에 대해 말하면서, 모든 인간은 이를 공유하고 있다고 했다. 자연의 아름다움은 그 자체로, 그 즐거움 자체만으로 사랑을 받는다. 녹지와 물에 대한 사랑은 자연을 즐긴다는 것 외에 다른 어떤 요구도 필요로 하지 않는다. 아름다움이 또한 소중한 것은 사람들을 슬픔에서 해방시키기 때문인데, 이는 아랍 사상에서는 아주 흔한 개념이다.

미적 아름다움에 대한 그의 언급 가운데 가잘리는 특수한 기능이나 성능과 관련된 완벽함에 대해 말하고 있다. 이 관점은 균형이라는 개념을 뜻한다.

> 아름다운 말(馬)이라고 하면 외모, 신체 색깔, 아름다운 동작이나 다루기 쉬운 점 등 말의 특징을 모두 포함하는 것이다. 아름다운 글쓰기라고 하면 글쓰기의 특징이라고 할 수 있는 모든 것, 글자들의 조화, 글자들 간의 올바른 관계, 올바른 순서, 아름다운 배열 등을 모두 합한 것이다. 이처럼 각 사물의 아름다움은 그 특유의 완벽함에 있다.[21]

신성한 피조물이 신의 아름다움을 드러내는 것처럼 인간의 작품은 그 아름다움을 반영한다. "작가의 아름다운 작품, 시인의 아름다운 시, 화가의 아름다운 그림, 건축가의 건물 모두 이 사람들의 내면의 아름다움을 드러낸다."[22]

가잘리는 "쾌락은 인지의 한 형태(*al-ladhdha naw' idrāk*)"이며 "즐기는 것은 아는 것(*man dhāqa 'arifa*)"이라고 했다. 쾌감이 없는 사람은 무감각하고 무기력하다. 하나님이 아름다움을 창조하신 것은 인간이 내세의 영원한 행복을 맛볼 수 있도록 그를 지각하고 향유하기 위해서이다. 사람들은 신의 창조물에서 하나님의 표징을 인지할 수 있어야 한다. 그들이 세속적 쾌락 너머에 있는 신을 보지 못한다면 그들은 미혹의 희생자가 될 것이다. 이 세상의 아름다움을 신의 현현(顯顯)으로 숭배할지, 아니면 그것을 그 자체 목적으로 여기고 신에 대해 눈먼 채로 남아 있을 것인지는 인간에게 달려 있다.

아샤르파(派)와 같이 신을 만물과 모든 행위의 절대적 창조자라고 봤음에도 불구하고 가잘리는 되풀이하여 선택의 자유를 강조하고 있다. 음악에 대한 담론에서 그는 이맘 샤피(Imam Shafii, d. 820)와 아부 하니파(Abu Hanifa, d. 767)와 같은 초기 신학자들이 음악 공연을 전면적으로 비판했던 것과는 달리, 종교 음악과 불법적인 맥락에서 연주되는 음악을 구별하면서 인류에게 허용되는 것과 그른 것 사이에서 판단하고 선택할 자유와 책임을 부여한다.

아름다움은 눈에 보이는 것뿐만이 아니다. 다른 감각으로도 아름다움을 감지할 수 있다. 시각, 후각, 촉각은 물론 인식능력도 그에 상응하는 쾌락을 가지고 있다. 아름다움에 대한 인식에는 위계가 있다. 즉 우리 지식의 주제가 고상하면 할수록 즐거움은 더 고급스러워진다. 가잘리는 미적 아름다움과 이해 가능한 아름다움을 구별하고 있다. 시각, 청각, 촉각, 미각을 통해서는 외부적인 아름다움만 감지되지만, 지식과 미덕과 같은 추상적인 것의 아름다움도 있는데, 이는 '내면의 시각'(*baṣīra bāṭina*)으로 감지된다. 이처럼 미덕의 아름다움은 감각으로 감지할 수 없다.

> "육안으로 보이는 외형의 아름다움은 어린이와 동물이라도 체험할 수 있다… 반면 내적 형태의 아름다움은 마음의 눈으로만 인식할 수 있고 인간의 내적 비전의 빛으로만 인식할 수 있다."

내부 비전이 외부 비전보다 강력한 것은 마음이 눈보다 더 민감하고 마음으로 인식하는 아름다움은 눈으로 인식하는 아름다움보다 더 강력하기 때문이다. 비율의 아름다움이나 순수한 색상은 육안으로 알 수 있지만 위엄, 웅장함, 인품의 우월함, 선량함 등 내면 자질이 담고 있는 아름다움은 마음의 감각으로만 알 수 있다.[23] 지식은 쾌락과 아름다움에 대한 인식의 한 차원 높은 형태이다. 하나님에 대한 지식은 아름다움에 대한 완전한 지각을 말하는데, 하나님의 아름다움은 완전하기 때문이다. 따라서 그분에 대한 지식은 모든 감각적, 지적 만족을 능가하는 지고한 형태의 쾌락이다.

철학에 대한 적대감에도 불구하고 가잘리는 이븐 시나(Ibn Sina, d. 1063)의 영향을 받아 쾌락 추구가 인간 영혼에 깊이 뿌리를 두고 있다고 믿었다. 영혼의 모든 기능에는 공통적으로 이 특징이 있다. 본능적인 것에서부터 영적인 것에 이르는 다양한 형태의 쾌락에는 질적 차이가 있다. 사람들이 사변적 기능을 더 많이 이끌어내고 훈련할 수 있으면 있을수록, 그들은 고귀한 것을 더 잘 이해하고 최고의 행복에 더 가까이 도달하게 될 것이다.[24]

따라서 가잘리는 하나님에 대한 사랑을 가장 높은 형태의 아름다움과 쾌락의 추구라고 규정한다. 쾌락은 인류의 궁극적인 목적이며, 아름다움에 대한 사랑은 그것이 전달하는 쾌락과 연결되어 있다. 이것은 인간의 본성에 뿌리를 두고 있다. 인간은 자신과 자신의 삶을 사랑하고, 그리고 자신이 좋아하고 즐기게 되는 것은 모두 사랑한다. 자기에 대한 근본적인 사랑과 쾌락에 대한 본능적인 추구야말로 궁극적으로 인간을 하나님께로 인도하여 최고의 기쁨을 얻을 수 있도록 한다.[25] 사랑이란 사랑하는 자와 사랑받는 자 사이의 유사성과 조화로움에서부터 비롯된다. 이로써 인간의 자기애를 설명할 수 있는데, 인류는 하나님의 형상대로 창조되었기 때문이다.

반(反)합리주의적 엄격주의 사상의 핵심 인물인 이븐 카이임 알 자우지야(Ibn Qayyim al-Jawziyya, d. 1350)는 가잘리와 마찬가지로 즐거움/쾌락을 세 가지 유형으로 구분한다. 첫 번째는 신체적/물리적인 것으로, 인간이나 동물이 함께 하는 기본적 요구를 포함한다. 두 번째는 생각과 상상에 의해 만들어지는 것으로, 위대함과 권력에 대한 추구를 의미하는데 동물에게는 없는 것이다. 세 번째 종류의 쾌락은 마음과 영혼이 신에 대한 지식으로 인도할 때 생기는 것이다.[26] 완벽에 대한 열망은 가장 강력한 형태의 사랑이다. 사랑은 우주를 움직인다. 사랑이야말로 학자들로 하여금 지식을 구하게 하고, 장인들이 그의 기술을 닦도록 하는 것이다.[27]

수피의 길

샤리아* 지향적인 이슬람에서 주로 관심을 기울이는 것은 일상생활에서 종교적 실행이다. 반면 수피들은 종교의 내적인 면을 다룬다. 수피즘의 기원에는 금욕주의와 연결된 점이 있지만 그렇다고 해서 이 둘을 동일시해서는 안 된다. 물론 이 세상의 덧없고 무가치한 특성을 강조하고 신과의 합일을 위해 세속적 관심으로부터 멀어지라고 설교하는 것이 수피즘의 특징이다. 이슬람에서 가장 급진적인 금욕주의 신비주의자는 라비아 알 아다위야(Rābiʿa al-ʿAdawiyya, d. 801)라는 아랍 여성인데, 그녀는 이렇게 말했다. "나는 조물주에 대한 묵상에만 몰두하기 때문에 조물주가 만드신 것을 바라볼 겨를

....

* 이슬람의 율법. (역자주)

이 없다."[28]

가장 활기차고 열정적인 수피 인물은 알 할라즈(al-Ḥallāj, d. 922)로, 신과의 합일을 추구하는 일에 엄청난 비중을 두어 자기 자신을 신과 동일시했다는 비난을 받고 심한 고문을 당하고 이단으로 처형되었다. 그러나 이제 그는 수피들이 취해야 하는 자유로운 형태의 종교적 헌신의 상징으로 남아 있다.[29]

모든 방향에서 수피즘은 하나님과 그의 창조물을 아름다움과 동일시하고 신에 대한 숭배를 아름다움에 대한 사랑과 같다고 본다. 수피들이 칭송하는 아름다움은 "마음의 눈"으로 인지하는 내면의 아름다움이다. 수피는 신을 찾기 위해 황홀경(파나*fanā'*)에 빠지기를 갈망한다. 이 황홀경에 도달할 수 있는 것은 명상이나 의식, 특히 사마(*samā'*)라는 종교적 황홀경의 춤이나 그러한 춤을 포함하고 있는 종교적 음악 공연 등이다.

수피 문학에는 아름다움에 대한 언급이 가득하지만, 예술의 의미라든지 모스크 건축과 같은 속세의 주제는 다루지 않는다. 음악이나 서예를 다룰 때 신비 문학에서 관심을 갖는 것은 개인의 영적 경험뿐이다. 신비주의에서 아름다움을 바라보는 관점은 그 영성 때문에 사실상 미학적일 수가 없다. 따라서 최근에 일부 학자들이 신비주의 사상이 이슬람 예술에 끼친 영향에 대해 입증하려고 했지만 그를 입증할 만한 문헌상 증거는 없다. 이슬람 예술은 수피즘의 출현과 확산과는 별개로 진화하였다. 수피들은 그들의 주요 매체인 시에서 전통적인 형식을 사용하여 자신을 표현하는데, 그들의 영적 열정을 시의 세속 어휘를 사용하여 육감적이며 술에 취한 듯 나타내고 있다.

수피는 하나님과의 만남을 묘사하면서 시선이나 시각과 같은 단어를 사용하여 시각적으로 그려낸다. 그들이 좋아하는 표현이 베일 또는 '빛의 베일'인데 그 뒤에 신이 숨겨져 있다. 선구적인 신비가인 바그다드의 알 주나이드(al-Junayd, d. 910)는 자신의 신비 경험에 대해 다음과 같이 적었다.

> 그윽하고 깊은 내 시선을 피해
> 당신의 얼굴을 가리우셨지만,
> 놀랍고 황홀한 은혜로
> 나는 느끼노니, 당신께서 나의 가장 내밀한 곳을 쓰다듬고 있음을.[30]

이집트의 신비주의자 우마르 이븐 알 파리드(Umar lbn al-Farid, d. 1235)는 아랍 세계에서 가장 중요한 수피 시인이었다. 그는 살아 있을 때에도 성인으로 추앙받았다. 아름다움에 대해 그는 이렇게 썼다.

> 모든 사랑스러운 것들은 아름다움을 드러내며 "내게서 기쁨을 누리라"고 내게 말하노라. 그러나 나는 선언하건대 "내 목적은 그대 너머에 있도다."[31]

> 내 사랑하는 사람과 나 혼자 있노라
> 저녁 바람보다 더 달콤한 교감이
> 지나가고, 축복 가득한 영감이

내 기도에 응답하였으니
그렇지 않았다면 알 길 없는 무한한 명성을 내게 부여하노라.
그의 아름다움과 그의 위엄
그 가운데 놀라워하며
나는 고요한 황홀경 속에서,
내 영혼에 다가왔다 사라지는 것들을 바라보고 있노라.
보라! 그의 얼굴에는
매력과 은총이 모두 담겨 있으니.
완벽한 얼굴에
모든 아름다움이 모여 있으니
그분을 바라보면 울고 말리라.
그분 외에는 신이 없고, 그분은 가장 높으신 분이시도다![32]

신플라톤주의의 방사설(放射設)은 아랍 철학에 이러한 영향을 미치면서 수피즘에서도 영혼은 일자(一者)와 결합하고자 갈망한다고 보였다. 신성한 아름다움에 매료된 영혼은 영혼의 기원과 우주의 기원에 대한 그리움으로 움직인다. 지식에 대한 탐구가 이 세상의 행복으로 이어진다고 생각한 철학자들처럼, 수피들도 신과의 개별적인 결합을 달성함으로써 영혼이 이 목표에 도달할 수 있다고 믿었다. 그러나 율법학자와 신학자들에게 최고의 행복은 이렇게 얻어지는 것이 아니라 낙원에서 얻을 수 있는 것이었다.[33]

이크완 알사파(순결 형제단, Ikhwan al-Safa)는 10세기 바스라에 살던 5명의 학자 그룹으로 밀교 철학적 서신을 남겼다. 그들의 철학은 신플라톤주의 그리스 사상과 신피타고라스 양식을 시아파 사상과 결합한 것이다. 그들의 철학은 수학, 즉 '숫자의 학문은 다른 과학의 뿌리이자 지혜의 샘이며 모든 지식의 출발점이며 모든 개념의 기원'[34]이라는 데에서 영감을 받았지만, 이를 적용해서 미학적 개념을 형성한 것이 아니라 형이상학적, 철학적 맥락에서만 언급했다.*

이크완 알사파(순결 형제단)의 관점에서 보면, 이 세계는 영적이고 영원한 세계의 일시적 반영이다. 인간의 신체는 '단장한 모습', 즉 완전한 영혼의 반영일 뿐이다. 인류는 일시적인 만족만 줄 뿐인 헛된 세속적 욕망을 벗어나서 영혼의 더 높고 영원한 영역을 열망해야만 한다.[35] 절대적인 아름다움은 신의 속성이며, 존재의 위계를 결정하는 것은 어느 정도 아름다움을 소유하는지, 어느 정도 신의 아름다움에 관여하는지에 달려 있다.

> 하나님은 그의 창조물들을 드러내어 지성 있는 사람들이 그것을 묵상할 수 있도록 하셨다. 그리고 그분은 보이지 않는 세계에 있는 모든 것을 보이도록 하여 관찰자가 그것을 바라보면서 당신의 기술과 비할 데 없음과 전능함과 유일함을 깨닫고, 증거와 증명이 필

....

* 이스마일파의 종교적 정치비밀결사로, 아랍어로 순결 형제단을 뜻한다. 성립 연대는 확실하지 않지만, 10세기에 이라크의 바스라를 본거지로 활약했다. 이스마일파에 속하는 철학자, 사상가가 이스마일파 운동에 이론적 근거를 주기 위해서 조직을 결성하고, 10세기 후반에 공동 집필로 『라사일 이크완 알사파』라는 방대한 백과전서적 교서를 저술했다. 이 교서는 4부 52편으로 이루어졌으며, 제1부는 서론, 수학, 논리학, 제2부는 영혼론, 자연철학, 제3부는 형이상학, 제4부는 신비학, 점성학 등을 취급하고 있다. 신플라톤파의 강한 영향을 받았으며 이스마일파 교의와 그리스 철학과의 융합을 의도해서 집필된 이 책은 이슬람 세계의 사상가들에게 매우 큰 영향을 미치고, 11세기 초에는 스페인에까지 퍼졌다. 압바스조 칼리프는 이단의 책으로서 금서를 명하였으나, 작품은 남아 있다. (역자주)

요하지 않도록 하셨다. 또한 물질 세계에서 지각되는 이러한 형태는 영령의 세계에 존재하는 것과 유사하며, 다만 다른 것이 있다면 영령의 세계가 빛으로 구성되어 있고 절묘한 반면, 물질 세계는 어둡고 조밀하다는 것이다. 그리고, 그림의 동물이 팔다리 모두 실제의 동물과 상응하는 것처럼 이러한 형태 역시 영적 세계에서 발견되는 것과 상응한다. 그러나 영적 세계의 것들은 움직이도록 만드는 것이고, 물질 세계의 것들은 움직여지는 것이다. 영적 세계에 존재하는 형태는 영속하지만, 물질 세계의 것들은 소멸하고 사라진다.[36]

어떤 사물의 완벽한 모습을 보면, 하나님이 베일에 가려져 감각적 지각으로 접근할 수 없는 경우라도 현명하고 완벽한 장인의 존재를 나타내고 있음을 알아야 한다. 식물에 대해 명상해 본 사람은 필연적으로 자신이 담당하고 있는 사물이 완벽한 장인으로부터 나왔다는 것을 알게 된다.[37]

이븐 투파일(Ibn Tufayl, d. 1185/86)은 『하이 이븐 야크잔(*Ḥayy ibn Yaqẓān*, 독학 철학자)』이라는 신플라톤적 우화 소설의 저자인데, '하이 이븐 야크잔'이란 '활동적인 지성(*'aql fa''āl*)', 즉 일찍이 이븐 시나가 신성하다고까지 할 수는 없으나 영혼이 최고의 지식을 찾는 데 도움을 주는 초자연적인 힘을 지칭하기 위해 고안해낸 상징적 이름이다.[38] 이븐 투파일의 관점에서 보면, 사람은 외부의 개입 없이도 지식을 얻을 수 있다. 사람은 오직 자신의 이성만 있으면 된다. 그의 소설은 자연발생적으로 생겨난 사람에 대한 이야기로, 이 사람은 무인도에 홀로 살면서 사슴의 양육으로 자란다. 하이는 다양한 단계의 관조를 통해 지식과 지혜를 얻을 수 있어 마침내 그의 영혼이 신에 대한 관조에 도달하게 되었다. 소설의 두 번째 부분은 그가 인간 사회와 접하는 것을 그리고 있는데, 성서에 따른 종교적 숭배를 보고 그는 실망한다. 그의 길은 종교적 율법이 아니라 영적 통찰의 길이었다. 하이는 세상과 그 아름다움과 완전함에 대한 묵상을 통해 하나님의 "솜씨"를 발견하였다. 하나님의 창조물을 바라보면서 그는 창조주를 사모하게 되었다. 그 아름다움을 깨닫게 되자 그는 이러한 지식에 이르게 한 이해력에 대해 탐색하기 시작했고 그것이 바로 그의 영혼이었음을 깨닫게 된다. 이 이야기에서 이븐 투파일은 시각적 아름다움이 육체적 감각으로 지각할 수 있는 지고의 아름다움이라고 보았는데, 사실 고대 철학에서 시각은 모든 감각 중에 가장 최고라고 간주되었다. 그의 결론은 영혼이 궁극적인 존재와 최종적으로 만나 영혼이 육체로부터 자유로워지면 본질적으로 영원한 비전과 기쁨을 누리게 된다. 이븐 투파일의 목표는 신비주의에 의해 자아의 소멸과 신과의 통합을 이룸으로써 빛나는 지혜를 얻을 수 있음을 보여주는 것이었다. 철학자가 사변적인 합리적 사고를 통해 추구하는 것을 신비주의자는 고독 속에서 추구한다.[39]

이븐 아라비(Ibn 'Arabi, d. 1240)는 이슬람 신비주의의 가장 대담한 인물 중 한 명이다. 신플라톤주의적 성향을 지닌 그의 수피 방식은 정통적이지 않아 논쟁의 여지가 있었다. 그 영향은 특히 동부 이슬람교 지역과 튀르키예에서 두드러지게 나타났다. 그는 세상이 눈에 보이는 비전(秘傳)과 보이지 않는 부분으로 구성되어 있다고 보왔다. 눈에 보이는 물리적 세계는 보이지 않는 것을 반영하고 있다. 하나님은 보이지 않는 세계이시며, 그분은 보이는 세계에서 그의 창조물을 통해 드러나고 있다. 플라톤의 개념에서 사랑은 아름답고 영원히 완전한 것을 향해가는 모든 것의 원동력인데, 그는 이러한 설을 따라 아름다움이야말로 모든 사랑의 원인이라고 생각했다. 사람이 하나님을 사랑하는 것은 그분이 아름답기 때문이고, 하나님이 우리와 그의 모든 피조물을 사랑하시는 것은 그분이 아름다움을 사랑하시기 때문이다. 그분 자신이 사랑스러운 연인 같은 분이고 사랑을 받는 분이시므로, 우주의 기원이요 끝이시다. 하나님의 아름다움은 육체적, 영적, 지적인 아름다움 모두의 근원이다.[40] 세속적인 아름다움을 포함하여 모든 형태의 아름다움을 통해서 우리는 그분은 경배해야 한다. 아름다움은 강력하고 사랑과 욕망을 이끌어낸다. 인류와 우주 사이의 공감은 '사랑(이쉬크 ʿ*ishq*)'을 기반으로 해서 생긴다.

이븐 아라비의 아름다움에 대한 밀교적 담론은 미학적이지 않다. 아름다움은 현현(顯現), 즉 신의 현시이며 신비주의의 사랑은 아름다움의 종교이다.[41] 만일 사람의 아름다움 때문에 사람을 사랑한다면, 그가 사랑하는 것은 하나님의 아름다움인데, 하나님이 당신의 형상대로 인간을 창조하셨기 때문이다. 인간은 신성의 가시적 표현이고 세상은 하나님의 아름다움을 비추는 거울이다. 아름다움은 신성한 사랑을 일으키는데, 하나님은 영원한 아름다움이시기 때문이다. 그분은 피조물을 사랑하시며 그렇게 함으로써 당신 자신을 사랑하신다.

신비로운 경험을 통해 영혼은 전체와의 합일을 찾게 된다. 이러한 형태의 신비주의적 사랑에서는 인간의 아름다움에 대한 관조가 관조의 대상을 넘어서 감각적인 것과 영적인 것의 합일이 이루어지는 성스러운 현상으로 받아들여진다.[42] 수피 신도는 열정적이어서 신에 대한 사랑으로 자신을 잃을 정도다. 완전한 아름다움과의 만남과 그분과의 친교(운스*uns*)는 지고의 쾌락이며 만족(리다*riḍā*)의 원천이다.

'운스'와 '리다'라는 용어는 그 관능적 연상때문에 정통파에 의해 비판을 받았지만, 가잘리는 그러한 주장들이 피상적이라고 반박했다.[43] 니콜슨(Nicholson)에 따르면 "신에 대한 경건하고 신비적인 사랑은 황홀경과 열광으로 발전하여 그를 드러내는 가장 암시적인 표현수단을 인간적 사랑의 육감적인 이미지에서 찾았다."[44] 이븐 아라비와 다른 수피들은 에로틱한 다의적(多義的)인 시를 이용하여 신에 대한 그들의 사랑을 표현했다. 독자들은 '가잘(*ghazal*, 연애시)'이나 '함리야(*khamriyya*, 권주시)'의 전통적인 형식으로 구성된 이 작품에서 문자 그대로 시 표현의 의미에서 멈출 것인가 아니면 이 베일을 통해서 더 깊은 종교적 열정으로 볼 것인지 선택하게 된다. 따라서 아랍 수피들은 자체적으로 새로운 예술적 언어를 창조한 것이 아니라 그보다는 확립된 문학적 전통을 채택하여 모호성과 상징성을 다루고 있다.

> 오. 그녀의 아름다움 - 부드러운 여인이여! 그 광채는 어둠을 여행하는 자에게 등불 같은 빛을 주노라.
> 그녀는 흑옥처럼 검은 머리카락에 숨겨진 진주,
> 그 진주를 찾아 바다의 깊은 곳으로 끊임없이

사색이 잠수하고

그녀를 바라본 사람이라면 그녀를 모래 언덕의 가젤로 여기리니 –

그녀의 매끈한 목과 아름다운 몸짓을 보면.[45]

연애시와 권주시의 상징주의는 다른 방법으로는 전달하기 어려운 개인의 신비스런 경험을 전달하기 위한 것이었다. 우마르 이븐 알 파리드(1181-1235)는 황홀경과 무아지경을 상징하기 위해 전통적인 권주시의 매체를 이용하여 다음과 같이 썼다.

우리는 사랑하는 사람을 기억하며 마셨노라.

포도주를

우리는 그 술에 취해 있으니

포도나무가 생기기 전부터.[46]

형이상학적 미에 대한 이븐 아라비의 철학에서는 신비적 체험에 현세의 미를 포함했기 때문에 상당한 논란을 일으키고 많은 신학자들이 이를 논박했다. 신의 현현을 추구하기 위해 현세의 아름다움을 관조하는 수피들에 대해 논평하고 비판하면서, 그들은 유혹과 죄의 도구로서 눈(眼)이 행할 수 있는 악한 역할에 대해 경고했다. 이븐 카이임 알 자우지야는 이븐 아라비 학파의 노골적 반대파였는데, 그가 반복적으로 논설한 바는 육체적 아름다움은 마음을 호화롭게 하여 하나님으로부터 멀어져서 죄를 향해가도록 한다는 것이다. 그는 '이드만 알 나자르(*idmān al-naẓar*)'에 대해 이야기하고 있는데, 이는 '시선의 중독'을 의미하는 것으로 주로 에로틱한 유혹

을 뜻하고 있다. 눈은 마음의 '거울'이기 때문에 탐욕과 죄를 일으킬 수 있다.[47]

이슬람 사회는 남녀 관계에서 시선을 매우 중요하게 생각하기 때문에 여성이 낯선 남성에게 얼굴을 드러내는 것을 금기시한다. 에로틱한 면은 차치하고, 시선은 욕망과 완전히 동일시되어, 눈은 사악할 수 있다. 눈을 통해 욕망이 일어나고 욕망은 질투를 불러일으킬 수 있다. 그렇게 되어 사악한 눈이라는 말이 생겼다. 아름다운 것은 모두 사악한 눈에 당하기 쉽고, 그렇기 때문에 취약하다. 사악한 눈을 피하여 복 받은 것을 드러내지 않는 게 현명하다. 무엇인가 보이면(만주르*manẓūr*), 사악한 눈에 맞아 그 자체가 불운의 근원이 된다.

빛의 상징주의

빛은 신플라톤주의와 수피즘의 중심 모티브이다. 이슬람 철학이라는 매개를 통해 빛의 형이상학은 중세 기독교 신학과 미의 개념에서 가장 중요한 역할을 하게 되었다. 아름다움은 빛과 동일시되었다. 이슬람에서 빛은 지혜와 지식의 상징이며 수피즘의 중심 상징이기도 하다. 이 상징주의의 출처는 꾸란에서 찾을 수 있다.

> 하나님은 하늘과 땅의 빛이다. 그의 빛은 등잔이 놓여 있는 벽감(壁龕)과 같다. 등잔은 유리에 덮여 있고 그 유리는 빛나는 별과 같다. 올리브 나무로부터 빛이 비치니, 그 빛은 동쪽의 것도 아니고

서쪽의 것도 아니다. 그 기름은 불에 닿지 않고도 거의 스스로 빛나고 계속 빛난다. 하나님은 그가 원하시는 자를 빛으로 인도하시며, 하나님은 인간을 위해 우화를 만드셨고, 하나님은 모든 것을 아시도다. (24:35)

꾸란의 다른 많은 구절에서도 빛을 하나님의 계시의 상징이며 지식과 지혜의 상징으로 언급하고 있다. 꾸란은 지상의 신자들에게 빛을 가져다 주었다. "땅이 주님의 빛으로 빛나게 되면 꾸란이 펼쳐질 것이다.(39:69)" 꾸란은 "빛을 주는 책"(키타브 무니르*Kitāb munīr*)(3:184; 22:8; 35:25)이다.

하나님과 그의 사도를 믿고, 내가 계시한 빛을 믿으라(64:8)
나는 너희에게 영광스러운 빛을 보냈노라. (4:174)

하나님은 인류를 계시의 빛으로 인도(5:15; 33:46)하시는데, 그 빛은 하나님 당신 자신의 빛의 발산이라는 것이 수피의 가르침이다.

가잘리에게 모든 것은 신성한 빛의 반사이다. 또한 그는 다른 의미, 즉 주관적인 의미에서의 빛을 언급하는데, 내적 시야의 빛(알 바시라 알 바티나*al baṣīra al-bāṭina*)으로, 이는 믿음의 빛이자 진리를 분별하는 능력이다. 신학자들과 마찬가지로 철학자들이 빛을 이성과 동일시했던 것은 빛이 인간을 어둠에서 벗어나게 하기 때문이다. 이성이 바로 빛인 것은 이성으로 해서 사물이 분명해지기 때문이고 빛은 본질적으로 하나님의 속성이다.

빛에 대한 이슬람의 교리는 조로아스터교와 헬레니즘 영지주의에서 강하게 영감을 받았다. 이븐 시나는 영혼이 지고의 존재를 향해 가는 움직임을 설명하기 위해 아름다움과 빛에 대해 언급했다. 영혼이 육체의 속박에서 벗어나면, 영혼은 절대선과 절대미의 빛과 합일을 이루게 된다. 영혼은 지혜를 얻게 되어 세속에 속박되어 있는 영혼이 육체의 조잡한 쾌락을 버리고 아름다움과 빛의 궁극 원천을 향하게 된다. 이 지고의 광원이 발하는 눈부신 광채로 시야가 어지러운 것은 마치 해가 질 때에만 그 해를 온전하게 볼 수 있는 것과 같다.[48]

이븐 시나에 따르면 하나님은 만물을 채우는 넘치는 빛의 근원이다. 그의 오리엔트 철학에 속하는 일련의 상징적 서사(敍事)에서 이븐 시나는 천사라든가 형이상학적 동반자인 능동적 지성의 인도를 받아 지혜의 빛을 향해 가는 영혼의 여정에 대해 설명하고 있다. 『하이 이븐 야크잔(독학 철학자)』[49]라는 상징적 이야기에서 영혼은 현자와 미인의 만남을 추구하다가 '하이 이븐 야크잔'이라는 형이상학적 안내자를 만나게 된다. 하이는 모든 지혜와 빛의 근원이신 깨어 있는 분, 그 아버지 주님을 바라보면서 전 세계를 여행한다. 그의 도움으로 영혼은 소멸적인 물질과 비물질적인 오리엔트(동방) 사이에 있는 형이상학적 우주의 영역을 지나는데, 비물질적 동방이란 물질적이든 관념적이든 모든 형태가 담고 있는 빛의 근원을 말한다.

수흐라와르디(d. 1191)는 이븐 시나의 빛 사상을 이어받아 신성한 빛이 우주의 근본 실체라는 계몽 철학을 발전시켰다. 그의 형이상학적 관점에 따르면, 세계의 동쪽은 떠오르는 빛을 상징하고 서쪽은 어둠과 유배를 상징한다. 우주 자체는 빛과 어둠, 또는 영혼과 물질이 있는 복잡한 빛의 체계로 이루어져 있으며, 비물질적 빛이 이 우주를 지배한다. 하나님은 온 우주를 당신의 빛으로 인도하신다. 이 우주에서 영혼은 서구적 망명 상태에서 육체의 감옥, 즉 어둠에서 스스로를 해방해야 하며, 동쪽으로, 물질에서 빛으로, 우주의 낮은 영역에서 높은 영역으로 여행을 시작해야 한다.

아리스토텔레스 학파에 속하는 이븐 루슈드(d. 1198)가 보기에 신은 빛이다. 빛이란 그 자체는 보이지 않지만 모든 색을 눈에 보이게 하는 것처럼, 신은 모든 감각적 경험의 근원이지만 그럼에도 불구하고 빛의 베일에 싸여 있다.[50] 신성한 빛에 대한 이러한 그의 이해에 대해 우마르 이븐 알 파리드는 다음과 같이 말했다.

…………………… 그의 빛을 받아
내 본질의 호롱불이 나를 비추니
내 안의 저녁은 나의 아침처럼 빛을 발하도다.
그리고 나는 나 자신을 보게 되었으니, 나 자신
여기 있으나, 나는 그분이고, 바라보니
그분이 곧 나였노라, 내 빛을 비추는구나[51]

이븐 아라비는 빛이란 그를 통해서 모든 이해작용이 일어나도록 하는 것이라고 보았다. "'소리를 파악하면 파악하는 빛을 듣는다(청취)고 하고, 들음으로 지각하게 되면 그를 보는 것이라고 한다."[52]

눈에 보이는 세계는 영적이고 빛나는 세계의 그림자라고 보는 신비주의자의 해석에 따라,[53] 10세기 이래 이 세상에서 인간 존재의 상징으로 그림자 놀이를 계속 사용했다. 세계는 극장이고, 인물들은 보이지 않는 손에 의해 움직인다. 그들은 장막 뒤에서 나타났다 사라지는 그림자이다. 그들 모두는 사라지지만 움직이는 자는 영원히 남아 있다.[54] 이러한 플라톤적 이미지에 각별히 매료된 수피가 우마르 이븐 알 파리드이다. 그는 그림자 놀이 광경을 세세하게 묘사한 흥미로운 시를 지었는데, 그 시에서 새는 나무에서 노래하고, 낙타가 사막을 가로지르고 배가 바다를 가로질러 여행하고, 기병과 보병이 사냥이나 전투에 참여하며, 새와 맹수끼리 사냥하는 장면이나, 바다 괴물이 배를 추격하고 있다. 관객은 이러한 사건을 따라 가

그림자 놀이 형상, 이집트, 15세기. 이스탄불 장난감 박물관

며 슬펐다가 즐거워했다가, 울었다가 웃기도 한다.

그리고 그대는 알게 되리라, 그대에게 드러나 보이는 모든 것
그리고 그대가 생각하는 것 모두
일자(一者)의 행위, 단지 불가사의로 둘러싸인
베일에 덮혀 있을 뿐, 그분이 장막을
거두어내면, 그대는 보게 되리라 그분뿐이라는 것을.

신비주의자, 알 파리드는 계속해서 베일의 이미지를 변형하여 이렇게 표현한다.

그리하여 그 행위에서 나의 영혼은 그분을 닮았노라.
내 감각은 마치 (그림자 놀이) 인물들 같고, 내 화면은
내 몸의 의복 같으니…[55]

수피즘에서 베일은 빛이라는 주제에 대한 필연적인 결과이다. 일련의 베일이 하나님의 얼굴을 인간으로부터 가리고 있으며, 그 광도는 신성과 얼마나 가까우냐에 따라 달라진다. 진실에 가까우면 가까울수록 베일은 더욱 투명해진다.

제2장

세속의 아름다움과 사랑

우마이야조 '사막 궁전' 키르밧 알 마프야르의 모자이크

비례, 조화, 심리적 요인

아랍인들은 그리스인들로부터 비율이 아름다움의 기초라는 학설을 물려받았다. 모든 시대와 다양한 학문 분야, 특히 서예와 음악의 분야에서 이 원칙을 받아들였다. 비율의 조화라는 학설에 의하면 인간의 아름다움뿐만 아니라 모든 예술에 적용할 수 있는 보편적인 미학적 진술이 가능했다. 이크완 알사파의 아름다움에 대한 개념은 피타고라스의 수학적 비율 개념에 기초한 것으로, 구성요소들의 비례라는 동일한 원칙에 따라 서예, 음악, 회화, 조각의 아름다움이 규정되고, 의약의 효율성, 음식의 맛, 인물의 선함까지도 규정한다.[56] 기하학이 모든 학문의 기초라고 간주했는데, 이는 사물의 위치 사이의 관계를 확립하고 마음이 추상적인 용어로 생각하여 고양과 정화에 이르게 되기 때문이다.[57] 이크완 알사파는 또한 산술 및 기하학적 관계에 대한 피타고라스적 개념을 우주에 만연한 조화의 기본으로 받아들였다.[58] 이에 비해 대부분의 아랍 사상가는 어떤 것을 아름답게 만드는 최적의 비율을 조화로움이라고 정의했다.

비루니(Biruni, d. 1048)는 시와 음악을 수학 중 하나라고 꼽았고, 그들의 영향을 받아 영혼이 조화로운 수학적 구성을 좋아하게 된다고 주장했다.[59]

알 자히즈(Al-Jāḥiẓ, d. 869)는 균형이야말로 모든 형태의 아름다움의 기본이라고 평가했다. 물리적 대상이든 추상적인 것이든 상관없이, 고유한 특성의 한계를 넘어서는 것은 모두 아름다움의 규칙을 위반하고 있다. 균형은 육체뿐만 아니라 영혼의 아름다움에 대해서도 매우 중요하다. 이는 건축술, 양탄자 짜기, 직물 짜기, 심지어 운하에 있어서도 중요한 것으로, 이러한 견해는 현대적 개념의 예술과 산업 디자인을 연상시키는 것이다.[60] 자히즈가 인정했던 균형의 원칙은 그가 살았던 세련된 사회와 일치하는 것으로, 여기에서 아다브(*adab*)문화가 만들어졌는데, 이에 대해서는 아래에서 논의하게 될 것이다.

12세기에 의사이자 학자인 압달 라티프 알 바그다디(ʿAbd al-Laṭīf al-Baghdādī)는 기자의 스핑크스에는 조화로운 비율이 있다고 찬양했다.[61] 14세기에 이븐 카이임 알 자우지야(Ibn Qayyim al-Jawziyya)도 인간의 아름다움을 이루는 데에는 비율이 중요하다고 인정했다.[62]

조화를 아름다움의 보편적 기준이라고 보는 개념은 문학 이론가 압달 카이르 알 주르자니(Abd al-Qahir al-Jurjani, d. 1078)에 의해 확립되었는데, 그는 보석이나 반지, 귀걸이의 예를 들어 그 요소들의 조화로운 구성으로 아름다움을 얻게 된다고 했다. 그런데, 그가 생각하는 조화로운 구성에는 서로 다른 요소들이 포함되어 있는데,

아름다움이란 서로 상반된 대조를 통해서 이루어지는 것으로 그는 이를 "정반대의 친화성"이라 부른다.[63] 더 나아가 그는 다음과 같이 남겼다.

> 이것은(구성의 조화) 미묘함이나 섬세함, 기교와 연관되어 있는 공예나 예술 활동 모두에서 드러난다. 그러한 기교로 제작된 이미지를 보면 그 부분의 생김새나 외양이 다를수록 또 부분 간의 조화가 완벽할수록 그 이미지가 가지는 매력은 더 커지고 그 제작자의 기술에 대해 더 많은 찬사를 보내게 된다.[64]

아름다움에 대해 이븐 할둔(Ibn Khaldun)이 가장 분명하게 남긴 바에 따르면, 아름다움이란 눈으로 보고 귀로 들을 수 있는 아름다움이 "인지적 영혼과 조화를 이루고, 그 영혼이 자기 자신과 조화를 이루고 있음을 즐겁게 지각하는 것"으로, 마치 "연인들의 영혼이 서로 만나 함께 섞이는 것"과 같다. 향수가 주는 즐거움은 이러한 유형의 친화력에서 온 것이다. 그는 "비율과 설정의 완벽이야말로 아름다움의 정수"라고 했다.[65]

이븐 할둔의 관점에서 조화로움이란 대상의 조화로운 구성뿐 아니라 대상과 대상 사이에 생성된 친화력까지 모두 포함한다. 비율과 조화의 기준은 유연하고 주관적이었다. 즉, 그리스 문화에서 그러한 것들을 시각 예술에 적용하고 연관시켰던 것처럼 객관적인 보편적 기준에 묶여 있는 것이 아니었다. 예를 들어, 비율과 조화를 느끼는 것이 서예에서는 결정적이지만 그렇다고 해서 그러한 감상이 시의 일반적이고 개별적인 접근을 방해하지 않는데, 시에서는 시 전체의 형식보다는 운문의 자율성을 강조한다. 바그다디가 스핑크스에 대해 말하고, 자히즈가 여성의 미에 대해, 주르자니가 우아한 반지에 대해 이야기할 때, 그들 중 어느 누구도 그 대상의 아름다움을 규정하기 위해 서예에서 설정된 기준에 상당하는 표준이나 정확한 기준에 대해 언급하지 않는다. 그들이 인식하는 아름다움을 결정하는 것은 오히려 주관적인 인식, 즉 대상이 만들어내는 유쾌하고 심리적인 효과이다. 흔히 조화란 대상과 보는 사람 사이의 친화력이라고 본다. 심리적 요인은 미적 경험에서 항상 기본적이고 보편적인 것이라고 강조되어 왔다. 아름다움을 지각하는 데 있어 심리적 요인을 상세히 설명한 것은 이븐 알 하이삼(Ibn al-Haytham)까지 거슬러 올라가는데, 이븐 알 하이삼은 서구에서는 알하젠(Al-hazen, 935-1038/39)으로 알려져 있다.

이븐 알하이삼은 철학자도 신학자도 아니고 물리학자이자 수학자였다. 그는 지각(知覺)의 물리적 측면과 정신적 측면을 구별함으로써 광학 분야에서 분기점을 이루었다. 대상을 본다는 것은 단순한 시각적 과정만이 아니라 정신적 기제를 포함하는 복잡한 과정이다. 눈에 기계적으로 도달한 시각적 감각을 마음이 해석할 때 외부 세계에 대한 지각이 이루어진다. 시력이 지각하는 것은 대상의 다양한 속성들이 개별적으로 혹은 서로 결합하여 영혼에 기분 좋은 효과를 주는 아름다움을 일으킨다는 것이다. 대상의 속성들은 어떠한 상황이라도 아름다움을 불러일으키는 것이 아니라 어떤 상황에서만 아름다움을 불러일으킨다. 이러한 속성 중 하나가 균형 잡힘이다. 시력은 물체의 명백한 특징만을 지각할 뿐 그를 분석하지 않는다. 아름다움을 지각하는 것은 유추를 통해 판별하는 정신적 능력이다.[66] 따라서 아름다움에 대한 지각은 지적 과정에 기초하고 있는데, 지적 과정에는 기억을 사용하여 판단하거나 객관적으로 판별하는 능력이 포함되어 있다. 우리가 모양을 인식하는 것은 우리 마음 속의 이미지와의 유사성을 통해서이다. 지각할 때 우리는 사물을 비교하고 그들을 구별하며 그 차이점과 유사점을 기억하게 된다. 판단 과정은 눈으로 지각한 '원재료'를 정신이 받아들여 정리하고, 분류하고, 다른 것들과 연관시켜서 다듬어 감성적 마음으로 느끼는 것이다.

시각의 정신적 과정에 대한 이븐 알 하이삼의 분석과 그와 동시대인 이븐 시나가 공식화한 지각 이론 사이에는 놀라울 정도로 유사점이 있는 걸로 보아, 이븐 알 하이삼이 이븐 시나를 알고 있었음에 틀림없다. 이 이론에 따르면 정신의 능력이란 감각이 지각한 대상을 흡수하고 통합하여 뇌에서 이미지라는 추상적 매체로 번역하는 것이다. 다음 단계에 이르면 이러한 이미지들이 분석과 판단을 통해 이미 기억에 등록되어 있는 다른 인상들과 연상 작용을 거치거나 비교를 거친 후 의미를 얻게 된다. 이어지는 정신적 행위에 의해 추상적이고 개념적인 사고가 생기게 된다. 이븐 알 하이삼의 개념과 이븐 시나의 개념을 연결해서 보면, 아름다움에 대한 지각은 인간의 감각적 인식에 기반한 추상적 사고 능력의 산물이라는 걸 알게 된다. 따라서 그라씨(Grassi)의 용어를 사용하자면 아름다움은 "존재론적"인 것이 아니다.

처해 있는 자리가 아름다움을 만들고, 아름답게 보이는 것들은 대부분 오로지 질서와 자리 때문에 아름답게 보일 뿐이다. … 많은 유형의 가시적 대상들이 아름답고 매력적이라고 느껴지는 것은 오로지 그들 부분의 구성과 순서 때문이기도 하다.[67]

이븐 알 하이삼의 작업은 광학과 시각 심리학 분야에 속하지만 그의 아이디어는 뚜렷하게 미적 감수성을 보여주고 있다. 즉, 그는 실제로 시각적 미학에 대해 최초로 심리학적 분석을 행했던 사람이었다. 이슬람과 서구 모두에서 그의 과학이 지대한 영향력을 발휘했는데, 서구에서 폴란드 철학자 위텔로(Witelo)가 그의 아이디어를 널리 알리는 일을 했다.[68] 그러나 하이삼의 미학 이론은 광범위한 개념화로 이어지지 못한 채 아랍 전통에서 다소 예외적인 것으로 남고 말았다.

이븐 알 하이삼은 여러 유형의 아름다움을 다음과 같이 나열하고 있다. "… 어떤 것들은 그 아름다움의 원인이 형상의 어떤 한 특성 때문이고, 또 어떤 것들은 형상의 여러 가지 특성들 때문이며, 또 다른 것들은 속성 자체에 의한 것이 아니라 속성들이 서로 연결되기 때문이다. 또 다른 것 들에서는 서로 조화를 이루는 속성이 아름다움의 원인이 된다."[69] 이븐 알 하이삼이 "그렇게 되어 그 형태가 아름답다는 느낌을 영혼에 남긴다"고 할 때 그 아름다움을 발생시키는 속성에는 빛, 색상, 거리(하늘의 별), 자리(서예의 글자), 견고성(인간과 동물의 몸), 모양, 크기, 서로 떨어져 있음(초원에 흩어져 있는 꽃), 연속성, 숫자(하늘의 무수한 별), 움직임(춤), 정지, 윤곽(장신구), 부드러움(천, 기구), 투명도(보석), 불투명도(색상 및 모양), 그림자, (램프의 아름다움과 같은) 어둠, 유사성(신체의 서로 짝을 이루는 기관), 동일체 안에서의 변모와 변화(코의 굵기나 글자의 굵기) 등이 있다고 나열했다. 이러한 속성 중 어떤 것도 모든 상황마다 아름다움을 불러 일으키는 것은 아니다. 시각에 의해 감지되는 아름다움은 대부분 이러한 속성들이 서로 조합하면서 생겨난다.

흔히 언급된 개념에 따르면 아름다움은 요소들의 조합이라는 것이다. 그는 미적 경험은 대상의 특질과 주체의 관점의 결과라고 보았고, 이로써 아름다움의 자질에는 고정된 특정 규칙이 있다고 전제하는 미학적 독단주의와는 반대된 입장을 취했다. 이 접근법은 기존의 상대주의 경향과 일치하는 바가 있는데, 이에 따르면 나쁜 것과 좋은 것이 절대적인 가치가 아니라 환경과 주관적 경험의 문제라는 것이다. 자히즈는 상반성이나 동일한 것의 장단점을 다루는 문학 장르를 창시했다. 그는 현실에는 긍정적인 면과 부정적인 면이 동시에 존재한다는 것을 보여주었고, 이러한 것들이 혼합할 때 특질과 비율, 그리고 그것이 인간 정신에 미치는 영향에 따라 그 가치를 일으키게 된다고 했다.[70] 마찬가지로 그는 인간을 자연에 존재하는 모든 요소와 속성, 그 모든 불일치와 모순을 결합한 소우주라고 보았다.[71]

아름다움에 대한 인식은 정신적 과정을 기반으로 하기 때문에 그를 얻기 위해서는 지적인 기술이 필요하다. 자히즈의 주장으로는 "아름다움이라는 주제는 너무 미묘하고 너무 섬세해서 아무나 인지할 수 있는 게 아니다. 이는 추상적인 것에도 해당된다. 깊이 볼 수 있는 사람, 그 눈이 자신이 지각한 바를 가슴 깊이 전달할 수 있는 사람만이 분별 있는 판단을 할 수 있는데, 그래야만 마음이 판단을 분명히 할 수 있기 때문이다."[72]

그가 직접적으로 영향을 미쳤는지 혹은 일반적인 경향이 그러했는지 모르겠는데, 아름다움에 대한 아랍어 표현이 대부분 이븐 알 하이삼이 심리적 요인을 강조했던 바를 떠올리게 한다. 가잘리는 감정적 유형의 지각이 있다고 인정하여, 형식적 기준을 무시하더라도 영혼과의 친화성(타나수브 알 아르와*tanāsub al-arwāḥ*)을 따르게 된다고 공감의 역할을 강조했다.[73]

이븐 시나는 쾌락이란 두 가지 요소, 즉 완벽함과 완벽함에 대한 지각에 의존한다고 보았다. 후자는 일종의 지식이기 때문에 가변적이고 상대적이다. 쾌락의 강도는 완벽함의 정도와 그 지각의 정도에 비례한다.[74]

주르쟈니는 미학적 효과의 심리적 뿌리에 대해 깊은 연구를 했는데, 시에 대해 언급하면서 다음과 같이 기록했다.

> 인간의 본성이 창조된 바로는, 즉 인간의 본능이며 타고난 특성이라고 할 수 있는 바로는, 보통 그러한 일이 나타나리라고 예상하지 못했던 곳에서 무언가 나타나고, 또한 그것이 일상적이지 않은 근원에서 나타나면, 영혼은 그에 대해 더 깊은 애착과 더 큰 애정을 느낀다. 무엇이든 그것이 속해 있음 직하지 않은 곳에서 존재하고 있음을 밝히는 것은 마치 전혀 존재하지 않거나 그 존재 자체가 실현되지 않는 무언가를 창조하는 것만큼이나 흥미롭고 신기한 일이다.[75]

이스바하니(Isbahani, d. 967)의 『노래집(키타브 알 아가니*Kitāb al-Aghānī*)』에 기록된 작품에서는 아름다움에 대한 지각의 감정적 요인을 보여주고 있다. 어떤 아랍인이 콘스탄티노플을 방문하는 동안

거리에서 아랍 노래 소리를 들었다. 그는 그 소리를 듣고 기뻤지만, 그 기쁨이 노래 공연이 뛰어났기 때문인지 아니면 콘스탄티노플에서 아랍 노래를 들었다는 흥분 때문인지 자문하게 된다.[76] 9세기 시인 알 무타나비(al-Mutanabbi)는 다음과 같이 적었다.

아름다움을 지닌 빛나는 별들이 우리의 눈을 두드린다
우리는 불투명한 어둠 가운데 있음으로 별이 뜨는 것을 보는구나[77]

그는 서정적인 용어로 아름다움을 해석했지만, 그 역시 이븐 알 하이삼과 마찬가지로 주변 조건에 따라, 혹은 판단 능력과 연관지어 아름다움을 해석했다. 따라서 심리적 순간에 대한 인식은 아랍 문화에 깊이 뿌리를 두고 있다. 그것은 유럽 사상, 특히 요크의 토마스(Thomas of York, c.1220-1269)에게 강한 영향을 미쳤는데, 토마스는 아랍어 문헌을 사용하여 미의 심리학적이고 주관적인 특성을 강조했다.[78]

감성적 요소를 포함하는 것이 중요한 까닭은 이렇게 되면 필연적으로 즐거움이 아름다움의 자질과 미적 경험을 결정한다고 보기 때문이다.[79] 아름다움이 객관적인 기준이라기보다는 감성적이고 주관적인 지각의 문제라고 보는 개념은 아름답고 즐겁게 만드는 것과 도덕적으로 좋은 것 사이의 분리를 시사하게 되고, 이는 아름다움에 대한 미학적 접근을 의미한다.

아랍 문화에서 아름다움을 결정하는 보편적 원칙 하나는 아름다움과 즐거움의 연관성이다. 그러나 쾌락이 생기는 데에는 많은 원천이 있고, 이러한 원천에서 마음에까지 이르는 데에는 여러 가지 방법이 있다. 즉 다양한 감각과 지각이 관련되어 있는 여러 요소들이 혼합되어 있는 셈이다. 더 브라워너의 인용에 따르면, 로저 베이컨이 완전한 미적 쾌락이란 모든 감각의 동시적 만족이라고 정의내린 것은 베이컨이 아랍의 영향을 받았기 때문이다.[80] 무슬림 신학자들과 철학자들은 본능과 그 본능과 관련된 욕망의 특성에 따라, 또 대상의 탁월성에 따라 식욕에서 추상에 이르기까지 다양한 범주로 쾌락을 나누어서 보았다. 아리스토텔레스에 대한 연구에서 아부 나스르 알 파라비(Abū Naṣr al-Fārābī, d. 950)는 두 가지 유형의 지각이 있다고 보았는데, 하나는 실용적인 것이고 다른 하나는 그 자체만으로 좋은 것으로 단순히 쾌락만을 위한 것이다. 더 나아가 그는 매력적인 것과 매력적이라 느끼게 하는 즐거움의 감정을 육체적 또는 지적 본성에 따라 서로 다른 범주로 나누었다.

> 그들은[사람들은] 감각적 사물을 갈망하는바, 감각 지각에 의한 이러한 이해는, 위에서 언급한 네 가지[81] 중 어떤 것에도 해당되는 유용함이 없는데, 예를 들어, 조각상, 우아한 풍경, 듣고 냄새 맡아서 즐거운 대상, 만져서 즐거운 대상 등 이들은 감각 지각용의 즐거운 대상으로 남는다는 것을 빼면 사람들에게 어떤 유용성도 가지고 있지 않다. 왜냐하면 "즐거울 수 있는"이라는 말은 사람이 그 대상을 가장 탁월하게 파악하고 있다는 뜻이기 때문이다. 인식 없이는 쾌락이 있을 수 없다. [동물은] 감각 지각으로 이해한 것을 받아들이고 그렇지 않은 것은 알 수가 없다. 마찬가지로, 인간은 알고 이해하는 것, 그리고 그러한 것을 이해하면서 경험하게 되는 쾌락에만 국한되어 있으면서도 감각적 사물에 대한 지식 외에도 감각 지

각을 통해 얻고자 하는 다른 인식도 있다. 예를 들면 신화, 이야기, 민족의 역사, 국가의 역사 등은 오로지 그러한 것들이 주는 기쁨 때문에 사람이 이야기하고 또 그 이야기에 귀를 기울인다. (무엇을 기뻐한다는 것은 바로 편안함과 즐거움을 얻는다는 것이기 때문이다).[82]

자연과 인공물

가잘리는 아름다움을 즐기다 보면 슬픔이 소멸된다고 했다. 아랍인들은 아름다움의 심리적 효과를 믿었으며, 자연적인 아름다움과 인공적인 아름다움을 구별하지 않았다. 아름다움 그 자체는 그 본성이 다양하고 복잡하여 몸과 정신에 진정 및 치유 효과를 준다고 믿었다. 시를 즐길 때에는 음악과 포도주를 함께했는데, 이 세 가지 모두 불쾌한 감정을 피하는 데 도움이 되었다. 일부 의학 서적에서는 탁월한 수준의 위생을 자랑하는 사원이라 할 만한 함맘(*ḥammām*)*을 그림으로 장식하라고 권했는데, 이미지는 자연을 대신하여 인간에게 진정 효과를 전달할 수 있기 때문이다.

꾸란에서 낙원을 묘사한 바에 따르면 예술은 자연 경관과 서로 뒤섞여 있는데, 이는 아름다움과 쾌락에 대한 아랍의 접근 방식을

....

* 이슬람 문화권의 공공 이용 목욕탕. (역자주)

잘 보여준다. 낙원의 주민들은 화려한 옷을 입고 보석으로 장식하고 있으며 나무와 계곡, 시내 한가운데 자리잡은 진주 궁전과 정자에 살고 있다. 그곳에는 시원한 바람과 향기가 가득하다. 그들은 영원한 젊음을 가진 여성들과 잠자리를 하고 은그릇에 음료를 마시며 황금 접시에 담긴 음식들이 준비되어 있는 연회를 즐긴다.[83] 하디스에서 낙원을 묘사하는 글을 보면, 꾸란에 대한 상세한 설명이 있고 음악을 비롯해서 즐거움을 주는 활동들을 나열한다.

가장 위대한 아랍 시인이자 자유사상가인 아불 알라 알 마아리(Abu l-Ala al-Maarri, d. 1057/58)와 같은 지식인조차도 이슬람의 낙원을 상상하면서 단테처럼 추상적인 용어가 아니라 육체적 즐거움을 누리는 것으로 표현했다. 그의 견해에 따르면 낙원은 시인과 사상가의 거처이다. 그의 『리살라트 알 구프란(*Risālat al-Ghufrān*, 용서의 서신)』에서 아불 알라는 그의 친구 이븐 알 카리(Ibn al-Qāriḥ)가 죽어서 낙원에 도달했다고 그려본다. 그곳에서 그는 천국의 정원이 경건하고 유덕한 사람들의 만남의 장소라기보다는 니콜슨(Nicholson)이 말했듯이 "문학적 보헤미안"과 같은 시인과 자유 사상가들이 시와 사상에 대해 토론하기 위해 만나는 일종의 살롱이라는 것을 알게 된다. 단테의 낙원과는 달리, 아부 알라의 낙원은 풍성한 곳으로, 인간과 동물이 그들이 세상에서 겪은 고통에 대한 보상으로 음악이 있는 연회와 춤, 사냥, 섹스와 같이 꾸란에서 약속하고 있는 지상의 모든 쾌락을 누리는 곳이다.[84]

낙원의 풍경은 야생 그대로의 순수한 자연이 아니라 지상의 예술가들이 만든 것과 같이 예술적이고 호화로운 오브제로 장식되어 있다. 아랍 이슬람 문화에서 중요한 위치를 차지하고 있는 보석, 금

8세기 초 다마스쿠스 대모스크의 모자이크

속 세공, 직물 및 건축 예술은 모두 낙원에서 그 거주자들을 만족시키기 위한 하나님의 창조물로 등장한다.

낙원은 정원이고 정원은 작은 낙원일 수 있다. 쥬나이나(*junayna*, 정원)라는 단어는 쟈나(*janna*)의 축소형으로, '쟈나'는 천국을 나타나는 말이다. 낙원과 마찬가지로 이슬람 세계의 정원에 디자인이 없다든지 조경을 돋보이게 하는 건축적 장식이 없다는 것은 상상할 수가 없다. 이러한 것들의 기능은 항상 감각적 쾌락과 관련이 있다. 아랍 시에서 자연에 대한 인식은 대부분 사랑과 술을 즐기는 오락과 연결되어 있다. 자흐리야트(*zahriyyāt*), 라우디야트(*rawḍiyyāt*), 라비이야트(*rabiʿiyyāt*)(각각 꽃, 정원, 봄의 시) 등 여러 시 장르에서는 자연을 찬양하고 있다. 꽃은 보석과 비교되고 여성 신체의 세부 모습과 비교되었으며, 때로는 그 반대로 보석을 꽃과 비교한다거나 여성을 꽃에 비유하기도 한다. 시인 이븐 알 루미(Ibn al-Rumi, d. 896)는 봄의 자연을 비유하면서 연인을 만나기 위해 단장한 여인 같다고 했다.

자연적 요소와 인공적 요소의 조합은 최초의 위대한 이슬람 기념물인 예루살렘에 있는 바위 성원(691)과 다마스쿠스 대모스크(706)의 장식상의 특징으로 나타난다. 바위 성원에서는 식물과 나무를 보석으로 장식하고, 다마스쿠스 대모스크에서는 건축물을 풍경으로 장식하고 있다. 두 이미지 모두 자연과 인공의 예술적 아름다움이 잘 어우러져 있다. 이 모자이크의 개별 패턴을 보면 비잔틴 등의 기원을 찾을 수 있지만, 거기에 표현된 혼성된 주제에는 이미 아랍의 맛과 미학이 드러나는데, 이는 아랍 시각 예술과 시에서 표현되는 바와 같다. 이 작품은 에팅하우젠(Ettinghausen)과 그라바

(Grabar)가 이슬람 예술 입문서에서 쓴 것처럼 "현실적인 형태를 비현실적으로 사용한 것과 자연 형태의 반자연주의적 결합"을 보여주고 있다.[85] 여기에서는 기교와 환상이 자연을 초월하고 있다. 이는 아라베스크의 원리와 같은 것인데, 아라베스크는 식물 모티프의 합성이면서 기교와 환상으로 본래의 자연성을 넘어서고 있다.

칼리프 알-무크타디르(d. 932)가 바그다드에 지은 나무의 궁전에는 연못이 있었고, 그 연못 중앙에 은으로 만든 나무를 두고 거기에서 금박을 입힌 은조(銀鳥)들이 노래했다. 연못의 양쪽에는 서로 싸우는 것처럼 보이는 기마병의 조각상이 있었다. 금박 보트가 떠 있는 작은 수은(水銀) 연못도 있었다. 수은 연못은 정원 중앙에 놓여 있었는데, 이 정원에는 (실제) 야생 동물들이 있는 동물원이 있었고, 그 가운데 사자가 100마리 있었다.[86] 이집트의 툴룬 왕조의 통치자 후마라와이의 9세기 정원에 대한 설명을 보면 자연적 요소와 예술적 요소가 이처럼 혼재해 있어서, 나무는 구리 표피로 덮혀 있고 화단은 비문의 띠 모양을 하고 있었다. 그곳에서 달빛이 수은 웅덩이를 비추고 있었다.

아랍 시는 보석, 꽃, 비단이 서로 뒤섞여 있는 은유로 가득 차 있다. 시인 알 사노브바리(al-Ṣanawbarī)는 수선화를 묘사하면서 다음과 같이 썼다.

> 고운 실크 카펫 위로 에메랄드 줄기 위 노란색 사파이어에 펼쳐진 진주.[87]

가장 유명한 아랍어 음주 시인인 아부 누와스(Abū Nuwās, d. 810

년경)는 루비같이 붉은 포도주와 다채로운 정원 광경이 슬픔을 추방하는 수단이라고 찬양한다.

> 보라, 구름이 이슬 맺힌 손가락으로
> 흙빛 가운을 향기로운 꽃으로 수놓은 것을,
> 갓 따온 은방울꽃, 라벤더,
> 제비꽃과 붉은 아네모네꽃,
> 장미 한 묶음이 눈부시게 화려하기는
> 마치 나뭇가지 사이로 떠오르는 태양 같고,
> 붉은색, 흰색, 노란색
> 그리고 모든 화려한 색상으로
> 감람석 사이마다
> 금 구슬로 엮은
> 루비와 진주 목걸이처럼
> 정원을 따라 빛나는 끈 같으니.[88]

14세기 『아라비안 나이트(*Arabian Nights*)』에 등장하는 다음 묘사는 이러한 미학적 혼합을 보여주는 생생한 예가 된다.

> 우리가 그렇게 맛있는 음식과 좋은 술을 배불리 먹고 나자 그들은 도금한 대야 두 개를 가져왔고, 우리는 거기에 손을 씻었다. 그런 다음 그들은 향을 가지고 왔고, 우리가 그 향을 피웠다. 그런 다음 그들은 장뇌와 용연향의 조각상으로 둘러싸여 있고 온갖 보석으로 장식한 금박의 수정 그릇에 사향이 나는 장미수를 가져왔다.

그런 다음 여자 시종이 우리에게 일어나라고 하여 우리는 일어나서 그녀를 따라 다른 방으로 갔다. 그녀가 문을 열자 방이 나타났는데, 그 방에는 비단 카펫이 덮여 있고 백 개의 기둥이 커다란 지붕을 받치고 있었으니, 그 기둥 바닥마다 금을 입힌 새나 짐승이 서 있었다. 우리는 앉자마자 카펫을 보고 감복하게 되었는데, 카펫은 금색 바탕과 희고 붉은 장미꽃 패턴으로 장식되어 둥근 지붕의 색상과 패턴을 그대로 반복하고 있었다.

방의 탁자 위에는 백 개가 넘는 수정과 금으로 된 쟁반이 온갖 보석으로 장식되어 있었다. 방의 위쪽 끝에는 여러 색상의 천으로 덮인 아름다운 소파가 무수히 놓여 있고, 정원을 향해 열리는 아치형 창문 앞마다 소파가 놓여 있었다.

정원은 바닥 덮개용 카펫이 깔려 있는 것처럼 보였다. 그곳에서 큰 연못에서 작은 연못으로 물이 흘러내리고, 작은 연못을 둘러싸고 달콤한 바질, 백합, 수선화가 금 상감을 한 항아리에 담겨 있었다. 빽빽하게 서로 얽혀 있는 가지에는 풍성한 과일들이 가득하여 바람이 그 사이를 지나갈 때마다 과일들이 물 위에 떨어지고 온갖 새들이 그 뒤를 쫓아 날개 치며 노래했다.

연못의 좌우에는 은으로 덮인 백단향 침상이 놓여 있고, 태양보다 더 눈부신 아가씨가 화려한 드레스를 입고 루트와 여러 악기를 품에 안고 침상마다 기대어 있었다. 아가씨들의 음악은 새들의 짹짹거리는 소리와 뒤섞여서, 바람이 부는 대로 가벼운 바람이 찰랑이는 물결과 어울려 이곳에서 장미꽃을 키우는가 하면, 저곳에서 열매를 떨어뜨렸다.

우리는 눈과 마음이 모두 현혹되어 그러한 것들을 바라보면서 풍성한 축복을 되새기면서 연못이 있는 정원에서 큰 둥근 지붕이 있는 방으로 돌아가 정원의 아름다움과 예술의 우아함, 그 웅장한 노

우마이야조 사막 궁전의 음악가와 사냥 장면

력에 감탄하고 장엄한 광경과 아름다운 장면에 탄복했다.[89]

여기 꽃 무늬가 있는 카펫, 자연 그대로의 꽃, 금과 수정, 새들의 지저귐과 루트의 음악, 산들 바람과 향, 홀과 정원이 모두 어우러져 감각을 홀리는 데 딱 어울리는 혼합물이 이루어졌다. 이 설명은 말하는 사람의 상상에서 나온 것이 아니다. 오히려 그것은 아랍어 문학 자료에서 우마이야 시대와 압바스 시대 칼리프들이 즐겼던 시와 음악 공연에 대한 설명과 일치하는 것이었다. 절묘한 설정, 우아한 의복, 음식과 포도주, 향수와 향기, 음악과 예술가들이 연주하는 시

모자이크 장식, 바위 성원, 예루살렘, 7세기 후반

가 기쁨을 전달하는 데 도움이 되었다. 이것이 꾸란의 낙원이 약속하고 있는 이상형이다.

『아라비안 나이트』의 다음 구절은 건축물과 새, 램프, 향기 등이 미학적으로 서로 어우러지면서 전달하는 위로의 힘을 보여주고 있다. 이야기를 이어가는 사람은 100개의 방이 있는 궁전에 초대를 받아 머물고 있었는데, 그 중 99개의 방만 열 수 있었다. 그는 이 방에서 저 방으로 이동하면서 방마다 놓여 있는 물건들을 보며 즐기고 있다.

> 그 다음 세 번째 문을 열었더니 온갖 종류의 유색 대리석과 귀금속, 보석으로 덮여 있는 큰 홀이 나타났는데, 알로에나무와 백단향으로 만든 새장이 걸려 있고, 그 안에는 나이팅게일, 개똥지빠귀, 비둘기, 산비둘기, 멧비둘기, 은비둘기, 흑비둘기 같은 온갖 종류의 새들이 가득 들어서 노래하고 있었다. 나는 그곳에서 노래를 즐기면서 행복했고 내가 가진 근심거리도 잊었다.[90]

다른 방에서:

> 나는 사프란으로 뒤덮인 바닥과 값비싼 기름으로 채워진 금과 은으로 된 등잔을 보았고, 향기로운 양초에서는 알로에와 용연향이 나오고 있었다. 또한 반죽그릇만큼 커다란 두 개의 향로에 가득한 불씨에서는 알로에나무, 용연향, 사향, 유향의 향기가 오르고 있었고, 향이 타면서 연기가 올라와 양초와 사프란의 향이 어우러져서 방안을 향으로 가득 채우고 있었다.[91]

이렇게 우아한 분위기에 대한 사랑은 고전 시대 아랍 궁정 생활에서 지나치다 싶을 정도로 나타났다. 압바스 시대 어떤 칼리프의 접견실은 분홍색 태피스트리가 깔려 있고 분홍 꽃이 만발한 정원을 바라보고 있으며 그에 어울리는 분홍색 옷을 입은 노예가 손님을 맞이하였다고도 한다.[92] 또 어떤 칼리프는 노란색 잔치를 하라고 주문하기도 했다. 그는 황금 비단 태피스트리로 덮여 있는 황금 돔형 방에 앉아서, 노란색 비단 옷을 입은 노예들이 황금 그릇에 담아 온 멜론과 오렌지, 그리고 노란색 포도주를 먹고 마셨다. 둥근 지붕 아래 분수의 물은 사프란으로 물들여 노란색이었다.[93]

밤낮의 변화는 꾸란에서 여러 번 언급된 주제로, 또 다른 중요한 주제였다. 고대 아랍어에는 밤의 매 단계마다 그에 어울리는 이름이 있다. 르 고프(Le Goff)는 중세 유럽인에게 "밤은 초자연적인 위험의 시간이었다"고 썼다. 반면, 아랍 세계에서 밤은 오락과 즐거움을 위한 시간이었다. 이란에서 유래한 『아라비안 나이트』라는 설화에는 밤이 여가와 기분 전환을 위한 시간이라는 개념이 이미 시사되어 있다. 모든 형식의 아랍 문학에서 밤은 즐거움과 연관되어 있다. 밤은 인간의 아름다움의 상징인 달과 동일시된다. 달과 같다는 것은 외모를 평가하는 데 사용할 수 있는 최고의 찬사다. 달은 이슬람 달력과 금식 시간을 나타낸다. 특별히 라마단의 밤은 금식을 끊는 때부터 새벽 사이 시간으로 이때 기도로 보내기로 되어 있지만 종종 파티나 다른 오락거리, 이야기 나누기, 찬송, 문학 낭송으로 보냈다. 더욱이 꾸란은 밤을 진실이 드러나는 때라고 묘사하고 있다. "감동이 가장 강하고 말이 가장 유창한 것은 밤에 자지 않고 있을 때이다."(73:6)

밤은 인공 조명의 시간이며 밝음을 이룰 수 있는 복잡한 장치를 만들도록 부추긴다. 권주시에서는 양초와 등불이 연인의 꿈의 상징으로 자주 등장한다.

중세 유럽과 마찬가지로 보석과 귀금속은 아름다움의 상징으로 여겨졌다. 고대 전통을 따라 압바스 시대나 파티마 시대 칼리프의 궁전에는 금 홀이나 에메랄드 홀처럼 보석과 귀금속의 이름을 딴 정자와 문이 있었다. 『아라비안 나이트』에서 보석은 홀이나 궁전 전체를 밝히고 밤을 빛나게 하는 빛을 발산한다.[94] 보석은 또한 바다와도 관련이 있었다. 바다 압달라와 육지 압달라의 이야기에서 바다에서 수중 생물이 보석을 나르고 있는데, 바다에서 이 보석들은 육지에서 자갈만큼이나 흔한 것이었다. 이것은 아마 꾸란에서 바다의 보석으로 만든 장신구에 대해 언급한 구절(16:14; 15:12)에서 영감을 받았을 수 있다. 돌과 광물은 마법이나 치유력과도 관련이 있었다. 루비는 역병에 대한 억제책으로 작용했으며 튀르키예석은 오늘날에도 사악한 눈을 물리친다고 되어 있다.

시에서 보석은 자연적이든 인공적이든 추상적이든 간에 소중하고 귀중한 모든 것에 대한 은유로 쓰인다. 귀금속이나 보석과의 비교는 아랍 문학의 반복되는 주제이다. 아부 하이얀 알 타히디(Abu Hayyan al-Tawhidi, d. 1023년경)는 서예를 가리켜 "순금 같은 지성이 손으로 만들어낸 보석"이라고 했다. 시 역시 보석 세공인의 예술과 비교되었고, 수많은 학술 서적들이 "황금 초원", "황금의 확산", "황금 주물", "유일무이의 목걸이", "지혜의 보석", "보석의 보석", "숨은 진주", "고독한 진주", "인형의 왕관", "지식의 왕관"과 같이 금이나 진주, 보석을 언급하는 화려한 제목을 달았다.

꿈을 해몽할 때 보석은 거의 다 번영, 자손, 행복의 길조이고 장신구 또한 여성에게 행운을 가져다 준다고 보았다. 진주는 꾸란과 종교 학문을 상징한다.[95]

동물

이슬람 이전의 아랍 시인들의 세계에는 여러 동물들이 등장한다. 그들이 쓴 송가를 보면 약 80가지 종류의 동물들이 언급되어 있다. 낙타, 말, 야생당나귀, 맹금류에 대한 자세한 설명은 이슬람 도래 이전의 아랍 시의 필수적인 부분을 이루고 있었다. 다음에 인용하는 타라하(Ṭarafa)의 암낙타 묘사는 동물에 매료되었음을 드러낼 뿐 아니라 전통적인 시적, 미학적 접근 방식의 특징을 보이는데, 이는 연애시에서도 볼 수 있는 것으로 꼼꼼하게 세세한 묘사를 하여 소중한 대상의 세부 사항을 강조하고 있다.

낙타의 허벅지는 단단하기가 완벽하도다.
허벅지는 마치 높이 솟은 성, 벽이 매끄러운 성의 입구…
척추 뼈는 단단히 짜여 있고 갈비뼈는 활과 같으며,
목 아래 잘 짜맞춰진 척추가 이어지고,

척추는 야생 팽나무로 만든 쌍둥이 굴로 둘러싸여 있구나;
부벽을 친 척추 아래 활이 구부러져 있다고 하겠구나.
마치 튼튼한 물 운반인이 두 양동이를 나르며 걷는 듯
팔꿈치는 서로 넉넉하게 떨어져 있도다;
건축가가 반드시 담아야 할 것 모두 벽돌에 새길 것이라 맹세했던
비잔틴의 다리처럼.

털 아래에 있는 강모가 붉게 물들고, 등은 지극히 단단하며,
재빠른 다리의 보폭은 넓고, 흔들리는 걸음걸이가 부드럽기만 하구나.
다리는 감아 올린 밧줄처럼 구불거리고, 팔뚝은
비스듬히 가슴 버팀목 끝까지 닿아 있구나.
빠르게 구르고, 두개골은 거대하고, 견갑골은
높이 들어 올라서 도드라진 윗몸을 이루고 있도다…
긴 목을 들어 올리면 아주 곧이 서니 마치
티그리스로 가는 배의 방향타를 떠올리게 되는구나.
두개골은 마치 모루처럼 각각 양쪽이
한 열에 서 있듯이 서로 만나고 있구나.
뺨은 시리아 양피지처럼 매끄럽고, 갈라진 입술은
예멘의 검은 염색 가죽처럼 갈라지지도 구부러지지도 않았도다;
눈은 한 쌍의 거울처럼 눈썹 뼈 동굴에서
웅덩이 빈틈의 바위를 보호하고 있도다.[96]

동물원과 새장은 이슬람 이전이나 이후에나 동방 제국 군주들

의 왕권의 상징이었다. 이국적인 동물은 잘 생긴 노예나 보석, 예술품과 함께 왕에게 바치는 귀중한 선물이었다.

많은 문학 작품에서 세계의 불가사의로, 또 인간이 배울 수 있는 지혜의 모범으로 동물들을 다루고 있다. 인도의 우화 작품인 『칼릴라와 딤나(*Kalila wa Dimna*)』는 압바스조 시대에 아랍어로 번역되어 아랍 고전 문화에서 가장 유명하고 가장 빈번하게 삽화가 그려진 책이 되었다. 모든 시기에 동물 우화집이 편찬되었다. 가장 유명한 것은 자히즈(Jāḥiẓ)의 동물에 관한 책으로, 아다브(*adab*) 장르에 속하며 7권으로 구성되어 있는데, 동물들의 행동과 심리에 상당한 관심을 기울이면서 그들이 하나님 창조의 경이로움이라고 묘사되어 있다. 전해지는 말로는 자히즈는 이 세상에서 가장 놀라운 것 세가지를 꼽자면 올빼미와 학, 그리고 "슬픔의 주인"(왜가리)이라고 불리는 새라고 했다. 올빼미가 놀라운 것은 자신의 아름다움을 대단하게 생각하여 그 아름다움이 사악한 눈에 드러나지 않도록 결코 낮에는 나타나지 않기 때문이다. 학이 놀라운 것은 결코 한 번에 두 다리로 서지 않으며 부드럽게 걷기 때문이다. "슬픔의 주인"이 놀라운 것은 조수가 물러가는 동안 물이 지표면에서 사라질까 두려워 지켜보고 있기 때문이다.[97] 자히즈가 동물에게 관심을 보였던 것은 동물에게서 인간의 면모를 보았기 때문이기도 했다. 또한 인간은 우주를 담은 소우주로서 그 모든 속성을 다 담고 있다.

꿈의 해석을 다루는 문헌에는 좋은 징조와 나쁜 징조를 나타내는 동물들의 종류를 길게 나열하고 있다. 아랍 문학과 동화에는 바다와 사막에 산다고 믿었던 환상의 동물들이 언급되어 있다. 환상의 동물과 새는 인류의 친구다. 그들은 나라와 대륙을 가로질러 사람들을 날라주는 마법의 운송 수단으로 묘사된다. 이슬람 이전 문화에서부터 온 신화적 동물들, 특히 용은 아랍 세계의 예술에 통합되었다. 『아라비안 나이트』의 많은 이야기는 인간이 동물로 변모하는 과정을 그리고 있다. 공작이나 비둘기, 까마귀 같은 새들은 종종 상징적인 연상을 가지고 있었다. 새는 밀교적이며 신비주의적 문학에서 영혼의 상징으로 나타난다.

가젤은 사냥감으로 가장 애호하는 동물이었지만 그 우아함 때문에 소중히 여겨졌으며 오늘날까지 아랍인들에게 여성의 아름다움을 나타내는 가장 뛰어난 상징으로 남아 있다. 낙원의 천당미녀들의 크고 검은 눈은 가젤의 눈 같다고 한다. 현대 아랍어 관용구에서도 여성을 가젤과 비교하던 그녀의 아름다움, 특히 눈의 아름다

8세기 우마이야조 사막 궁전, 암라 성(城)의 벽화

움을 표현하는 것이다. 아랍의 남녀의 이름 중 많은 것들이 매, 사자, 표범, 가젤과 같은 동물을 의미한다.

여러 문화권에서와 마찬가지로 문학과 예술에서 사자는 왕실과 남성적 속성과 관련이 있으며 제왕의 도상학에서 중요한 역할을 했다. 사자는 또한 가문의 문장(紋章)과 점성학적 맥락에서도 사용되었다. 아랍 고전 문학에는 사자를 나타내는 단어가 600개 이상 되고 낙타와 말에 대해서도 비슷한 수의 단어를 사용했다.[98]

동물 문양은 시각 예술에서 흔하게 사용되었다. 산토끼, 가젤, 사자, 고양이과 동물들, 새, 물고기뿐만 아니라 신화적인 동물들이 도자기, 금속 공예, 보석, 건축 장식, 가구 및 온갖 형태의 직물에 등장해서, 심지어 맘룩 시대 이집트나 시리아와 같이 사람 형상 묘사가 극히 드문 곳에서도 등장한다. 동물 문양은 이슬람 예술의 가장 인기 있는 주제 중 하나였던 사냥 장면에 등장한다. 『아라비안 나이트』에서 어떤 아름다운 신부는 "눈과 부리는 유색보석으로, 발은 루비와 녹록석으로 꾸며진 갖가지 눈부신 형상의 새와 짐승들이 금으로 수놓아진 가운을 입고"[99] 지나가고 있다. 아랍인들은 이란인이나 튀르키예인보다 세밀화에 대한 관심이 적었지만, 동물 우화나 전설담을 자주 삽화로 그렸다. 그림자 연극에는 실제의 동물과 환상의 동물이 서로 싸우거나 사냥꾼에게 쫓기는 장면이 많이 포함되어 있다.

조각은 아랍 문화에서 흔하게 나타나지 않았지만, 종종 왕권을 나타내는 물건들에 동물 조각이 새겨져 있었다고 한다. 역사가들에 따르면 이집트의 파티마조 시대 칼리프가 동물 모양의 장신구와 설탕 조각품을 가지고 있었다고 한다. 청동 물항아리라든가 분수의

8세기 초, 우마이야 시대 사막 궁전, 음샤타의 외벽 장식의 사자 문양

분출구에는 사자가 입으로 물을 뿜어 내는 모습이 장식되었는데, 가장 유명한 예가 알함브라 궁전의 '사자의 중정(中庭 Court of the Lions)'이라고 불리는 곳이다. 고대 전통에 따라 가구의 다리와 발은 흔히 고양이과 짐승의 발로 표현되었다.

이슬람 예술에서 동물은 인간과 달리 역동적으로 묘사되었고 그 움직임이 강조되었다. 보통 사람보다 동물이 더 정교하게 표현되었는데, 사람 묘사는 금기시되는 편이었다. 8세기 우마이야 시대 사막 궁전인 암라 성(Qusair 'Amra)의 벽에 그려진 사냥 장면에는 도망 가는 야생당나귀와 사냥개의 활력과 아름다움이 뛰어난 모습으로 그려져 있다. 심지어 14세기 금속 세공품에서도 달리는 동물이 그려진 부조(浮彫)를 보면 사냥이라는 주제에 여전히 매료되어 있었다는 것을 알 수 있다. 동물의 형태도 아라베스크와 어우러져서 비틀리고 구부려져서 서로 얽혀 있는 것처럼 보인다.

인간의 아름다움

인간의 아름다움은 아랍 미학 담론의 주요 화두였으며 서예를 제외하고는 유일하게 미학적 규범이 담겨 있는 주제였다. 아랍 예술에는 여성의 아름다움을 다루고 그 유형, 형식, 색상, 비율을 자세히 설명하고, 인간 아름다움의 완벽함의 기준을 다루는 문학이 따로 존재한다. 그런 문학에는 종교나 역사의 인물들이 특정 여성들에 대해 가졌던 취향과 선호도에 대한 논의까지 포함되어 있다. 여성의 아름다움의 유형과 아름다움 및 성적 매력의 등급을 설명하기 위해 다양한 용어가 사용되었다. 미모와 지성, 교양으로 찬사를 받았던 노예 여인들이나 자유신분의 여성에 대한 전기들이 남아 있다. 인간의 아름다움은 모든 형식의 문학에서 복잡한 용어로 다루어지고 있다. 가잘리를 비롯한 많은 신학자들에 따르면, 신은 인간의 형상을 완성하고 인간을 설계했으니(사와라*ṣawwara*), 이는 예술가(무사위르 *muṣawwir*)가 형상을 창조하는 것과 같다. 디자이너라는 뜻의 '알 무사위르(*Al-Muṣawwir*)'는 전통적인 신의 이름 중 하나이다. 꾸란은 신이 인간과 같은 모습을 가지고 있는 것으로 그리고 있다.

꾸란과 종교 문헌에서는 여성이 낙원에서 어떻게 보이는지 묘사하면서, 그 눈과 가슴, 그들의 피부와 장신구, 의복에 대해 언급하고 있다.[100] 인간의 아름다움에 매료당한다는 내용이 가장 강력하게 표현된 작품이 바로 꾸란인데, 이러한 것이 가장 잘 나타난 것이 보디발의 아내와 요셉에 대한 그녀의 사랑에 대한 이야기이다.

> 도시에서는 여자들이 수군대기를 '왕자의 아내가 그녀의 하인을 유혹하려고 했다. 그녀는 그에게 열정을 품고 있었다. 분명 그녀는 외도를 했다'고 한다. 그녀가 그들의 음모에 대해 알게 되었을 때, 그녀는 잔치를 마련하여 그들을 집에 초대했다. 그녀는 각자에게 칼을 주고 나서, 요셉에게 그들 앞에 서라고 명했다. 그들이 그를 보자, 그의 모습을 보고 놀라 그들 자신의 손을 베며 부르짖었다. '하나님이시여 우리를 보호하소서! 이는 인간이 아니라 은총이 가득한 천사로구나.'(12:30-32)

여기에서 아름다움은 카리스마 넘치고 사람의 시선을 사로잡을 정도로 현란하다. 보디발 아내의 친구들은 처음에는 그 행동을 멸시했지만 요셉을 보자 더 이상 그녀를 비난할 수 없었고, 오히려 그들이 요셉의 매력에 사로잡혀 자신들이 뭘 하고 있는지 통제력을 상실하고 칼로 자해를 가할 정도였다. 요셉의 눈부신 아름다움은 인간의 미가 아니라 오히려 천상의 피조물, 천사의 아름다움이다. 그의 모습을 보고 여자들은 놀라서 하나님께 자신들을 보호해 달라고 기도하게 된다.

아름다움은 마음을 혼란스럽게 하고 칼처럼 상처를 낸다. 아름다움은 위험하다. 아랍 시인들은 사랑하는 사람의 시선을 비유하기를 마음에 맞혀서 상처를 입히는 화살 같다고 한다. 가잘리와 이븐 카이힘(Ibn Qayyim)은 시선을 독화살 같다고 하면서 시선에 담겨 있는 죄스러움을 강조하여 이슬람 율법에서 시선이 욕망과 결합되었을 때 그를 죄라고 정죄해야 한다고 그 정당성을 주장한다.[101]

이슬람 이전의 시에서는 사랑하는 여인의 육체적인 아름다움이 주요 주제였다. 시인은 그 사랑의 대상을 조각상처럼 균형 잡혔다고 묘사하고 있다. 그녀 눈의 흰자는 맑고, 얼굴은 타원형이며, 코는 똑바르고, 목은 길며, 허리는 가늘고, 엉덩이는 단단하고, 발은 미끈하다.[102] 그녀는 고귀한 혈통이며, 연약하고, 잘 보호받았고, 관대하다. 이러한 시적 묘사가 수 없이 많이 등장하는데 내용도 거의 다를 바 없는 것이 이슬람 이전의 양식이 수세기 동안 큰 변화 없이 반복되었기 때문이다.

다음은 이슬람 이전의 가장 위대한 아랍 시인인 임루 알 카이스(Imru 'l-Qays, d. 540)의 송가에서 발췌한 것이다.[103]

그녀의 가느다란 허리, 다리는 여리지 않고 통통하구나.
우아한 자태, 밝은 안색,
빛을 받은 거울 같은 가슴;
그녀의 얼굴은 진주, 그 색이 장미와 경쟁하는도다.
그녀에게서는 아무도 가보지 않은 샘에서 맑은 물이 흐르고,
이제 그녀가 반쯤 구부리자 드러나는 두 뺨

눈은 새끼 사슴 옆에서
겁 먹은 사슴 같구나: 보라, 목에는 장식이 없는 것도 아니니,
장식만 아니라면 아무런 얼룩도 없는 영양(羚羊) 같아;
그녀의 어깨에서 칠흑 같은 머리카락이
손바닥 위에 모인 과일송이처럼 풍성하고 아름답게 드리워져 있구나.

이븐 카이임 알 자우지야에게 이상적인 여성이란 키가 크고 날씬한 허리, 통통한 다리, 풍만한 가슴을 가지고 있다. 그녀는 고운 안색, 긴 검은 머리, 긴 목, 너른 이마, 크고 검은 눈과 맑은 흰자위, 검은 눈썹을 가지고 있다. 또 뺨은 붉고 입술은 분홍색이며 입은 작고 코는 가늘다.[104]

이븐 카이임은 길고 선정적인 시를 지어 이슬람교도들에게 미덕과 경건함을 설파하고, 그들에게 낙원에서 천당미녀가 선사하는 지극한 즐거움을 누리라고 했다. 이 시에서 그는 천당미녀의 육체적 특성을 장황하게 찬양하면서 여성 신체의 모든 부위와 몸이 움직일 때의 마력과 성적 매력, 또 여성의 몸이 시각, 후각, 촉각에 주는 황홀한 효과를 묘사하고 있다.[105]

아랍 시인들은 오랫동안 사랑하는 여성의 머리카락을 큰 매력 포인트로 찬양해 왔다. 같은 이유로 이것이 샤리아의 세부 규정의 근간을 이루게 되어, 이슬람 여성에게 머리를 드러내는 것을 금하고 남성이 헤나로 머리 염색을 할 수 있도록 했다. 이상적인 여성의 머리카락은 검은색의 숱이 많고 향기가 나며 파도처럼 구불구불 내려오고 때로는 곱슬거리기도 한다.[106] 머리카락은 아랍 문화에서 매

여인 동상, 8세기 우마이야조 사막 궁전 키르밧 알 마프야르(히샴의 궁전)

우 중요하여 『이슬람 백과사전(*Encyclopaedia of Islam*)』에서는 세 명의 저자가 그 주제에 대해 썼으며 그 가운데에는 머리카락이 희어지는 문제(샤히브*shayb*)를 길게 다루고 있다. 아랍 시에서 흰 머리카락은 음침한 연상을 일으키고 있어 거의 악의 상징이라 할 수 있다. 젊음과 대조적으로, 흰머리는 성적 금욕, 나약함, 고독, 절망의 전형을 보여준다. 시인들은 백발을 보면 미인들이 혐오감을 일으킨다고 거듭 비통해 한다. 어떤 시인들은 나이든 남자들의 조롱조의 변명에 대해 썼지만, 많은 시인들이 백발의 연인이 여자들에게 조롱당하는 시를 지었다. "대부분의 시인들은 여성이 그렇게 조롱할 만하다고 보는 듯 했다."[107]

여성의 아름다움의 기준이 관습적으로 정해지는 면이 있음에도 불구하고 그 기준은 고정되어 있지 않았다. 이슬람 세계에서 중앙아시아인, 몽골인, 튀르키예인 지배 귀족의 등장으로 인해 아시아인에 대한 에로틱한 선호가 생겼다. 이것은 맘룩 시대 연애시에서뿐 아니라 시각 예술의 형상 모티프에도 나타나는데, 여기에서는 여성의 이상으로서 투르크 계통의 인물이 아랍인을 능가하고 있다.

권주시에서 술잔을 들고 다니는 사람은 고불거리는 앞머리를 가진 날씬한 젊은이든 가젤 같은 소녀이든 포도주 자체만큼이나 중요하다. 컵을 든 사람의 외모에 대한 찬사는 이 시적 장르의 특징이다. 『아라비안 나이트』에서 아름다움은 성별에 관계없이 사랑을 피어 오르게 하는 결정적 요소이다. 모든 연애담은 만남으로 시작하는데, 사랑하는 사람이 눈부신 외모를 가진 것으로 묘사된다. 인간의 아름다움에 대한 묘사는 남성과 여성의 구분 없이 이상적이면서 고정관념을 따른다. 아름다움은 여성과 남성 모두의 속성이다. 어떤

파티마 왕조시대 접시, 카이로, 11세기

여성이 한 청년과의 만남을 다음과 같이 묘사하고 있다:

> 그곳에서 나는 한 청년이 높은 소파에 앉아 손에 부채를 들고 둥근 쿠션에 등을 기대고 있는 것을 보았다. 그의 앞에는 과일과 꽃, 향기로운 식물들이 담긴 바구니가 놓여 있고, 그는 거기에 혼자 앉아 있었는데… 너무 황홀하게 잘생겨서 미인의 틀을 떠서 만들어 놓은 것처럼 보였다. 그는 푸른 나뭇가지처럼, 또 연한 수사슴처럼 사랑스러워서 모든 이의 마음을 빼앗았고 그 완벽한 모습때문에 모

든 이의 정신을 사로잡았다. 몸과 얼굴 어디에도 흠결이 하나도 없이, 그는 외모로나 내면의 우아함에서 모든 이를 능가했다.[108]

또 다른 이야기에서는 "가장이자 하인들과 노예들의 여주인이며 상당한 부를 가진 사업가"[109]라고 자신을 소개하는 여성이 다음과 같은 말로 자신이 원하는 남자를 묘사하고 있다:

> 그를 보았을 때 나는 그의 얼굴이 보름달처럼 아름답다는 것을 알았다. … 그 얼굴은 최고의 신이 아름다움이라는 축복을 내린 얼굴로 그 위에 그의 완벽한 뺨이 은총으로 수 놓아져 있었다.[110]

달과 같은 얼굴은 천 년 이상 사용된 표현이며 현대 아랍어에서도 여전히 흔하게 등장한다. 『아라비안 나이트』에서 이상적인 노예 소녀는 '키는 대략 5피트(152.4센티미터)고 가느다란 허리, 두툼한 엉덩이, 통통한 가슴, 매끄러운 뺨, 검은 눈'을 가지고 있다. 그녀는 또한 "온갖 악기를 연주할 줄 알 뿐 아니라 아랍어 문법과 구문, 발음과 서체, 법학 및 의학, 꾸란 설명"에 대해서도 잘 알고 있었다.[111] 당연히 그 가격은 비쌌다. 자신이 흠모하는 여종을 사기 위해 주인공이 전 재산과 소유물을 모두 다 써버리는 이야기들이 많다. 이러한 이야기의 내용은 연대기를 통해서도 확인하게 되는데, 연대기에서 특히 음악가 노예 소녀를 구입하기 위해 천문학적 가격을 지불했다는 언급이 자주 등장한다.

이브라힘(Ibrāhīm)과 자밀라(Jamīla, '아름다운 사람'이라는 뜻)의 이야기에서 젊은 이집트 왕자는 책에서 여인의 초상화를 보고 그녀를 사랑하게 된다.[112] 그는 모든 것을 버리고 그녀를 만나기 위해 카이로에서 바스라로 여행을 떠나 기나긴 여정에서 온갖 고난을 이겨낸다. 자밀라는 외딴 곳에서 극진한 보호를 받으며 살면서 남자와 만나기를 거부했다. 이브라힘은 그녀를 보기 위해 정원에 숨어 있었다. 그녀는 금과 진주로 수 놓은 가벼운 옷을 입고 여종들과 함께 춤을 추면서 나타났다. 갑자기 그녀가 그를 발견하자, 그녀는 그가 바로 그녀가 자주 들었던 적이 있는 비할 데 없이 아름다운 남자이며, 이미 그녀가 사랑하고 언젠가 그를 만나기를 꿈꾸며 이 순간을 기다리고 있었다는 걸 깨닫게 된다. 자밀라의 초상화를 그린 화가가 자신의 아들과 자밀라를 결혼시키려고 이들을 쫓아다니지만 연인들은 일련의 모험을 겪으며 결국 행복한 결말을 맺게 된다. 이 이야기의 주제는 아름다움의 위력은 초상화를 보거나, 심지어 소문을 통해서도 첫눈에 마음을 빼앗아버릴 수 있다는 것이다.

사랑 이야기에서 한쪽이 아름다우면 다른 쪽도 그만큼 아름다워야 한다. 두 사람은 서로 동등하게 들어본 적 없이 아름답고, 각자 상대방의 아름다움에 매료된다. 젊은이의 아름다움에 탄복해서 사람들이 멀리부터 모여든다. 어떤 청년은 단지 잘생긴 외모 때문에 사형집행인에게도 동정과 특별 대우를 받는다. 아름다움에는 미학적 프레임이 필요한데, 미(美)는 행운과 부와 함께 한다는 것이다.[113] 즉, 이야기는 잘생긴 커플이 흔히 왕국의 모습으로 상징되는 부와 화려함을 누리게 된다는 해피 엔딩으로 이어진다.

시와 순수 문학에서 여성의 아름다움에 대한 기존의 기준을 보이고 있지만, 성향은 개인의 취향에 따라 달라진다고 볼 수 있다. 이븐 카이임은 아름다움이 비례 또는 얼굴과 눈의 광채로 규정될 수 있지만 여러 요인의 조합으로 구성되어 있다고 보았다. 더욱이 그는 인간의 아름다움을 결정하는 다양하고 개별적인 기준이 있음을 인정했다.[114]

이스바하니의 『노래집』에 있는 이야기를 보면 아름다움이 상대적이고 심리적 기준에 근거한다는 인식을 생생하게 알려준다. 예언자 무함마드의 후손이자 칼리프 알리의 손녀인 수카이나(Sukayna)는 눈 근처에 큰 농양이 생겨 얼굴의 일부를 덮게 되어 수술로 제거해야만 했는데, 얼굴을 구할 수는 있었지만 눈 근처에는 결국 흉터가 남게 되었다. 그런데 누구나 이 흉터를 가장 매력적이라고 보았기 때문에 장식이나 보석 같은 효과를 준다고 생각했다.[115]

여류 시인 울라이야('Ulayya)의 묘사에서도 무엇이 인간의 아름다움을 이루는지 그 상대성에 대해서 잘 그리고 있다. 그녀는 많은 재능과 대단한 매력을 가지고 있었지만 신체적 결함도 있었는데, 못생기고 지나치게 큰 앞이마를 특별한 모습의 장식용 머리띠로 감추었다. 이 장식용 머리띠는 결국 그 시대의 여성 패션이 되었다.[116]

사랑에 빠진 시인은 인간 아름다움이 지극히 주관적이라는 견해를 다음과 같이 표현했다.

> 내가 사람들 가운데 당신을 찾아도 보이지 않는다면 그 사람들이 얼마나 추하고 불쾌해 보이는지.[117]

예언자 무함마드가 어떻게 생겼는지에 대한 정보가 풍부한데, 이는 종교 역사상 드문 현상이다. 선지자에 대한 설명에 따르면 그는 천상의 존재가 아니고, 비록 뛰어난 사람이기는 하지만 신성(神

性) 없는 인간이라고 그려진다. 그는 키가 크지도 작지도 않고, 뚱뚱하지도 않고, 머리카락은 길고 곱슬곱슬 검으며, 피부는 아주 곱고, 진한 흑색 눈동자의 긴 속눈썹이 있으며, 넓은 어깨와 튼튼한 팔과 다리를 가지고 있다고 한다. 그의 입은 크고 치아는 아름다웠다. 그의 미소조차 너무나 자세하게 묘사되어 있어서 아랍문화학자인 셀하임(R. Sellheim)은 그림까지 포함해서 그 미소의 정확한 형태를 재구성해 낸 논문을 썼다.[118] 또한 선지자가 어떻게 옷을 입고 어떤 색상과 향수를 좋아했는지도 전해지고 있다. 그는 사향으로 향수를 뿌리는 것을 좋아했다.

아랍 역사 및 전기 문헌에서는 대상의 외모에 대해 설명하는 것이 관례였다. 예를 들어 맘룩 시대 역사 기록에서 술탄의 성격과 외모를 그의 부고(訃告)기록에 포함하는 것이 관례였다. 인물 묘사는 평이해서 그 인물의 성격이나 영향력에 맞추려는 시도는 결코 하지 않았다. 살라딘(Ṣalāḥ al-Dīn, 1169-1193)이나 맘룩 술탄 알 자히르 바이바르스(al-Ẓāhir Baybars, 1260-1277)와 같이 위대한 영웅들이라고 하더라도 깊은 감명을 주는 외모를 타고난 것은 아니었다. 맘룩 역사상 가장 강력한 술탄인 알 나시르 무함마드(Al-Nāṣir Muḥammad, 1294-1340)는 절뚝거렸다고 한다.

노예가 중요한 역할을 하는 사회, 즉 무슬림 군인을 만들고자 사들인 사람들이 궁극적으로는 술탄도 되고 군주도 될 수 있었던 사회에서는 체력과 활력이라는 기준이 매우 중요했으며 심각하게 고려해야 할 것이었다. 어떤 문헌은 그 전체가 노예를 사는 기술, 즉 노예가 수행해야 하는 기능에 따라 노예를 선택하는 기술만 다룬 것도 있다. 거기에서는 인간의 외모와 신체적 특징에 따라 인물의 건강과 성격을 판단하는 기준에 대해 다루고, 다양한 인종의 특징에 대해 논의하였다. 이 문헌에 따르면 신체적 특징은 성격상의 속성을 나타내는 것이다.[119] 술탄과 유명인의 첩과 아내는 후에 술탄의 어머니요 왕자들의 어머니가 되었는데 그들 역시 대대로 노예 시장에서 신체적 속성, 특히 그들의 아름다움에 따라 선택되었다. 여기에서 기억해야 할 점은 이슬람에서는 여종을 첩으로 들이는 것이 합법이었고 여종의 자녀는 적자이며, 그들의 법적 지위는 혼인 생활에서 태어난 자녀와 같았다는 것이다. 아내의 수에는 제한이 있었지만 첩의 수에는 제한이 없었다. 자유신분의 여인과 달리 여종은 베일을 쓰지 않았다. 유럽에서 귀족 여성들이 혈통과 지참금 덕분에 결혼했던 것과는 달리, 이슬람 귀족 사회에서는 정치적인 결혼이 맺어지기도 했지만 보통 아내를 선택할 때 미적 기준이 우선했다. 노예의 구매와 상속을 다루는 법률 문서에는 남녀 노예의 신체적 특징에 대한 설명이 포함되어 있다.

『노래집』에 있는 시인과 음악가의 전기를 보면 예술가를 그들의 예술과 공연 수준에서뿐만 아니라 그들의 외모, 매력, 우아한 예절과 외모, 재치와 관객에게 미치는 영향력 측면에서도 설명해주고 있다. 활기와 학식, 우아함과 유쾌한 성격 등 많은 재능을 가진 예술가를 특히 높이 평가했다. 세련미는 가수나 음악가 직업의 전제 조건이었다. 매력이 없으면 음악 경력에 방해가 될 수 있었다. 가수는 공연하는 동안 외모가 보기 좋아야 한다고 되어 있었다. 그들 표정을 관찰하고, 심지어 다른 사람들이 연구하고 모방하기도 했다(지금과 다를 바 없다). 알 가리드(Al-Gharīd)는 많은 재능을 가지고 있었지만 그래도 여전히 '자신을 뛰어나게 만들기 위해 자신의 성격을

갈고 닦았다.'[120]

이슬람의 역사적 인물들은 그 외모를 뜻하는 별명을 가지고 있는 경우가 많은데, 예를 들어 알-자히즈(Al-Jāḥiẓ)는 그 이름이 튀어나온 눈을 의미하고 있다. 『아라비안 나이트』에서 흔히 외눈박이 라든가 꼽추와 같은 신체적 결함은 그러한 결함을 가진 인물에게 재앙이 있으리라는 것을 예고하고 있다. 종교 재단 문서(와크프*waqf*)에서 행인들에게 물을 제공하는 공공 급수원의 수행자는 흠잡을 데 없는 외모를 가져야 한다고 규정되어 있는 경우가 많았다. 마찬가지로 함맘(*ḥammām*)의 근무자는 외모와 목소리가 좋아야 한다고 되어 있었다.

하디스의 한 구절에 따르면, 잘 생긴 무슬림 신자는 완벽함의 최고형이요 못생긴 비무슬림은 추함의 최고형이다.[121] 여기에서 육체적인 아름다움은 마치 미덕과 같다고 높은 평가를 받고 있다. 따라서 못생긴 무슬림 신자는 잘 생긴 무슬림보다 하나님의 마음에 들지 않는다고 생각해야 한다. 그리고 잘생긴 비무슬림은 추하게 생긴 비 무슬림보다 하나님 보시기에 덜 악하다.

가잘리는 육체적 아름다움을 축복(니마*ni'ma*)이며 위력(쿠드라 *qudra*)이라고 한다. 외모가 좋은 사람이 못생긴 사람보다 자신의 목표를 달성하기 쉬운데, 이는 육체적 아름다움은 선량함의 반영일 가능성이 높기 때문이다.[122] 이러한 이유때문에 아름다움이란 유용한 속성이라고 여겨졌다. 얼굴과 눈이 영혼의 거울이라는 원리에 따라 내면의 아름다움은 그대로 드러나게 되어 있다. 따라서 무함마드와 성도들은 아름다웠다는 믿음이 있었다.[123] 이븐 카이힘의 말에 의하면 어떤 여성들은 야간에 기도하는 것을 더 좋아하는데, 야간 기도가 얼굴을 아름답게 하기 때문이었다![124] 그렇다고 해서 모든 작가들이 아름다움과 선함을 동일시한 것은 아니다. 어떤 작가들에 따르면, 잘생긴 사람이라고 해서 반드시 좋은 사람은 아니었다. 육체적 아름다움은 미끼가 될 수 있다. 아부 하이얀 알 타위디가 말했듯이 선한 것은 모두 아름답지만 아름다운 것이 모두 선한 것은 아니다.[125]

하디스의 어떤 부분에서는 육체적 아름다움의 가치를 강조하기까지 한다. 두 가지 예를 들자면, '아름다운 사람은 길조'라고 한다든가 '아름다운 얼굴을 쳐다보는 것은 일종의 기도'[126]라고 하는 표현이 있다. 또 다른 부분에서는 물, 녹지, 아름다운 얼굴이 영혼을 고양시킨다고 한다. 이러한 하디스의 표현이 널리 받아들여진 것은 아니고, 심지어 논란을 일으키기도 했는데, 그러한 표현들은 비정통적인 해석을 내세울 수 있었기 때문이다. 수피처럼 인간의 아름다움은 신의 현현이며 육체적 아름다움에 대한 사랑, 즉 성애는 하나님의 창조에 대한 일종의 경배라는 개념을 가질 수 있다. 인간의 아름다움과 선을 동일시하는 것은 시, 특히 찬양의 시에서도 나타났다.[127] 오늘날 아랍에서는 아름다운 얼굴이 여전히 상서로운 것이며 못생긴 사람은 불운을 가져온다고 보통 믿고 있다.

이븐 하즘(Ibn Hazm, d. 1064)의 관점에서는 여성의 아름다움은 남성과 달리 연약하고 보살핌을 필요로 한다. 자신의 논지를 설명하기 위해 그는 사랑하는 여성과 오랫동안 헤어져 있다가 만나게 된 일을 다음과 같이 묘사하고 있다.

그녀의 매력은 크게 달라졌다. 그녀의 빛나는 아름다움은 보이지 않았고 믿을 수 없을 정도로 사랑스러웠던 모습이 사라져버렸다. 광채나던 그 얼굴은 한때 잘 닦여진 검(劍)이나 인도의 거울처럼 빛났건만 이제 그 광채는 희미해졌다. 보기만 해도 열렬히 그 눈부신 화려함을 보기 위해 시선을 고정시키고, 혹시 멀어지면 어쩔 줄 모르게 만들었던 그 꽃봉오리가 시들어버렸다. 온전한 전체의 일부만 남아 완전한 그림이 어떠했는지 이야기만 전하고 증언할 뿐이다. 이 모든 것들이 지나가버렸으니, 우리의 그림자가 땅 위에 길게 드리워질 때, 그녀가 자신을 너무 돌보지 않았고 우리 활기 있던 시절 그녀를 보호해 줄 보호자의 손길이 부족했기 때문이다. 또 그녀에게 몰아 닥친 상황에서 피할 수 없는 일들을 겪으며 손상될 수밖에 없었기 때문인데, 그 전이라면 그녀는 그러한 상황에 들지 않도록 보호를 받아서 그를 피할 수 있었다.

여성은 향기로운 허브와 같아서 잘 가꾸지 않으면 곧 향기를 잃는다. 여성은 기념물과 같아서 끊임없이 돌보지 않으면 순식간에 폐허가 된다. 그러므로 남자의 아름다움이 더 진실되고, 더 확고하며, 더 뛰어난 것이니, 피난처가 없으면 조금만 공격을 받아도 여성 얼굴의 아름다움을 알아볼 수 없을 정도로 변형시켜버리는 것들을 견뎌낼 수 있기 때문이다. 정오의 뜨거운 열기, 타는 듯한 사막의 바람, 하늘의 모든 공기, 계절의 변화하는 모든 분위기가 그러한 적군이다.[128] 여성은 시각 예술에서 볼 수 있는 형상 표현에서 두드러진 위치를 차지하고 있다. 여성은 흔히 음악가나 무용수처럼 쾌락주의적 상황에서 그려지고 있으며, 우마이야조 예술에서는 도발적인 복장과 자세, 혹은 반쯤 벗은 채로 그려져 있다. 암라성(城)과 키르밧 알 마프야르에 있는 회화와 조각에 반쯤 벗은 인물들이 등장하는 때가 8세기인데 이때 서구 미술에서는 이러한 풍부한 표현이 흔하지 않았다. 이븐 툴룬의 아들이자 9세기 이집트의 통치자인 후마라와이는 실물 크기의 여성 가수의 조각상을 소유하고 그를 보석으로 장식했다.

알 자히즈는 아름다운 여성 음악가이자 가수로 뽑힌 노예 소녀가 만들어내는 즐거움은 그녀가 세 가지 감각, 즉 시각, 청각, 촉각을 건드리기 때문이라고 한다. 따라서 노예 소녀는 유혹의 궁극적 형태를 대변하고 있다. 하디스에서 무슬림들에게 욕망의 죄스러운 시선을 피하라고 한 경고를 언급하면서, 자히즈는 함께 음악을 듣거나 노닥거리다가 시선이 더 강렬해지면 이 문제를 어떻게 다루어야 하는지 고민한다. 그는 또한 인간의 아름다움은 시각만의 문제가 아니라 여러 가지로 인식될 수 있다고 지적하고, 형식적 기준은 그 중 일부일 뿐이라고 한다. 이븐 할둔에 따르면, 인체의 아름다움을 좋아하는 것은 인간의 근본이라 인간의 본성에 뿌리를 두고 있으며, 시각이나 청각으로 감지할 수 있는 모든 아름다움에 대한 갈망도 마찬가지이다.[129]

사랑

사랑은 시적 담론에만 국한된 주제가 아니다. 철학자나 신학자, 신비주의자, 의사들까지 모두 이 문제를 다루었고 이 주제만 다루는 문학 장르도 있다. 16세기에 이르면 의사이자 학자인 다우드 알 안타키(Dāwūd al-Anṭakī)가 그의 의학서에서 사랑에 대해 기록했다.[130] 마수디(Masudi)는 9세기에 야이야 이븐 할리드 알 바르마키(Yahyā ibn Khālid ibn Barmakī) 재상의 궁에서 사랑의 주제를 논의하기 위해 심포지엄이 열렸다고 했다.[131] 심포지엄에는 다양한 지적 배경의 학자들이 참석하였고, 이 주제에 대한 그들의 주장은 아랍 문학에 지속적인 영향을 남겼다. 그들은 철학적, 신비주의적, 신체-의학적, 시적 관점에서 사랑에 대해 논의했다. 사랑은 상대방과 같은 마음을 가지고 있는 것이라고 정의했다. 사랑은 미묘할 수도 있고 총체적일 수 있으며, 고통의 주 원인이었고, 사랑에 빠진 사람을 사로잡고, 마비시키고, 바보스럽게 만들어 파괴시킬 지경까지 가게

할 수 있다.

자히즈는 사랑의 세 가지 유형이 있다고 했다. 첫 번째는 허브(*ḥubb*)로, 그는 이것을 하나님에 대한 사랑, 조국이나 가족에 대한 사랑이라고 정의했다. 다음은 하와(*hawā*), 즉 욕망으로, 이쉬크(*ʿishq*), 열정을 향해가는 첫 단계이다. '이쉬크'는 이성에 대한 사랑을 뜻하는데, 질병과 마찬가지로 사랑에 빠진 사람의 힘을 빼버린다. 신비주의적 의미에서 보면, 이것은 하나님을 제외하면 어떤 것도 보이지도 들리지도 않게 된다는 것이다. 잘생긴 남자가 못생긴 여자를 사랑할 수도 있고 혹은 그 반대의 일이 일어날 수도 있다. 그러나 오판(誤判)처럼 보이지만 이러한 일은 영혼과 마음의 조화를 바탕으로 한 선택이다.[132] 형식적인 아름다움과 사랑을 불러일으키는 아름다움은 다르다. 후자는 형식적 기준과 무관하다. 사랑은 판단에 기초한 것이 아니라 "눈 멀고 귀먹은" 거라 하는데 이 말은 무함마드가 했다고 알려져 있다. 혹은 보편적이고 더 대중적인 표현대로 하자면 "사랑은 맹목(盲目)이다."

철학적 관점에서 보면, 사랑의 원인은 아름다움으로, 그 아름다움 때문에 영혼은 완벽을 갈망하게 된다. 영혼은 그 안에서 자신과의 유사성을 찾는다. 인간의 아름다움은 마치 숨은 진주처럼 신성한 요소를 감추고 있다.[133]

흥미롭게도 가장 엄격하고 합리주의에 반하며 근본주의 이슬람 신학자인 이븐 하즘과 이븐 카이임 알 자우지야가 사랑의 주제를 다루었다. 아마 자유로운 사변적 사고와 철학을 논박하고 대신에 엄격하게 문자주의적인 꾸란 해석을 옹호한 신학자들이 그렇게 감정적이고 서정적인 주제를 다루리라고 예상하지 못할 수도 있지만, 사실 엄격한 신학자들은 순수 문학, 특히 연애시의 발전을 선호했다. 바뎃(Vadet)은 이러한 현상을 해석하기를 꾸란에 언급된 것처럼 신의 인간적 특징에 대한 그들 믿음과 어울린다고 하였다. 결과적으로 그들은 하나님이 자신의 형상대로 사람을 지으셨기 때문에 특히 인간의 얼굴과 몸의 아름다움을 찬양하게 된다.[134]

이븐 하즘은 사랑을 모든 도덕적, 심리적 의미에서 그리고 있는 『비둘기의 목걸이』의 저자이다. 그 글은 꿈에서 일어난 사랑, 묘사 때문에 일어난 사랑, 눈으로 봤기 때문에 일어난 사랑, 오랜 인연이 된 후에 생긴 사랑에 대해 다루고 있다. 사랑은 기준을 따르는 것이 아니라 오히려 기준을 만들며 연인의 취향과 성격을 변화시킨다. 이븐 하즘은 신체 언어, 고통, 질투, 동성애, 불륜, 간통의 역할에 대해 논의했다. 그가 보기에 남자는 두 개의 상반된 본능, 즉 선을 추구하고 이성이 다스리는 본능과 욕구를 따라가는 본능 사이에서 움직이게 된다. 그는 한 부분을 맺으면서 순결과 하나님에 대한 사랑을 권고하고 있다. 이븐 하즘은 여성에 대한 예우에 관해 쓰면서, 여성은 저급한 본능이 우세하고 남성이 더 조심스럽다는 의견에 대해 격하게 반대했다. 그가 보기에 사랑은 최고의 기쁨이다.

> 나는 온갖 쾌락을 시도해 보았고 온갖 환희에 대해 알고 있다. 그리고 나서 알게 되었으니, 군주들과 친밀한 것도, 부유함을 얻은 것도, 부족한 것을 찾아 헤매는 것도, 오랫동안 떠난 뒤에 돌아오는 것도, 두려움을 겪은 뒤에 오는 안정도, 안전한 피난처에서 안식하는 것, 이 모든 것 중 어떤 것도 사랑하는 사람과 합일하는 것, 특히 그 합일이 오랜 거부와 지속적인 거부 후에 오는 경우만큼 영혼

에 강력한 영향을 미치지 못한다. 그때가 되면 불꽃 같은 열정이 너무나 뜨겁게 타오르고 화로 같던 열망이 불타오르면서 기대의 열기는 식어간다. 비 온 뒤 돋아나는 싱그러운 허브, 밤구름이 새벽과 일출 사이의 고요한 시간에 굴러갈 때 반짝이는 꽃들, 금빛 꽃줄기 사이로 흘러내리는 물보라, 신록이 우거진 풀밭에 둘러싸여 있는 하얀 성의 절묘한 아름다움 그 어떤 것도 유덕한 성품과 기특한 성정을 가지고, 완벽한 아름다움만큼이나 성격도 완벽한 사랑하는 여인과의 합일보다 더 사랑스럽지 않다. 참으로 그것은 웅변가의 말을 능가하고 가장 영리한 언어의 범위를 훨씬 넘어서는 경이로운 기적이다. 정신은 그 앞에서 뒷걸음치며 지성도 무안해진다.[135]

이븐 카이힘은 바르마키 심포지엄의 영향을 받아 사랑의 다양한 측면에 관한 책을 썼다. 그 심포지엄은 일종의 시, 하디스(언행록), 철학 문헌을 모은 선집으로 열정의 위력과 의지의 역할, 속박, 고통과 남색(男色)과 같은 사랑의 불법적인 측면도 다루고 있다. 사랑은 포도주보다 더 취하게 하며, 시선이란 사랑이 채워지는 술잔이다. 사랑은 주문과 같다. 최고의 황홀경에 이르는 때는 사랑이 음악과 와인을 동반할 때이다. 그러게 되면 기쁨이 몸과 마음과 영혼을 채우게 된다. 와인은 몸을 취하게 하고, 사랑은 마음을, 음악은 영혼을 취하게 한다.[136] 완전한 쾌락은 영혼과 육체가 결합된 것으로 모든 감각, 시각, 후각, 촉각의 쾌락을 포함한다.[137] 사랑하는 사람은 하나님의 긍휼을 누리므로 하나님께 감사해야 한다. 수세기 전에 이븐 시나가 말했듯이 이븐 카이힘은 하나님의 사랑이 영혼을 정화하기 때문에 가장 고귀한 형태의 사랑이라고 선언했다. 사랑은

육체적으로나 영적으로나 사랑하는 사람을 아름답게 한다.[138]

'이쉬크'는 열정이며 형이상학적 사랑이다. 즉, 사랑하는 대상에 이름으로써 완벽함을 얻고자 하는 저항할 수 없는 욕망이다. 하나님이 사람을 그의 모양대로 창조하실 때 하나님은 아름다움에 대한 열망으로 스스로 세상에 드러내신 것이다. 알 가잘리를 포함해서 대부분의 아랍 작가들은 사랑의 세 가지 수준, 즉 자연적 사랑, 지성적 사랑, 신적 사랑을 구분했다. 철학과 신학에서 사랑은 영원하고 신성한 진리를 찾는 것과 같으며, 수피즘에서는 하나님에 대한 사랑을 뜻했다.

아랍 시는 플라토닉한 것뿐만 아니라 에로틱한 것까지 모든 형태의 사랑을 찬미했다. 일부 학자들은 서양의 중세 서정시인들(트루바두르troubadour)이 찬양하던 궁정 연애가 아랍에 기원하고 있으며, 아랍 시와 아랍 철학에 영향을 받았을 거라고 본다. 여성에 대한 법적 차별에도 불구하고, 사랑에 관해서는 여성을 마치 수피 시에서처럼 신을 상징할 정도로까지 경배했다.

마즈눈(Majnūn, "광기")은 아랍 시와 민속에서 사랑의 절대적인 광기를 나타내는 전설적인 인물로 유명하다.[139] 라일라(Laylā)에 대한 사랑에 미친 듯 빠져버린 연애 시인 마즈눈은 아랍 시와 이란 시에서 가장 유명한 주제 가운데 하나이다. 라일라에 대한 그의 사랑은 사랑을 위한 사랑으로 연인의 자질과는 무관했다. 라일라와의 합일을 갈망하던 마즈눈은 괴로움에 사로잡혀 제 정신이 아니며 판단력을 잃고 삶에 무관심해진다. 그는 결국 사회를 떠나 사막에서 야생 동물들 사이를 방황하는데, 그 주변의 모든 것들이 라일라의 기억을 떠오르게 한다. 라일라에 대한 그의 사랑은 일종의 숭배로 신에 대한 사랑과 비슷하다. 절대적인 사랑을 전형적으로 보여준 이런 형식의 연애시를 수피들이 받아들였고, 특히 페르시아에서는 하나님에 대한 사랑의 표현으로 수용했는데, 이 사랑은 하나님과의 합일을 구하기 위해 모든 것을 희생하는 것이다.

이븐 아라비는 마즈눈의 사랑에 대해 다음과 같이 말했다.

> 어떤 사람들은 적극적인 상상 속에서 사랑하는 사람이 실재 형상 속에 그대로 드러나 있다고 생각한다. 그리하여 그들은 그분의 실재적 존재를 그들 자신의 눈으로 보았다고 묵상하는데, 이것이 능동적 상상 속에서 사랑하는 그분과의 합일이다. 그러한 합일 가운데 그분을 묵상하면 그 섬세함과 감미로움은 물질적이고 구체적이며 객관적인 어떠한 합일도 능가한다. 카이스 알 마즈눈의 정신을 빼앗은 것이 바로 이것(상상의 합일)인데, 그는 사랑하는 라일라에게서 등을 돌리면서, "저리 가라"고 했으니, 그의 능동적인 상상 속에 있는 라일라는 실재하는 구체적인 라일라보다 더 우아하고 실재적이기 때문이다.[140]

일반적으로 아랍 문화는 영혼의 자율성을 강조하고 육체를 감옥이며 영혼의 해방을 가로막는 장애물이 된다고 여기는 플라톤적이며 기독교적인 견해보다는 육체가 인간의 행복을 달성하는 데 있어 주요한 요소이며 영혼과 육체가 상호 보완적이라는 아리스토텔레스적 개념을 받아들였다. 알 라지(Al-Razi, d. 925)는 소크라테스가 금욕주의자였다는 생각을 반박하고 대신 이 그리스 철학자가 말년에 정상적인 세속의 삶을 살았다고 주장한다.[141] 알 라지의 견해로는, "비록 상한선보다는 하한선을 선호하는 사람들에게 이점이 있긴 하지만", 불의를 가한다든지 살인을 저지르는 것을 의미하지 않는 한 "합법적인 것이라면 모두 향유할 수 있어야 한다." 알 라지는 이어서 다음과 같이 말했다. "그러나 하한선을 넘어선다는 것은 철학을 그만두고 우리가 이미 언급했던 저들 인도나 마니교, 수도승들의 금욕적 수행에 빠지는 것이다. 그것은 의로운 삶을 포기하고 영혼을 아무 목적 없이 괴롭힘으로써 하나님을 노엽게 하는 것이다."[142]

기독교와 달리 이슬람은 독신을 종교적 헌신의 한 형태로 선호하지 않았다. 가잘리는 수피즘이 정통 사상과 통합하는 길을 열었고 종교의 내적 측면과 신의 아름다움에 대한 영적 접근을 강조했는데, 결혼과 남녀 간 사랑의 성취야말로 개인과 사회 건강에 건강하고 필수적인 것이라고 보았다. 그럼으로써 인간은 자손을 낳고 영적, 종교적 삶에 필요한 육체적 균형을 이룰 수 있게 된다. 이슬람 의학에 관한 책에서 이븐 카이임 알 자우지야는 현대의 성행위 가이드북을 상기시키는 성교의 장점에 대한 챕터를 포함시켰다. 그는 합법적인 성관계의 장점을 다음과 같이 열거하고 있다. 즉, 성관계는 자손을 보게 하여 인류에게 봉사하며, 몸의 신체 기능을 자극하고 신경을 강화시켜준다. 또한 이는 낙원에서 누리는 즐거움을 누리게 하는데, 다만 차이점이 있다면 낙원에 있는 사람은 자손을 낳아야 한다는 필요성을 가지지 않은 채로 즐거움을 누릴 수 있다는 것이다. 마지막으로, 마음이 죄를 짓지 않도록 하기 위해 섹스가 필요하다. 이븐 카이임의 견해에 따르면, 결혼의 합례에 기여하는 것은 모두, 심지어 결혼식 중에 음악을 연주하는 것까지 합법적인데,

왜냐하면 하나님은 사람들이 결혼하기를 원하시기 때문이다.[143] 이븐 카이임은 "세상은 즐거움이고 최고의 즐거움은 훌륭한 여성이다"라는 무함마드의 하디스의 구절을 인용한다.[144] 선지자는 이상적인 여성을 묘사하기를 잘생기고, 순종적이며, 충성스러운 사람이라고 했다고 한다.[145] 또한 하디스에는 남성들이 성교 전에 모든 필요한 전희(前戲)로 여성 파트너의 성적 만족을 잘 보살펴야 한다고 권고하고 있다. 일부 역사가들은 심지어 선지자가 어떻게 그의 아내 아이샤에게 키스했는지 기록하기도 한다.[146] 성애(性愛)를 삶의 건강한 측면으로 받아들이는 것은 아랍과 서양의 종교적 사고 간의 결정적인 문화적 차이이며, 이는 그들의 서로 다른 낙원관에도 반영되어 있다.

제3장

음악과 문학

الفصل الثاني في كيفية عمل آلات الماء وعمل
كفه يمتلي ويتفرغ في كل ساعة وليعلم ان وراء هذه الايوان
بيتا مرتفعا الى اعلى الايوان ومنخفضا الى تحت الدكة والدكة

مجوف

음악

음악은 예술일 뿐만 아니라 과학이자 즐거움이고, 치료였으며 "의사가 의학적으로 쇠약해진 자의 정신이나 신체에 투여하는 처방"이었다.[147] 마수디(Masudi, -956)는 음악이 영혼에 불을 지피고 영향을 미치기 때문에 음악 연구야말로 그리스 문화 가운데 가장 고귀한 유산이라고 보았다. 음악은 모든 즐거움 중에서 가장 고상한 것이며 논리로 파악할 수 없는 것이다. 다른 많은 작가들과 마찬가지로 그는 인간의 몸과 우주 사이에는 상응 관계가 있으며 신체의 체액이 음악의 진동에 따라 움직인다고 믿었다.[148] 파라비(Farabi)는 리듬이 자연의 아름다움을 결정한다고 썼다. 그의 제자 중 한 사람은 인체 자체가 리드미컬하다고 덧붙여 말했다.[149] 이크완 알사파(순결 형제단)는 음악 예술의 두 가지 측면, 즉 예술 자체와 사람들에게 미치는 심리적 영향을 구분했다.[150] 그들은 음악이 천체의 움직임 때문에 생긴 우주적 음악의 메아리이고, 우주의 조화를 반영한다고 본 피타고라스의 생각을 받아들였다. 음악은 영혼을 고양시키고 추악함을 물리칠 수 있는 완벽한 감정을 만들어낼 수 있다. 음악과 영혼의 관계는 포도주와 육체의 관계와 같아서 쾌감이 그 결과물이다.[151] 음악은 또한 동물에게 영향을 미치고 동물을 움직이게 할 수 있다.

"군주의 거울"이라는 아랍 문학 장르에서 저자들은 그리스, 인도, 페르시아의 현자들에 대해 언급하면서 그들이 음악을 진지한 주제이자 마음을 교육하고 계발하며 성격을 개선하고 정신을 소생시키는 데 유용한 즐거움이라고 했다. 그러한 까닭에 기독교인이나 그 외 사람들이 음악을 종교 의식에서 사용하게 되었다. 음악은 우울에 대한 치료법이며 아이들을 달래주고 기분좋게 해준다. 음악은 그 재생력과 치유력 때문에 군주의 평안에 필수적이다.[152] 음악가들이 공연하는 모습을 보여주는 장면은 이슬람 형상 표현에서 두드러진 위치를 차지하고 있다. 사냥과 함께 음악은 궁정에서 가장 좋아하는 여가활동이었으며, 벽화나 소품 모두에 등장한다.

음악의 치료 효과 또는 음악적 양상이 마음에 미치는 영향에 대한 믿음은 그리스 학설에 기반을 두고 있는 것으로, 그에 따르면 원소와 체액은 특정 음표 및 리듬과 연관이 있으며 우주 질서를 반영하고 있다. 철학자이자 음악에 관해 여러 권의 책을 쓴 저자이기도 한 알 킨디(al-Kindi, d. 866)는 이러한 학설을 주장한 사람중의 하나로, 음악, 색채, 향수의 조합에서 오는 위안에 대해 분석했는데, 이러한 조합은 아랍 사료(史料)나 『아라비안 나이트』에 등장하는 궁중 오락의 관능적인 묘사를 떠올리게 한다.

> 그리고 반복해서 말했던 (하루 중) 그때에 맞추어 우리가 이미 언급했던 순서대로 (적절한) 색상과 향수를 함께 사용하면서 음악의 리듬이 일어나면, 우리가 묘사했던 다른 활동을 함께 사용할 때보다 영혼의 능력과 기쁨이 배가된다.[153]

음악과 음악가를 가리키는 단어인 타라브(*ṭarab*)*와 무트리브(*muṭrib*)는 원래 "기쁨"과 "기쁘게 해주는 자"라는 뜻이었다. 여기에서 기쁨은 관능적인 쾌락에서부터 가장 고귀한 황홀경까지 다양한 범주를 포함하고 있다.[154] 이븐 할둔은 음악이야말로 가장 세련된 예술 형식이라고 보았는데, 이는 음악은 오락과 기쁨만을 누리는 여가와 사치의 표현으로서 고도로 문명화되고 도시화된 사회에서만 존속할 수 있기 때문이다. 따라서 음악이라는 예술은 존속하기가 위태로우며 문화적 환경이 쇠퇴하면 소멸하게 된다.[155]

시는 상상력과 감정을 불러일으키고, 시각 예술이 영혼을 달래고 기분을 풀어준다고 믿었던 반면, 음악은 아랍 문학에서 영혼에 가장 큰 영향을 미친 예술이라고 보았다. 명상 활동을 자극하고 황홀경이나 도취로 이끄는 감동적인 힘 때문에 음악은 심오한 종교적 경험이 될 수도 있고 문란함으로 이끄는 유혹이 될 수도 있다. 음악가이자 음악학자인 알 카티브(al-Kātib, 10/11세기)의 주장으로는 음악의 진정한 즐거움은 음악에 쉽게 접근할 수 있는 즉각적인 감정의 즐거움이 아니라 오히려 청각 능력과 평가 능력의 조합에 의해 알게 되는 즐거움으로, 이를 계발할 필요가 있다.[156]

....

* 음악적 즐거움. (역자주)

우마이야 칼리프조와 압바스 칼리프조의 궁정에서 열린 음악 공연에는 종종 황홀경의 장면이 이어졌다. 칼리프들은 행복감에 젖어 울거나, 소리를 지르거나, 바닥에 쓰러지거나, 옷을 찢기도 했다고 한다. 음악이 가지고 있는 마취력 때문에 권주시(勸酒詩)에서는 음악을 찬양했다. 음악은 술과 함께 즐기면 더 좋기 때문에 음악은 음탕한 쾌락과 향락, 선술집과 이성문제와 동일시하게 되었다.[157] 옛 아랍어 속담에 따르면, "노래는 간음을 부르는 부적이다."[158] 그런 이유로 일부 통치자들은 정통 의견에 따라 음악 공연을 금지하거나 매우 제한된 규모에서만 허용했다. 그러나 실제로 그러한 조치는 그다지 효과적이지 않았으며 일반적인 상례라기보다는 예외로 남아 있다. 이맘 샤피(Imam Shafi')는 '연주'되는 모든 것을 포함해서 음악을 비난했지만 무엇보다도 노예 소녀들이 연주하는 음악은 모두 비난했다. 가잘리(Ghazali)는 이맘 샤피와 아부 하니파(Abu Hanifa)의 음악에 대한 적대적인 견해를 인용했지만, 꾸란이나 하디스에는 그러한 금지를 확인할만한 진술이 없다고 했다. 그의 결론에 따르면 음악은 신이 창조한 오감 중 하나를 만족시켜 그에 상응하는 즐거움을 주기 때문에 나쁠 수 없다. 가잘리의 의견은 다른 신학자들, 특히 수피교도들 사이에서 지지를 받았는데, 그들은 성서의 다윗 전통과 하디스를 언급하면서 음악을 낙원의 속성이라고 보았다.[159] 거의 모든 교단에서 수피 의식에 노래와 춤을 포함한 음악 공연을 행하고 있지만, 사실상 그 허용 가능성에 대한 논쟁이 완전히 끝난 것은 아니다.

가잘리같이 음악이나 시의 옹호자들은 시나 언어와 마찬가지로 음악은 그 자체로 죄가 될 수 없다고 주장했다. 이러한 예술의 도덕

스카프를 한 무용수, 12세기 팔레르모, 카펠라 팔라티나 천장의 세부 그림

적 가치는 오히려 그 맥락과 용도에 달려 있다는 것이다.[160] 음악은 마음에 새로운 감정을 불러일으키지 않는다. 이미 존재하고 있는 것만 동하게 할 뿐이다. 영적인 맥락에서 보면, 음악은 마음을 정화시킬 수 있지만 악과 연계되면 불법이 된다. 이 판단은 마음의 자유와 책임을 인정하고 음악을 언어처럼 다양한 의미를 가질 수 있는 수단으로만 보았다. 감각과 마음이야말로 선과 악을 구별할 수 있는 궁극적인 비평가이다. 하지만 듣는 사람의 마음에 죄가 되는 생각을 떠올리지 않기 위해 가잘리는 음탕한 공연에 쓰이는 악기 사용을 정죄했다.

가잘리는 또한 사랑의 노래 역시 인정했는데, 이 노래들이 욕망을 불러 일으키고 감정을 강화하며 쾌락을 자극하는데, 연인의 관계가 합법적이라는 조건에서는 이 모든 것을 허용했다. 노예를 첩으로 들이는 것은 이슬람에서 합법이었기 때문에 어느 정도까지 성적 쾌락이 허용되는지 그에 대해서는 상당한 논란의 여지가 있었다. 가잘리에 따르면 아프리카인이 수행하는 음악, 노래, 춤은 합법인데, 선지자가 이를 이미 자연스러운 즐거움의 표현으로 인정했기 때문이다. 유쾌함은 권장할 것이기 때문에, 명절이나 축하 행사에서 그러한 공연을 허용해야 한다. 그는 계속해서 음악의 적대자들은 신의 창조물의 아름다움을 지각할 능력이 없어 답답하다고 비판하기까지 했다.

가잘리가 음악을 찬성하는 논리는 오감 중 하나가 음악을 지각한다는 것으로, 오감은 마음과 함께 지각 작용을 위해 창조된 것이다. 예로서 그는 족장 다윗의 음악 공연과 귀를 즐겁게 하는 새들의 노래를 언급한다. 그는 '하나님이 보내신 모든 선지자는 아름다운 목소리를 가졌다'는 하디스의 말을 인용한다. 그러므로 설교자는 고상하고 조화로운 연설로 청중을 감동시켜야 한다.

멜로디가 있는 성가로 꾸란을 낭송하며 그 음악성으로 해서 꾸란을 향유하게 된다. 오늘날까지 이슬람 세계에서는 꾸란 암송자의 목소리와 스타일을 칭송하고 그에 대해 논의하고 있다. 많은 유명한 가수들이 꾸란 암송자로 경력을 시작했다. 타라브(*ṭarab*)라는 용어도 꾸란 암송과 기도를 알리는 소리(*ādhān*)를 다루는 문헌에서 사용되었다.

가잘리는 음악의 영향을 영적인 것과 육체적인 것의 두 가지 범주로 나누었다. 사마(*Samā'*)는 수피를 황홀경으로 인도하여 숨겨진 감정을 드러내고 마음을 정화시킨다. 즉 이는 하나님과의 만남이다. 이에 대해 신비주의자인 둘 눈(Dhu 'l-Nun)은 다음과 같이 썼다. "음악에는 음악을 들으면 알라를 찾도록 마음이 움직여지는 신성한 영향력이 있는데, 음악을 영적으로 듣는 자는 알라를 보게 되고, 음악을 감각적으로 듣는 자는 이단에 빠지게 된다."[161] 또 다른 수피인 알 다라즈(al-Darrāj)는 "음악을 들으면 베일 뒤에 숨어 있는 진리의 존재를 발견하게 된다"고 했다.[162]

많은 사상가들은 음악은 영혼을 열어 감춰진 비밀스러운 감정을 선율의 형태로 드러내는 힘을 발휘하기 때문에 매력이 있다고 믿었다.[163] 수필가이자 문필가인 아부 하이얀 알 타위디(Abu Hayyan al-Tawhidi, d. 1023년경)는 소크라테스를 언급하면서 음악이 영혼을 동하게 하여 세속 직업의 소외로부터 영혼을 해방시켜 근원으로 복귀시켜준다고 했다.[164] 또한 음악가는 '자신의 지성으로 만들어낸 예술'로 자연의 완성에 기여한다고 했다.[165]

음악 이론에서 아랍인들은 그리스인의 작업을 다듬고 그에 더 첨가했다. 파라비(Farabi)는 그의 전임자인 알 킨디(al-Kindi)와 마찬가지로 철학자일 뿐만 아니라 아랍 음악의 뛰어난 이론가이기도 했다. 그는 이론과 실천을 연결했으며 그 자신 이 두 가지 모두에서 뛰어났다. 그는 심미적으로 더 높은 음악적 효과를 달성하기 위해 즉흥적인 리듬과 멜로디 장식에 대해 폭넓게 다루었다.

압바스 칼리프조 시대에는 칼리프를 중재자로 삼아 궁정에서 음악 토론이 열렸다. 음악 이론의 다양한 학파가 있었고, 시에서와 마찬가지로 모더니스트와 전통주의자 간의 논쟁이 주요 주제였다. 이샤크 알 모실리(Isḥāq al-Mawṣilī, d. 850)와 그의 아버지 이브라힘 알 모실리(Ibrāhīm al-Mawṣilī, d. 804)는 압바스 시대의 가장 유명한 음악가였다.[166] 그의 아버지와 마찬가지로 이샤크는 노래 선집의 저자였으며 음악가와 그들의 기술에 대한 자료도 수집했다. 그는 보수적이고 충실한 연주를 옹호해서 클래식 음악의 레퍼토리를 바꾸지 않았다. 그가 보수적인 태도를 주장한 것은 음악은 기록되지 않았기 때문에 그것을 전달할 수 있는 유일한 수단이 공연뿐이었기 때문이다. 보수주의자들은 모더니스트들의 관행을 따르게 되면 음악적 유산이 살아남을 가능성이 없고 몇 세대 안에 사라질 것이라고 불만을 토했다. 이샤크와 그의 정통 추종자들은 모더니즘적 접근을 평범함, 게으름, 고전 유산을 다룰 수 없는 무능력의 소산이라고 해석했다. 한편 모더니스트들은 전통적인 레퍼토리를 현대적인 취향과 요구 사항에 맞게 조정하여 작품에 대해 자신의 개인 해석을 내릴 수 있도록 연주자의 자유를 옹호했다. 이스바하니는 혁신과 유행이 인간의 행동에 의해 좌우된다는 점을 인정했다. "인간의 성품은 한 상태에서 다른 상태로의 변화를 좋아한다. 관습에서 벗어나려면 새로움이 필요하다. 새로움은 관습보다 더 매력적이며, 기대는 현재보다 더 마음을 사로잡는다."[167] 모더니스트와 전통주의자 사이의 논쟁은 11세기까지 계속되었는데, 이때 음악학자인 알 카티브는 열렬하게 전통 학파를 지지하는 글을 썼다.[168]

궁정 음악은 항상 성악 연주를 수반했으며, 악기 연주자는 가수이자 종종 시인이기도 했고 이론과 실제 능력의 재능을 겸비하고 있어야 했다. 음악가는 폐활량이 커야 했고, 성악과 기악의 억양과 기술을 마스터하고, 방대한 레퍼토리를 갖고 있어야 했으며, 다양한 양식을 보여줄 수 있어야 했고, 즉흥 연주에서 창의적이고 독창적이며, 진정한 감정을 표현할 수 있어야 했고, 외모도 매력적이어야 했다. 다른 모든 음악적 재능을 가졌으나 목소리가 좋지 않은 사람들은 궁정에서 음악 교사가 되었다.[169] 이샤크 알 모실리는 시인이자 음악가로서 재능이 있었지만 처음에는 목소리가 좋지 않았다. 그는 계속 목소리를 개선시키고 다듬어서 결국 독특하면서 흉내 낼 수 없는 음색을 가졌다는 칭찬을 듣게 되었다.[170] 알 카티브에 따르자면 음악가는 재능과 교육을 겸비해야만 한다. 자질 있는 청중이라면 그의 연주의 영향을 받아 그들의 영혼이 고양되고 고상해질 수 있었다.[171] 8세기 헤자즈 사회에서, 고위 여성들은 문학 살롱(마질리스*majlis*)을 후원했으며, 그 곳에서 음악가는 러브 송으로 여성 후원자를 매료시키는 사교계 명사이기도 했다. 이 세련된 환경에서 시인 겸 음악가는 우아함과 스타일의 규범을 정했다. 이브라힘 알 모실리 이래, 음악가들은 차세대 예술가를 양성하는 일도 책임지고 있었다. 남성과 여성 음악가를 키우는 음악 학교가 생겼다.

우드('Ud, 기둥/프렛이 없고 목이 짧은 루트), 뉴욕 메트로폴리탄 미술관

카이나(*qayna*), 즉 주인을 즐겁게 하기 위해 구입한 여성 노예 가수는 이슬람 이전 아라비아에서 이미 알려진 제도의 산물로, 고전 시대(즉, 12세기 이전)의 행적에 대한 기록이 많이 남아 있다. 그

들 중에는 칼리프와 결혼하여 칼리프의 어머니가 된 사람도 있다. 카이나는 또한 종종 뛰어난 시인으로 알려지기도 했다. 물론 그녀가 받은 예술 교육에 따라 그녀의 가격이 올라갔다.[172] 압바스 칼리프조 이후가 되면 이 여성들에 대한 정보가 줄어들지만 음악가 노예는 맘루크 궁정 생활에서 계속 중요한 위치를 차지했으며 때로는 술탄의 아내가 되기도 했다.

이브라힘 알 모실리는 전설의 영웅이자 『아라비안 나이트』에 등장하는 여러 이야기의 주인공으로, 이 이야기들은 거장의 기적적인 멜로디를 불러일으키는 영감의 원천으로 악마적 위력이나 초자연적 위력을 언급하고 있다. 아랍 문학은 음악 스타일과 기법, 음악 공연의 사회적 맥락, 음악이 듣는 사람에게 미치는 심리적 영향, 음악에 대한 종교적 태도를 알려주는 정보가 풍부하지만 음악 창작 과정에 대해서는 별로 언급이 없다. 이러한 걸 생각해보면 이브라힘 알 모실리에 대한 이야기와 전설이 특히 흥미를 끈다. 그 중 한 이야기에서는 이 음악가가 어느 날 저녁 집에서 노예들과 함께 휴가를 보내는 동안 어떻게 갑자기 자기 집에서 한 노인을 발견하게 되었는지 전하고 있다. 이브라힘은 처음에 매우 화가 났지만, 노인이 아랍 음악과 시에 대해 이야기하기 시작하자 그 노인의 매력을 뿌리칠 수가 없었다. 또한 그 이야기에 대한 보상으로 약속했던 노래를 불러달라고 노인이 요청하자 그것도 뿌리칠 수가 없었다. 이브라힘이 노래를 부르자, 놀랍게도 그 방문자가 감히 자신이 노래를 부르겠노라 제안했다. 방문객의 공연을 듣고는 더욱더 놀랐는데, 공연이 너무나 절묘해서 집의 벽과 가구가 그의 음악에 반주를 하는 듯했다! 방문객은 이브라힘에게 이 노래를 그의 레퍼토리에 포함시키고 노예들에게 가르쳐달라고 청했다. 그런 다음 그는 집의 모든 문이 닫혀 있는데도 갑자기 왔던 것처럼 갑자기 사라졌다. 이브라힘은 방문자가 바로 악마였다는 것을 알게 되었다. 다음날 그가 칼리프 하룬 알 라시드(Harun al-Rashid)에게 이 이야기를 전했더니 칼리프는 노인의 노래를 불러달라고 했다. 칼리프는 노래에 매료되었고 방문자가 자기에게 찾아오기를 바랐다. 칼리프는 이브라힘에게 상을 주었고, 이로써 방문객의 약속이 이루어졌다.[173]

이스바하니는 이브라힘 알 모실리의 전기에서도 동일한 이야기를 전하고 있는데, 그 이야기는 이브라힘 자신이 만든 것이라고 했다(아마도 칼리프로부터 보상을 유도하기 위한 계략이었을까?). 그렇지만 이스바하니는 이브라힘의 영감의 원천에 대해 조금 덜 악마적인 해석을 제공하고 있다. 하룬 알 라시드가 그에게 작곡 방법을 묻자 그는 다음처럼 대답한다. "마음을 슬픔에서 해방시키며 음악적 즐거움(타라브*tarab*)을 상상해보는데, 그러고 나면 저절로 멜로디가 들려서 리듬이 이끄는 대로 따라 가노라면 성공적인 작품을 만들게 됩니다."[174] 이 이야기는 이전 이야기와 달리 예술가가 자신의 예술 창작을 자신의 힘에만 의존하고 초자연적인 도움이 필요하지 않다고 한다. 여기에서 음악가와 관련되어 두 가지 다른 전통이 있다. 즉 하나는『아라비안 나이트』에 포함된 것으로 이슬람 이전 시대 예술가에게 악마의 능력이 있다고 보는 견해이고, 다른 하나는 이스바하니가 채택하고 아랍 문화의 주류를 대표하는 합리주의적인 것으로 예술 창조의 초자연성을 믿지 않는 것이다.

이스바하니의 책에는 고전 시대 아랍 사회에서 음악가의 상상력과 창의성의 중요성을 보여주는 이야기가 많이 담겨 있다. 스타일의 혁신가와 창조자(마다아브*madhhab*)들이 유명해졌고 스타일마다 그들의 이름을 따서 명명되었다. 음악 공연은 창의적이어야 했고, 음악적 해석에 미적 가치와 독창성을 더하는 즉흥 연주가 들어있기를 기대했다. 음악 공연에서 즉흥 연주의 중요성 때문에 연주자는 작곡가나 시인 못지않게 혁신적이었다. 변형이나 즉흥 연주는 음악을 아름답게 하고 청중의 즐거움을 강화하기 위한 창의적인 행위였다. 그러한 것들은 음악의 장식물로 미적 기능을 가지고 있었다. 관객들은 창의적인 공연을 선호했지만, 보수적인 해석 역시 원작에 충실하고 전통을 존중한다는 점에서 찬사를 받았다.[175]

자연적 진화로 인해서, 또 서구의 영향을 받아서 많이 변화했음에도 불구하고 음악은 아마도 현재까지 살아남아 있는 유일한 전통 예술일 것이다. 따라서 음악을 이용해서 전통적인 아랍 미학 개념을 어느 정도 예시할 수 있다. 아랍인들이 음악에서 얻는 미적 가치와 즐거움은 그들이 시에서 가치 있다고 여기는 것과 비슷하다. 이 주제에 대해 음악학자인 알 파루키(L.I. al-Faruqi)는 다음과 같이 썼다.

> 아랍인의 예술은 개방형 예술로, 그의 매체가 무엇이든 간에 예술가는 원한다면 모티프와 모듈을 더 추가할 수 있다.[176]

> 아랍 시각 예술에서 장식의 핵심적 역할은 아랍 음악 예술에서 장식이 담당했던 역할과 크게 다르지 않다. 시각적인 아라베스크를 형성하기 위해 무궁무진한 문양이 연결되는 것처럼 즉흥 연주의 아랍 악기 연주자나 성악가의 음악적 모티프 역시 사실상 무한하다. 어떤 양의 소재가 허용이 되면 모티프는 한 모드(*maqām*)에서

다른 모드로 쉽게 이동한다… 시각 예술이든 음악이든 모티프는 아랍 예술 작품에서 결코 가장 중요한 요소였던 적은 없다. 단지, 아랍의 천재성은 주로 이러한 모티프의 구조화 및 조작을 통해서, 또 유사하고 새로운 요소와의 결합을 통해서 시각적 또는 청각적 아라베스크를 생성하는 것이라고 볼 수 있다.[177]

현대 아랍 세계에서는 음악의 해석자가 작곡가보다 더 유명한데, 이는 해석을 작품의 가장 창의적인 측면이라고 보기 때문이다. 뮤지컬 공연을 반복한다고 해서 결코 동일한 것이 아니다. 유명한 이집트 가수 움 쿨툼(Umm Kulthūm, d. 1975)이 그녀의 전설적인 콘서트를 열면, 청중들로부터 같은 연을 19번까지나 앙코르 요청을 받기도 했다. 다시 부를 때마다 즉흥적인 멜로디가 나왔고, 그때마다 달랐다. 20분짜리 노래를 연주하는 데 한 시간 이상 걸릴 수도 있었다. 아랍인들은 이렇게 계속되는 변주에 따라 연주회를 판단하는데, 유럽 관객들로서는 참을 수 없을 것이다. 전통 음악은 언제나 외국인이 이해하고 감상하기 가장 어려운 예술이다. 아랍 음악에서 즉흥 연주의 중요성 때문에 일부 비평가들은 음표를 현대적으로 사용하는 것이 본래적인 창작 원칙에 해가 된다고 비난하기도 한다.

움 쿨툼의 예술은 아마도 전통적인 아랍 미학의 마지막 사례 중 하나일 것이다. 그녀의 인기가 너무 대단해서 비평가들은 그녀 노래 때문에 아랍이 이스라엘과의 대결에서 패배했다고 비난했는데, 향수를 불러일으키고 나른하고 관능적인 사랑 노래를 몇 시간 동안 듣는 청중이 어떻게 현대 사회의 도전에 대처할 수 있겠느냐는 주장이었다. 움 쿨툼의 노래는 위대한 현대 시인들이 만든 가사와 더

불어 모든 청취자에게 향수를 불러일으킬 수 있는 보편적이고 추상적이며 상징적인 용어로 표현된 사랑과 슬픔을 다루고 있다. 그녀가 전달하는 향수의 추상적이고 상징적인 특성 때문에 긴장의 시대에는 정치적으로 해석될 수도 있다. 사실 사랑의 속박을 다루는 특정한 가사는 정치적 반대의 표현으로 받아들여지면서 청중의 환호를 받았다.

순수문학

문맥

우마이야 칼리프조와 압바스 칼리프조 시대에는 시가 음악과 관련이 있었다. 두 예술 모두 궁정에서 번성했다. 하렘에서 술과 노예 소녀들을 동반하여 시와 음악을 즐겼다. 시인과 음악가는 큰 명성을 얻었고 넉넉하게 후원을 받았다. 어떤 이들은 오늘날 할리우드 스타와 오페라 디바만큼 화려한 경력을 쌓았다. 연대기와 전기 백과사전에서는 다른 예술가들과는 달리 문학 작품의 독창성을 찬양하고 영원히 기억하고 있다. 궁정 시인은 특별한 제도였다. 우마이야 칼리프와 압바스 칼리프들 자신들이 시인과 문학 평론가 그룹에 속했고, 그들 중에는 음악가도 있었다. 우마이야조 칼리프 알 왈리드 이븐 야지드(al-Walid Ibn Yazid, 743-44)는 시에 상당한 혁신을 도입했으며, 압바스조 칼리프의 아들인 이븐 알 무타즈(Ibn al-Mutazz, d. 908)는 단 하루 동안만 칼리프였는데, 주요 문학 비평의 저자이기도 했다.

이스바하니의 『노래집』에서 알 수 있듯이 초기 이슬람 시는 노래로 불렸다. 이스바하니는 이슬람 이전 시대부터 10세기까지의 엄청난 규모의 아랍 시 선집을 편찬했다. 그곳에 수록된 시나 노래에는 일화가 가득 담긴 시와 음악의 사회사가 함께 들어 있으며, 그 중 일부는 『아라비안 나이트』에 다시 등장한다. 이슬람 초기에 대한 언급이 포함되어 있지만, 이 책은 종교적 주제를 다루지 않고 칼리프, 시인, 음악가, 교양을 갖춘 노예 소녀들로 이루어진 세속적인 궁정 집단만을 다루고 있다. 고도의 학문적인 예술 담론 과정과 오락과 즐거움을 나누는 장면을 묘사하고 있는데, 거기에서는 유머가 중요한 위치를 차지하고 있다. 미학적이며 쾌락주의적인 분위기로 해서 시와 음악의 결합이 더욱 강렬해진다.

시는 다양한 경우와 다양한 목적 때문에 만들어졌다. 시의 주제는 찬사가 될 수도 있고, 풍자, 서정, 애욕, 권주(勸酒), 신비주의 등이 될 수 있다. 전쟁, 자연, 사냥, 종교, 심지어 일상생활사까지 시가 되었다. 역사 문헌에도 그 내용 가운데 시가 가득 삽입되어 있어 관련 사건에 대해 평하고 있었다. 『아라비안 나이트』에서 시는 연인 사이의 대화 형식으로, 또 결정적인 순간을 강조하는 수단으로 사용되었다. 전문적인 시인뿐만 아니라 모든 계층의 남녀가 시를 썼다.

여성복, 신발, 모자, 손수건, 부채, 장신구, 가구, 쿠션, 커튼, 카펫과 같은 일상용품에도 흔히 시를 새겨두었다. 그러한 시들은 종종 사랑을 다루고 그 물건 소유자의 감정을 표현하는 데 사용되었다. 이스바하니가 전하는 바에 따르면, 어느 날 칼리프 알 마문

1315년 알 자자리(al-Jazari)의 자동인형에 관한 저서

(al-Mamun, 813-833)은 그의 카펫 중 하나에 짜여 있는 시를 읽고 너무 기뻐서 궁정 음악가인 이샤크 알 모실리에게 거기에 맞추어 음악을 지으라고 명했고, 결국 그것이 유명한 노래가 되었다.[178]

아다브(*adab*)라는 단어는 현대 아랍어로 문학을 의미하지만 원래는 17세기 프랑스 궁정의 세련된 문화와 비견할 만한 특정 유형의 문화 또는 생활 양식을 의미했다. 압바스 칼리프 시대의 아다브 문화의 발전은 세련된 도시 사회의 미학적 욕구를 표현한 것이었

다. 바뎃(Vadet)은 '아다브'를 정의하기를 "개인이 자신을 어떤 그룹의 구성원임을 알릴 수 있는 규율, 예법, 이상 등을 포함하는 최고의 사회 원칙"이라고 한다.[179] 원래 '아다브'라는 용어는 습관이나 전통을 의미했는데, 시간이 지남에 따라 "고상한 영혼, 좋은 양육, 도시풍의 태도 및 예절"을 뜻하게 되었다. 가브리엘리(Gabrieli)에 따르면, '아다브'는 라틴어의 어바니타스(*urbanitas*)와 같은 것으로, 베두인의 거칠음과 대조되는 도시의 세련미와 문화를 의미한다.[180] 그것은 또한 먹고, 마시고, 옷을 입고, 대화와 학식의 예술과 관련된 예절이라는 의미로 사용되었다. 생활 방식으로서의 아다브는 『알 무와스샤(*al-Muwashshā*, 자수刺繡 가운)』라는 9세기 작품에서 길게 다루고 있다. 저자는 스스로 '알 와스샤(al-Washshā, 자수공예가)'라고 부르는데, 9세기의 자리프(*ẓarīf*), 즉 신사가 어떠해야 하는지 자세히 설명하고 있다. 그는 자신의 담론을 뒷받침하기 위해 선지자를 비롯하여 기타 아랍 전승이야기를 인용하면서 훌륭한 무슬림들의 삶의 중요한 측면은 사회 행동의 품위라고 주장하는데, 이는 나중에 가잘리의 위대한 책 『종교학의 부흥(*Iḥyā' 'Ulūm al-Ḍīn*)』의 윤리편에도 등장한다. '자리프'는 친절하고, 도움이 되며, 사려 깊고, 사교적이며, 관대하고, 너그럽다. 그는 비밀을 지키는 방법을 알고 있으며 결코 거짓말에 의지하지 않는다. 그는 교양 있는 지식인 집단 안에서만 움직이며 신사들 가운데에서만 친구를 선택한다. 그는 선지자가 권고한 대로 서두르지 않고 적게 말하고 더 많이 듣는다. 그의 지식을 향상시키기 위해 질문하기를 부끄러워하지 않는다. 그는 농담과 허풍을 피한다. 그는 시간을 잘 지키고 재치 있고 절제할 줄 안다. 그가 주는 선물은 작고 상징적인 것으로 사과 하나, 바질 나뭇

가지, 또는 작은 향수병과 같아 저속한 사람들이라면 경멸할 수도 있다. 메시지를 보낼 때에는 '자리프'는 단어를 금이나 사향, 또는 사프란으로 염색한 실크 실로 장식한다. 그는 매우 신중하고 우아하게 텍스트를 구성하고 편지에 시를 삽입한다. 꽃과 과일은 9세기 아랍 신사의 일상에 속했으며, 특히 장미와 사과는 시에 묘사된 것처럼 연인의 볼을 떠올리게 하는 것이었다.

우아한 남자는 결코 자신이 비만해지지 않도록 조심한다. 그는 적당히 조금씩 먹는다. 그는 기름지고 무겁거나 냄새 나는 음식을 피하고, 그뿐만 아니라 콩이나 마늘, 양파, 그 외 헛배 부르게 만드는 모든 음식을 피한다. 그는 식사 중에 손가락이나 입을 더럽히지 않으며, 너무 많이 웃지도 않고 다른 사람들보다 먼저 식탁을 떠나지도 않는다.

알 와스샤(자수공예가)는 입과 치아의 위생과 미학에 대해 한 장 전체에 걸쳐 길게 이야기하면서 종종 선지자의 말을 인용하기도 한다. 자리프 환경에서 가장 좋아하는 선물은 칫솔인데, 칫솔은 입의 미학과 연관되어 있고, 연애시에서 입의 중요성과 관련이 있기 때문이다. 더 많은 장에서 올바른 말하기, 앉기, 걷기, 거리와 시장에서의 행동에 대해 자세히 다루고 있다. 자리프의 옷은 세련되고 신중해야 하며, 화려하거나 어떤 식으로든 여성 패션과 닮아서는 안 된다. 오로지 특정 향수와 보석만 적절한 것으로 받아들여진다. 자리프의 여성형인 자리파(*ẓarīfa*), 즉 숙녀도 복장에 대해 비슷한 규칙을 가지고 있다. 그러나 알 와스샤(자수공예가)는 이러한 개선 사항에 대해 논의하는 것으로 그치지 않는다. 『알 무와스샤(자수刺繡 가운)』의 상당한 부분이 사교 행사에서 인용되는 시 선집이나 일상

생활품에 새겨 넣을 시 선집에 할애되어 있다.

아랍 문화는 미식가를 존중했다. 아다브 문화의 이상에 따르면, 신사는 승마 스포츠나 문법에 대해 알아야 하는 것처럼 요리 기술에 대해서도 알아야 한다. 손님으로서 그는 식탁에서 적절한 시를 인용할 수 있어야 하고 요리 문제에 대해 이야기할 수 있어야 한다. 바그다드의 고전 시대 칼리프들의 문학 모임에서는 시와 음악이라는 고귀한 주제뿐만 아니라 요리를 포함하여 삶의 모든 측면을 다루었다. 시인들은 좋은 음식을 찬양했고, 많은 중세 작가들은 요리에 관한 책을 편찬했는데, 다른 문학 장르에서와 마찬가지로 그들은 꾸란, 하디스, 철학서나 문학서를 인용했다. 그들은 요리의 예술을 문화적 성취라고 보아 계발하고 기록할 가치가 있다고 여겼다. 요리사는 특정 신체적 속성과 기술 능력을 보유해야 하며 그의 주방에는 적절한 장비가 갖추어져 있어야 했다. 책에는 다양한 세부사항과 다양한 요리법이 담겨 있었고, 유명인의 취향과 선호도에 대한 언급이 포함되어 있으며, 종종 궁정 상황에서 벌어지는 일화가 함께 등장하기도 했다.

마수디는 그의 저서 『황금 들판』에서 이러한 일화 중 하나를 알려주고 있다.[181] 이는 압바스조 사회가 재치와 언어적 기교를 얼마나 높이 평가했으며, 심지어 그것을 종교 문화와 결합시키기까지 했는지를 보여준다. 꾸란 암송자인 아반(Abān)은 어느 날 하룬 알 라시드와 함께 앉아 그들 사이에 접시를 두고 닭고기와 하리사(*harīsa*)[*]를 먹고 있었다. 하리사는 닭 지방으로 채워져 가운데가 움

....

* 요리를 찍어 먹는 일종의 딥. (역자주)

푹 패인 상태로 나왔다. 지방의 유혹에 빠졌지만, 아반은 감히 칼리프 앞에서 손을 뻗어 빵을 하리사에 담그지 못했다. 그러나 그는 지방이 그의 편으로 흐르도록 약간의 홈을 만들었다. 이를 알아차린 칼리프는 꾸란의 한 구절(18:71)을 인용하며 "승선한 것들을 익사시키려고 기울였는가?"라고 했다. 아반은 꾸란의 또 다른 구절(7:57)을 인용하며, "우리는 가뭄 때문에 메마른 땅을 향해 나아가고 있습니다"고 대답했다.[182] 하리사 식사에서의 이 장난스러운 대화는 칼리프 알 무크타피의 술친구인 이븐 함둔(Ibn Ḥamdūn)이 만찬에서 칼리프 알 무크타피의 유명한 조상인 칼리프 알 라시드에 관한 이 일화를 전하여 칼리프를 즐겁게 해주면서 나온 이야기로, 이븐 함둔이 문법학자 니프타와위(Niftawayh)에게 들려준 것을 니프타와위가 마수디에게 전해주어서 널리 알려지게 되었다고 한다.

일부 요리 책은 이론적으로 경도되어 요리법보다 사전 편찬상의 주제에 관심이 더 많았지만 일반적으로 이 문헌은 아랍 세계의 요리 전통에 대한 풍부한 정보를 제공해준다. 요리에 대한 설명은 다른 문학 형식에서도 찾을 수 있다. 12세기에 이집트에 대해 묘사한 글을 남긴 의사인 압달 라티프 알 바그다디(Abd al-Latif al-Baghdadi)는 그의 해설에 음식에 대한 설명을 포함하고 있다. 요리 기술의 중요성은 아랍 세계의 전통적인 환대와 상응한다.[183]

칼리프 알 무타심(833-42)은 참가자마다 요리를 하고 평가를 받아야 하는 요리 대회를 조직했다. 알 마문은 아마추어 요리사였다.[184] 칼리프 알 무크타피(902-908)도 요리 시문학에 관심이 있었고 알 무스타크피(944-46)는 사람들을 미식가 심포지엄에 초대하여 음식과 요리를 다루는 시를 논했다. 이 행사에 발표된 시 가운데에 식물로서 또 요리로서 아스파라거스의 아름다움에 관한 시가 있다.

우리가 가지고 있는 창, 그 끝은 말려 있고,
그들 몸은 밧줄처럼 빙글빙글 돌았고,
그런데도 보기에는 좋았으니, 차버릴 매듭은 하나도 없었다.
그들 머리는 어깨에서 수직으로 뻗어 나와.
그리고 우리 모두를 만드신 분의 은혜로
그들은 땅에 굳건히 서 있도다, 마치 높은 기둥처럼.
망토에 비단처럼 부드러운 긴 옷을 걸치고
저 깊이 타오르는 붉은 불꽃을 마시고,
주홍빛 뺨을 스친 듯
성난 손바닥이 분노를 쏟아붓는 곳,
그리고 철 갑옷이 금 꼬임과 서로 얽혀서
허리에서 허리까지 엮어 있소.
양손이 펼쳐주는 비단 미트라프 목도리처럼! -
아, 그것이 영원히 그리고 영원보다 하루 더 지속될 수 있기를! -
그들은 진주 반지를 두른 테두리처럼
그 위에 가장 맛있는 소스가 소용돌이치며.
부풀어 오르는 바다처럼 밀려왔다 밀려가고;
오일은 크림색 자수로 그들을 장식하는구나.
오일이 넘치고 이리저리 적시면서, 겹겹이,
은이나 금으로 만든 끈을 휘젓는구나.
경건한 은둔자라도 그러한 음식을 보게 된다면,
마음을 다하여 그의 금식을 중지하고 말리라.[185]

카타이프(*qaṭā'if*)라고 하는 패스트리에 대한 시도 있다.

친구들 허기의 고통이 커질 때
부드럽게 둘로 접은 것 같은 카타이프를 대접한다.
하얗게 흘러 넘치는 은은한 꿀의 흐름처럼
그렇게 다른 진미들 가운데에도 카타이프는 빛나는구나
그리고 깊은 아몬드 에센스를 마시고,
카타이프는 기름을 발라 빛나면서 기름을 빨아들이고 있구나.
그 위로 범람하는 바다처럼 로즈워터는 떠 있고
그 거품마다 향기롭게 헤엄치는구나;
겹겹이 놓여 있는 잎새 모양 책-
괴로워하는 마음이라도 이를 보면 기뻐하노니.
그러나 나누게 되면, 전쟁의 전리품처럼
모두 마음이 원하던 대로 갖게 되어 만족하리라.[186]

다음 구절은 또 다른 달콤한 별미를 찬양하고 있다.

그 향기는 돌이라도 열고
들어갈 수 있겠구나.
맛있는 냄새가 원을 그리며
그곳에서부터 올라오고,
버터가 나선형을 이루며 흘러내리네.
그 생긴 모습은
그 안의 미덕과 일치하노니.

아름다운 모습 덕분에 더욱 맛을 돋구고
훨씬 더 절묘하게 만드는구나.
안은 그득하나,
무언가에 싸여 있으니.
봄바람처럼
가볍고 시원하네.
……
아는 미식가들은 서로 경쟁하였으니.
어떤 설탕을 써야 하는지
고르는 기준이 까다롭구나.
그걸 아무리 바라보아도
눈은 지치지 않고
그걸 한번 물어보면
치아는 절대 그 가장자리에
머물지 못하리라.[187]

아다브는 또한 교양과 즐거움을 위한 학식 자랑에 영향을 미쳤는데, 거기에는 시, 수사학 및 아랍 전통이 포함되어 있다. 시간이 지남에 따라 그 의미가 확장되어 이란, 인도 및 그리스 문화까지 포용하는 보다 국제적인 형태의 인문교육(후마니타스)를 포함하게 되었다. 아르쿤(Arkoun)에 따르면 "아다브는 문학, 시, 언어, 역사, 지리, 교육, 모범적 행동의 사회적 규범, 합리적이고 교육적인 방식으로 습득할 수 있는 과학적 기술, 전문적 활동, 특히 칼리프 통치의 행정 업무를 수행하는 관리들의 전문 영역이다."[188] 결국 아다브는 비종교적인 문화였다.

아다브 문학에서 가장 저명한 저자로는 자히즈와 이븐 알 무카파(Ibn al-Muqaffaʿ)가 있다. 그 작품은 가볍고, 즐겁고, 유머러스하고, 이성적이고, 국제적이며, 계몽적이었다. 다양한 주제를 다루었으며 흥미롭고 피곤하지 않고 재치 있고 박식하지만 너무 학문적이지는 않아야 했다. 가벼운 평으로 독자들에게 재미있는 정보를 알려주었다. 예를 들어 알 자히즈는 그의 저서 『알 부할라(*al-Bukhalāʾ*)』에서 탐욕을 분석하면서 임대인이나 포주와 같은 인간 유형과 사회 집단을 묘사하고 있다. 그의 호기심은 사회학적, 인류학적, 심리학적 주제까지 다다랐다.

압바스 칼리프조 시대의 지나친 심미주의와 지배적인 엘리트주의로 해서 모국어 문학에 대한 관심이 증가했고, 심지어 그러한 반응 중 하나로 하위 세상에 대한 관심도 늘어났다. 칼리프들에게 장인의 매너와 전문용어를 알려주기 위해 문학 심포지엄이 열리기도 했다. 낮은 세상에 대한 취미 덕분에 또 다른 문학 장르가 생겼는데, 그 주인공들은 우아한 방랑자와 거렁뱅이들이었다.[189] 하리리(Ḥarīrī)의 유명한 『마카마트(*Maqāmāt*)』는 이 범주에 속하는 작품이다.

페르시아인들과 달리 아랍인들은 그들의 신화가 고전 문학에 속한다고 생각하지 않았다. 대신에 그들은 어떤 다른 이슬람 세계와 비교할 수 없을 정도로 역사와 전기를 발전시켰다. 13세기 역사가 이븐 알 아티르(Ibn al-Athīr)는 산문과 달리 좋은 시는 특정 길이를 초과해서는 안 되며 그렇지 않으면 품질이 저하될 것이라고 기록했다. 더 나아가 그는 아랍인들은 피르도시의 『제왕기』와 같은 작품을 제작하지 않을 거라고 지적했는데, 『제왕기』는 이란인들이 꾸란처럼 숭배하는 서사시이다. 꾸란과 관련된 것으로 요셉과 줄라이카(보디발의 아내)의 이야기는 사랑의 주제에 대한 수피 해석을 포함하여 이란인들의 이야기와 시에 특별한 영감을 주었지만 아랍 작가들은 이를 무시했다. 아랍 문화에서 신화, 동화, 서사 장르가 힘을 발휘한 것은 『아라비안 나이트』와 같은 토속 문학과 『안타르와 바이바르스』와 같은 대중적인 역사물이었다. 『아라비안 나이트』에서 아랍에 기원을 둔 이야기는 페르시아에 기원을 둔 이야기보다 덜 환상적이라는 것을 쉽사리 알아볼 수 있다. 그런 이야기에는 종종 연대기에 나오는 역사적 인물이나 사건뿐만 아니라 도시 환경, 시장 또는 상인의 집을 다루고 있다. 전근대 연극의 한 형태인 그림자 연극은 민중들뿐 아니라 궁정 모임에서도 엄청난 성공을 거두었지만, 그때 사용하는 언어는 자국어였다. 쾌락주의와 음란성 때문에 오늘날까지도 『아라비안 나이트』와 그림자 연극은 논란과 당혹감을 불러일으키고 있으며, 아랍 출판인들은 이러한 작품을 출판할 때는 엄청난 검열을 거쳐야 한다.

권주시(勸酒詩) 혹은 캄리야트(khamriyyat)는 아랍 문학에 널리 알려져 있었다.[190] 이 작품들은 쾌락주의적 이미지와 신비주의적 이미지 사이에서 종종 실존적 절망을 표현하기도 했다. 수피 시인들은 권주시 양식을 사용하여 하나님의 황홀하고 매혹적인 사랑을 표현했다. 그렇지만 와인을 마시는 것은 은자(隱者)의 오락이 아니라 "심포지엄", 즉 자체 프로토콜이 있는 의식으로, 그 규칙은 압바스 시대에 정해졌다. 그것은 재치와 예술을 특징으로 하는 저속하지 않고 교양 있는 모임이어야 했다. 나딤(*nadīm*, 술친구)은 자리프와 유사한 지적, 미적 특성을 가지고 있어야 했고, 어떤 에티켓이 필요한지에 대한 전문 매뉴얼이 작성되어 있었다. 시에서는 술 담당자의 심미적이고 에로틱한 특징을 칭송했다. 음악이 있는 배경과 음주 의식과 관련된 오브제들도 대단히 중요했다. 시인들은 술잔을 장식하기 위해 시를 지었고, 잔의 내용물에 찬사를 보내는 것과 같은 열정으로 잔의 아름다움을 찬양했다. 컵의 경우 금보다 유리를 훨씬 선호했다. 어떤 짧은 권주시는 불꽃이나 광선, 별이나 번개와 같은 유리잔에서 빛나는 와인의 광채에 대해 찬양하고 있다. 와인은 색상, 포도주 생산년도, 출처에 따라 다양한 이름으로 불렸다. 색깔에 따라 금색, 호박색, 홍옥수, 루비라고 했다. 술잔이 반짝이며 유리 기름 램프처럼 밤을 밝히고 있었다. 그것은 기도 벽감의 등불과 비교되면서 꾸란의 빛의 구절을 암시하고 와인은 신을 대신하기도 하였다.

가장 유명한 권주시의 시인은 아부 누와스(Abū Nuwās)였다. 그는 불경스러운 시를 몇 편 썼지만 위대한 시인 가운데에도 그런 시를 썼던 이들이 있었다. 최고의 아랍 시인들은 신성모독, 심지어는 이단으로 유명하다. 아불 타이브 알 무타나비(Abu 'l-Tayyib al Mutanabbi, d. 965)(무타나미Mutanabbi라는 말 자체가 "예언을 내리는 척하는 자"를 뜻한다)는 최고로 위대한 아랍 시인은 아닐지 모르지만 그 중 한 사람임에는 분명하다. 그러나 그는 감히 자신이 선지자인 척했고 심지어 꾸란을 지었다 하는 말까지 있다.[191] 마찬가지로 또 다른 위대한 시인인 아불 알라 알 마아리(Abu l-Ala al-Maarri)는 공개적으로 무신론자였다. 그는 카바(Ka'ba)를 비웃고 순례와 다른 교리를 조롱했다.

우리 인간은 두 종류의 학파로 이루어져 있으니.

계몽된 악당이든가 아니면 종교적인 바보들이로다.[192]

그렇지만 아랍 시인은 결코 사회 규범에 반항하지는 않았다. 오히려 시인은 속된 예술을 존중하고 그들에게 자유를 주는 사회의 자유주의적 규칙 안에서 살았다.

선지자가 시인에 대해 적대감을 가지고 있거나 청교도적 신학자들이 음악을 거부했음에도 불구하고 시와 음악은 아랍 문화에서 크게 칭송을 받았다. 초정통파의 적대감 때문에 이러한 예술이 실행되지 못했던 것이 아니라 오히려 그들의 비종교적 지향을 발전시키게 되었다. 시와 음악의 주류는 도덕적, 종교적 가치와 연결되지 않고 오히려 갈등을 갖고 있었다. 문학 비평은 이슬람 이전의 시적 전통을 계속 예술적 자질의 기준이라고 보았다. 시와 음악은 그 쾌락주의적 연관성과 더불어 형식 미학과 양식적 표준을 강조함으로써 본질적으로 세속 영역에 속했으며 그에 대해 어떤 도덕적 기능을 수행하리라고 기대하지 않았다.

비평가 쿠다마 이븐 자파르(Qudāma Ibn Ja'far, d. 932년경)에 따르면, 훌륭한 시인은 주제가 무엇이든 그것이 도덕적이든 아니든간에 예술을 통달한 사람으로 마치 목수의 솜씨가 나무의 품질에 영향을 받지 않는 것과 같다.[193] 주제가 선하든 악하든, 도덕적이든 외설적이든, 시인의 주요 목표는 문학적 자질이어야 한다. 여기에서 성실은 쟁점이 아니다. 성실은 시인이 아니라 예언자에게 요구할 수 있는 것이다.[194] 이븐 루슈드(Ibn Rushd)는 어떻게 아랍 시인들이 전투에서 후퇴하는 것같이 지저분한 주제에 대해서도 미학적으로 쓸 수 있는지 그에 대해 언급하면서 "당신 아랍인들은 모든 것, 심지어 도망치는 것까지도 아름답게 보이게 만든다"고 했다.[195] 알 아스마이(Al-Aṣmaʿī, d. 828)는 시는 '죄의 문'을 통해 다가간다고 말함으로써 시의 미적 기능을 강조하는 급진적이면서 유명한 말을 남긴 바 있다. 이 말은 시적 특성이 도덕성과 양립할 수 없음을 뜻한다. 또 다른 익명의 시인은 이러한 생각을 확장하여 시는 죄와 관련이 있다고 했고, 그것이 도덕과 관련되면 질이 떨어질 거라고 했다.[196] 황홀한 음악 공연은 악마(이블리스*iblīs*)의 소행이라고 봤다는 점을 상기해야 한다. 그러나 알 라지(al-Razi)나 미스카와이(Miskawayh, d. 1030)와 같이 미의 플라톤적 개념을 채택한 일부 사상가들은 미를 지향하는 예술을 인정하지 않고 사랑의 시와 로맨스를 경박하고 부도덕하다고 비난했다.[197]

이븐 시나(Ibn Sina)는 아랍 시를 주로 미학으로 평가했다. 그는 아랍 시가 본질적으로 주관적이고, 도덕적 또는 윤리적 목적에 얽매이지 않은 채 감동을 주고, 기쁘게 하고, 영향을 주기 위해 만들어졌다고 했다.[198] 이러한 속성으로 해서 아랍 시는 그리스 시와 달랐는데, 그리스 시는 단순한 즐거움을 위해 쓴 것이 아니라 서사적 또는 서사시로서 의도적이고 참여적이며 도덕적 행동에 영향을 미칠 의도를 갖고 있었다.

> 아랍인들은 두 가지 목적에서 시를 쓴다. (i) 어떤 주어진 문제를 제시함으로써 영혼에 영향을 미쳐서 영혼이 어떤 행동이나 감정의 방향으로 움직이도록 하기 위해, 그리고 (ii) 오직 즐거움만을 위해서인데, 모방의 즐거움을 위해 모든 것을 모방했다. 반면에 그리스

인들은 말을 함으로써 행동을 유도하거나 방지하려고 했다. 때때로 그들은 웅변을 통해, 때로는 시를 통해 이렇게 했다.[199]

박자, 운율, 고귀한 언어는 아랍 시의 틀을 제공한다. 운율은 대부분의 초기 문학에서 알려지지 않은 것으로, 유럽에서 일반적으로 운율을 채택하기 오래전부터 아랍 시의 특징이었다.[200] 아베리(Arberry)가 언급했듯이 직유와 은유는 이슬람 이전의 시인과 그의 계승자들에게는 시의 기본이었다. 서양 학자들은 아랍 시를 묘사할 때 아라베스크라는 용어를 사용하여 그 미세한 장식적 특성과 간결한 표현에 대해 언급하고 있다. 이는 최소한의 단어로 미묘한 사고 패턴을 만들어내자는 것이었다.[201] 거창한 의미보다는 위트와 품위가 필요했다. 결과적으로, 묘사는 종종 묘사 그 자체를 위해 등장했다. 놀랍고 거의 환상적인 직유가 시를 인위적이라고 할 정도로 장식했다. 시는 때로 시인의 진정성보다 숙달된 기교를 표현하기도 했다. 어떤 재상에 대한 이야기에 따르자면, 여행 중에 좀 더 편안한 곳이 아니라 누비하르(Nūbihār)라는 무시무시한 곳에 정차하기로 했는데, 그 장소의 이름을 이용해서 운율이 맞는 제목으로 편지를 보낼 수 있었기 때문이었다. 즉 "민 누비하르 히 니스프 알 나하르(*Min Nūbihār fī niṣf al-nahār*, 정오에 누비하르에서)"라고 쓸 수 있었다.[202] 매너리즘의 또 다른 극단적인 예는 대칭적인 이미지를 위해서 혹은 여성의 가슴과 비교하기 위해서 시인들이 기자의 피라미드를 세 개가 아니라 한 쌍이라고 묘사하는 것이다![203]

시에 대한 극단적인 미학적 관점은 이스바하니의 『노래집』에서 언급되어 있다: "모든 노래에 의미가 있는 것은 아니며, 의미 있다고 해서 모두 보는 사람을 기쁘게 하고 듣는 사람을 즐겁게 하는 매력이 있는 것은 아니다."[204] 자히즈와 다른 비평가들은 시의 미적 특성을 강조해서 번역하면 그 아름다움에 해가 된다고 해서 번역을 거부할 정도였다.[205] 자히즈가 보기에 의미는 어디에나 있는데, 문제는 의미에 매혹적이고 감동적인 양식을 제공하는 것이다. 시는 그림과 직조에 필적하는 기술 또는 예술(시나아 *ṣināʿa*)이다.[206] 마찬가지로 이븐 시나에게 있어, 의미는 모든 이들이 공유하지만 고귀한 말을 할 수 있는 능력은 노력을 통해서만 얻을 수 있다.[207]

중세 유럽의 미학과 문학 비평에 관한 글에서 더 브라위너(De Bruyne)는 다음과 같이 언급했다. "중세에 가장 잘 다듬어진 예술이론은 확실히 문학을 다루는 이론이다."[208] 이 말은 아랍 문화에도 마찬가지로 적용이 된다. 의미와 표현의 이중성, 즉 내용과 형식에 대한 논쟁은 아랍 문학 비평의 주요 화두였는데, 꾸란 해석학과 신학의 영역에 그 뿌리를 두고 있다. 무타질라파(派)는 꾸란의 일부 구절을 우화로 해석한 반면, 그들의 적수인 아샤리파는 문자 그대로의 해석을 주장했다. 이것이 문학 언어에 나타난 이미지의 의미를 어떻게 파악할지 끝없는 논쟁거리가 되었고, 이 논쟁은 수세기 동안 계속되고 있다.

기술과 기교적 완숙함에 높은 가치를 부여했음에도 불구하고 기교 그 자체를 위한 기교와 과도한 문체 장식은 중세 작가들의 비난을 피할 수 없었다. 『마크마트』의 저자인 알 하리리(1054-1122)도 그 문체상의 현란한 재주 때문에 비난을 받았던 사람들 중 하나였다. 『마크마트』는 니콜슨(Nicholson)이 "문학적 방랑주의의 로맨스"라고 했던 것으로, 목적을 위해 재치와 언변을 이용하고 구걸이나 사기로 생계를 유지하는 냉소적인 방랑자의 여행을 중심으로 일련의 에피소드와 사건들을 그리고 있다. 마크마트 장르는 순전히 아랍의 발명품이다. 하라리가 고안한 것은 아니지만 그 당시 베스트셀러가 된 것은 운율과 리드미컬한 산문으로 쓰여진 그의 책이었다. 언어적 역작으로, 본질적으로 언어적 기교를 보여주기 위해 모아진 것이다. 작품의 냉소적인 내용은 약간의 저항감마저 불러일으켰다. 소개문에서 하라리는 다음과 같이 썼다.

> 나는 이 작품을 썼도다, 내가 겪었던 장애에도 불구하고
> 둔한 능력과 희미한 지성으로
> 그리고 상상의 메마름과 고통스러운 근심으로,
> 오십가지 마까마트에는 진지한 언어와 경쾌함이 담겨 있고
> 스타일의 품격과 세련미가 함께 하며,
> 그리고 웅변의 보석에 광채가
> 그리고 문학의 아름다움에 그 희소성이 함께 하노니
> 내가 그들을 장식했던 꾸란의 구절과 더불어,
> 그리고 내가 여기저기 섞어 둔 은유와 아랍 속담,
> 그리고 문학적 우아함과 문법적 수수께끼
> 그리고 단어의 (이중) 의미에 기반한 결정,
> 그리고 독창적인 담론과 고도로 엮어 있는 웅변,
> 그리고 유쾌한 농담뿐만 아니라 감동적인 훈계도 섞여 있노라[208]

『마까마트』의 엄청난 성공은 중세 아랍 사회의 미적 성향이 어떠한지 보여주고 있다. 주인공은 부도덕한 사람으로 의심스러운 방

『마까마트(*Maqamat*)』의 삽화. 시리아 또는 메소포타미아, 13세기경.

법으로 생계를 꾸려가며 그 결과 계속해서 곤경에 처한다. 그러나 그의 유창한 시적 탄원 덕분에 그는 모든 사람의 관용과 용서를 기대할 수 있었다. 결국 그는 정당하게 회개한 후 선한 무슬림으로 죽었다.

『마까마트』는 중세 아랍 세계에서 가장 자주 삽화가 실린 책으로, 문체가 정교하다고 해서 그 내용이 가리워지지 않았다는 것을 보여준다. 독자는 그 서사가 전달하는 바를 삽화가 더 북돋아주는 분위기를 즐길 수 있다. 13세기 바그다드에서 제작되어 다음 세기에 카이로에서 복사된 생생하고 다채로운 삽화는 도시 생활의 다양한 장면을 익살스럽고 희화화된 특성의 스케치 스타일로 묘사하고 있다. 그라바(Grabar)에 따르면, 『마까마트』의 삽화는 12세기에서 14세기 사이 아랍의 도시 중산층 사이에 퍼진 예술과 문학에 대한 세련된 취향을 표현하고 있다.[210] 문학적 수준에서 보면, 작품은 고전의 지위를 획득하게 된 희귀한 형식의 소설이었다. 카이로에 있는 14세기 군주의 영묘에는 일반적인 꾸란 구절 대신 『마까마트』에서 죽음에 대해 언급한 구절을 인용하여 새겨넣기까지 했다.[211]

문학 비평

이슬람 이전의 아라비아에서 시인은 정령(jinn)이나 악마로부터 영감을 받았다고 여겨졌다. 이슬람의 영향으로 이 개념은 사라졌고 시는 세속적인 예술이 되었다. 그러나 시는 다른 예술과 마찬가지로 황홀경에 빠지게 하는 힘을 가지고 있다는 믿음은 그대로 남아 있었다. 그러나 시를 과학이라기보다는 타고난 재능이라고 여겼던 그리스인들과 달리 아랍인들은 학문과 기교가 필요한 시의 예술적·기술적 측면을 강조했다. 이 원칙에는 인간의 모든 노력 뒤에는 하나님의 도움이 있다는 근본적인 믿음이 들어 있다. 시는 다른 공예(*ṣinā ʿa*)와 마찬가지로 전문적으로 숙달되어야 했고,[212] 적절한 기술적 도구를 사용하여 연습해야만 했다. 시인은 귀금속을 취급하는 보석상처럼 끝없이 주제를 만들고 개조하면서 작업한다.[213] 직물이나 자수, 또는 보석을 지칭하는 기술 용어가 시인의 작품을 설명하는 문학 비평의 어휘에서 자주 등장했다. 마수디는 그의 위대한 역사 백과사전의 에필로그에서 자신을 비유하기를 “여기저기 흩어져 있는 온갖 종류, 온갖 색조의 진주를 발견하고 그것들을 모아 목걸이로 만들고 그것들로 귀중한 장신구, 즉 구매자가 소중하게 간직할 가치 있는 물건을 만드는 사람"이라고 했다.[214] 알 무타나비의 시에 대해 평을 하면서 타알리비(Thaʿālibīʿ)는 "그는 가장 화려한 장신구를 만들고, 가장 사랑스러운 목걸이를 엮으며, 복잡한 색상을 띤 가장 정교한 직물을 직조했다…"고 했다.[215]

시는 오랜 훈련과 상당한 지식(일름*ʿilm*), 경험, 판별력을 요하는 것이라고 믿었기 때문에 10세기 작가 알 아미디(al-Āmidī)와 같은 일부 비평가들은 일반 청중은 적절한 판단에 도달할 수 없다고 하면서 전문가만이 시를 판단할 수 있는 권한이 있다고까지 했다.[216] 압달 카이르 알 주르자니(Abd al-Qahir al-Jurjani)는 예리한 마음을 타고난 청중이 있어 좋은 시를 알아볼 수 있을 정도가 되리라고 기대했다. 시인에 대해 말하자면, 시인은 진주를 찾기 위해 열심히 노력하고 깊이 잠수해야 한다.[217]

그러나 기술적 숙달을 강조한다고 해서 아랍 문학 비평에서 영감과 재능의 개념이 완전히 배제된 것은 아니다. 재능이나 영감이 없다면 노력한다고 해도 어색하고 인위적이며 경직된 시를 만들어 낸다.[218] 감정 역시 중요했다. 시를 뜻하는 '쉬르(*shiʿr*)'라는 단어는 '느끼다'라는 의미의 '샤하라(*shaʿara*)'에서 유래했다. 아무리 기술적인 규칙을 잘 지킨다 해도 심리적 또는 감정적 기준만이 좋은 시와 그렇지 않은 시를 결정하게 되는 경우가 있다. 시는 깊고 숨겨진 느낌을 표현하고 감정을 드러낸다. 그래서 시는 "선의의 마법"이라고 여겨졌다. 이븐 타바타바(Ibn Ṭabāṭabā)에 따르면, 조화로운 시는 영혼에 도달하고 "그런 시는 마법의 주문보다 더 강력하게, 마법사의 매력보다 더 미묘하게, 노래보다 더 매혹적으로 스며든다; … 신비롭게 퍼지는 온화함, 그 매혹과 전율, 흥분이 마치 와인과 같다."[219] 두 편의 시가 기술적인 관점에서 똑같이 완벽하다고 해도 그 시를 읽는 사람에게 주는 감정적 충격은 다를 수 있다. 시인 아부 탐맘(Abū Tammām, d. 845년경)에 따르면, "시는 바질 약초가 어루만지는 시냇물처럼 우리 마음에 감미롭게 흘러야 한다."[220] 종종 '취향(*dhawq*)'이라는 단어와 '감상(*tadhawwuq*)'이라는 단어를 사용하여 어떤 스타일보다 다른 스타일을 더 좋아하게 되는 비논리적인 심리적 상태를 설명했다.

뮤지컬 공연의 경우와 마찬가지로 시에서도 9세기에 모더니스트와 전통주의자 사이에 논쟁이 있었는데, 즉흥적 또는 자연적(자연을 의미하는 타브*ṭab*ʿ)에서 유래한 마트부(*maṭbū*ʿ)라는 개념과 인공적인 시의 개념을 중심으로 논쟁이 벌어졌다. 전통주의는 자연적인 것을 의미했고, 모더니즘은 규범에 따르고 인위적인 것을 의미하는 것으로 받아들여졌다. 이러한 특성에 대한 정의는 아직까지도 모호하고 다소 자의적이었다. 이는 종종 대중적인 혁신을 두려워하는 데에서 시작되었거나 아랍 출신이 아닌 시인을 실격시키려는 목표를 가지고 있기도 했다.[221]

명성과 성공은 시인의 자질에 대한 증거로 간주되었는데, 이러한 것으로 그 작품의 심리적 영향력을 측정할 수 있기 때문이다. 그러나 명성은 사회적, 개인적 상황에 기인할 수도 있기 때문에 비평가들이 동의한 바로는 명성이 작품의 질을 판단하는 믿음직한 기준이 되기 위해서는 시인의 명성이 그 시인의 사회적 교제 범위를 넘어서야 했다. 알 무타나비의 시에 대한 논란이 그러한 예가 된다. 어떤 이들은 그를 최고의 아랍 시인 가운데 하나라고 여겼다. 반면 다른 이들은 그의 작품에 대해 그만큼 비판적이었다. 무타나비 사례를 다루기 위해 하나의 문학이 만들어졌다. 지지자들은 그의 자질에 대한 증거로 그의 기술과 성공을 강조했다. 반대자들은 그를 표절과 독창성 부족이라고 비난했다. 무타나비는 결국 전투에서 승리했으며, 그의 장점이 그의 단점을 능가한다는 합의는 오늘날까지 계속 남아 있다. 가치의 균형을 맞추는 이 방법, 즉 좋은 자질 대 나쁜 자질의 비율을 측정하는 방법은 아주 흔하게 쓰였다. 시인을 문학적으로 평가하고 군주의 행위를 판단하는 데에도 이 방법이 사용되었다.

근대 비평가들은 아랍 시가 전체에 심각한 영향을 미치지 않고 떼어낼 수 있는 개별 요소들로 구성되어 있다고 한다. 마치 하나의 개체가 아닌 보석의 모음과 같다는 것이다. 이븐 할둔이 관찰한 바처럼, 아랍인 자신들도 각 구절이 자체적으로 완전한 의미를 지닌 시를 선호했다. 그 구절은 나머지 시에서 분리되어도 여전히 그 자체로 중요할 수 있었다.[222] 이 접근법의 기원은 수사학자들이 설정한 이상에서 찾을 수 있는 것으로, 수사학자들의 주요 목표는 꾸란의 해석학적 분석이었다. 그들은 어떤 구절의 더 큰 맥락을 다루지 않고, 단어와 아이디어 사이의 기본 관계에 따라 예술적으로 정형화된 말을 분석했다. 그러나 일부 시인과 비평가는 그들의 관점을 이러한 선형적 접근법에 가두지 않고, 수사학적 접근을 좀 더 큰 단위로 확장하면서 주제상의 적합성이라는 문제도 다루었다. 그 결과 아랍 문학 비평에서도 시를 하나의 완결된 전체로 바라보는 미학적 관점을 담고 있는 진술을 찾아볼 수 있다.[223]

이븐 할둔은 시에 대한 글에서 시는 배워야 하는 기술이라는 전통적인 견해를 확인하고 있다. 또한 그는 시라는 예술이 그 나름의 복잡한 방법론(*uslūb*)을 가지고 있어 의미(*maqṣūd*)를 만들어낸다고 했다. 그러나 의미는 시인의 주된 관심거리가 아니다. 의미라는 건 이미 모든 이들에게 존재하고 있다. 의미는 물과 같아서 그걸 담는 용기의 모양과 색상을 나타내게 되어 있다. 시인의 역할은 적절한 그릇을 만드는 것이다. 훌륭한 시인이라면 자신의 시에 의미를 너무 많이 부여해서는 안 된다.

이븐 할둔은 이미 평범해 진 것에 의존하기 때문에 대부분의 종교 시가 열등하다고 본다.[224] 그의 관점에서 보면, 시의 형식과 장식은 모두 설명 투의 산문과는 어울리지 않는다. 시 예술에 숙달되기 위해 시인은 아랍의 고전 유산에 익숙해져야 한다. 그들은 베틀 일을 하는 직공이나 벽을 쌓는 석공처럼 어떤 특정한 틀 안에서 일해야 한다. 기법을 습득한다고 해서 시인이 자신만의 진정하고 신선한 느낌을 표현할 수 없다는 건 아니다. 이러한 목적을 이루자고 시인들은 억지로 일을 해서는 안 되며 적절한 기분이 될 때까지 기다려야 한다. 이븐 할둔은 오래된 문헌을 소개하면서 시란 이슬람 이전 아랍인의 등록부라고 하는데, 여기에서 아랍인들의 삶, 지혜, 역사가 집약되어 있다. 그는 고전 시의 수준이 높은 것은 문학 비평을 할 수 있는 교양 있고 세련된 군주의 후원 덕분이라고 생각했다. 나중에 군주가 더 이상 아랍 혈통이 아니고 더 이상 아랍어에 능통하지 않게 되자 단순한 찬사의 시만으로도 그들을 만족시키기 쉬워졌다. 후원과 비판의 질이 저하되자 시의 쇠퇴로 이어졌다.

아랍 시 전개 과정의 첫 번째 위기는 십자군 전쟁과 몽골의 침략에 의해 촉발되었는데, 그때 애도와 향수가 시인의 정신을 지배하기 시작했다. 종교 시는 맘루크조 치하 이집트와 시리아에서 널리 퍼졌는데, 맘루크는 종교 기관의 관대한 후원자였다. 그러나 시에 대한 관심이 줄어들면서 제도로서의 궁중시인은 사라지고 시는 점점 궁중 예술이 아니라 대중 예술이 되었다. 후기 시인 대부분은 정부 업무를 하는 관료였다. 역사가들은 자신의 설명 가운데 시를 삽입하면서, 현재 사건에 대해 언급하고, 사회적 또는 정치적 문제를 논의하고, 현대 사설과 유사한 기능을 행했다. 이러한 유형의 시는 종종 일상적인 스타일로 쓰여졌고, 철저하게 현실적이며 미학적 지향과는 거리가 멀었다. 이러한 이유 때문에 근대 아랍 비평가들은 그러한 시에 별로 관심을 주지 않으며, 종종 퇴폐적이라고 무시했다. 시의 이러한 사회정치적 경향은 후기고전시대, 특히 맘루크조 시대가 역사서술과 백과사전 문학의 황금기였다는 사실과 밀접한 관련이 있다. 이 시기에 "사고의 결정체"가 나타난 것은 놀라운 일이 아니고, 그러한 결정체는 바로 15세기 역사가 알 마크리지(al-Maqrizi)의 말에 따르면 아랍인의 가장 독창적인 철학 저서이자 세계 문학의 가장 매혹적인 책 중 하나인 이븐 할둔의 『무카디마(*Muqaddima*, 입문서)』이다. 그 책의 강점과 독창성은 사회사와 사회철학에 초점을 맞추었다는 데에 있다.

그러나 이러한 발전이 있었다고 해도 매너리즘이라는 잠재된 바이러스로부터 시 예술을 지키지는 못했다. 그렇게 서로 엮이고 대칭적인 단어 배열로 말장난과 복잡한 운율 구성을 하는 것이 후기 아랍 시의 특징으로 이어졌다.

독창성

폰 그루네바움(Von Grunebaum)은 아랍 문학과 문학 비평에서 형식과 내용 사이를 가르는 구별을 한 것이야말로 진정한 시적 창의성에 해가 되었다고 했다. 중세 아랍 비평가들은 의미의 독창성보다는 형식적인 세부 사항과 기교에 에너지를 집중했다.[225] 그는 아리스토텔레스 사상이 아랍 문화에 미친 영향 때문에 이러한 경향이 생겼다고 보았다. 플라톤의 개념은 형식과 내용을 하나의 통일체로, 선과 미를 동일한 것으로 보았는데, 진정으로 창의적인 태도를 장려하는 데에는 이러한 개념이 더 많은 역할을 했을 것이다. 그러나 니콜슨(Nicholson)은 이러한 현상에 대해 다른 의견을 보이는데, 그는 타알리비의 문학 비평서를 언급하면서 다음과 같이 지적했다.

> … 독자는 당시 시의 주요 장점이 우아한 표현, 단어의 미묘한 조합, 기발한 이미지, 재치 있는 착상, 수사적 표현의 놀라운 사용이라고 쉽사리 감지할 것이다. 실로 그러한 견해가 오늘날까지 전체 무함마드(이슬람) 세계에 널리 퍼져 있는데, 단순히 우리의 견해와 일치하지 않는다는 이유로 그러한 것이 잘못되었다고 매도하는 것은 비합리적이다. 나라들끼리 서로 의견이 다를 때 누가 결정하겠는가?[226]

아랍 사상가들이 창의성에 가치를 두지 않았고 그들의 관심은 주로 형식적인 측면에 있다는 폰 그루네바움의 의견에 대해서 최근 아부 디브(Abu-Deeb)가 반대 의견을 내놓았는데, 아부 디브는 특히 압달 카히르 알 주르쟈니의 작품에서 폰 그루네바움과는 다른 경우를 보여주고 있다. 주르쟈니의 위대한 혁신은 시의 구성 요소로서 의미와 이미지, 구문 구조의 불가분성을 공식화한 것이다. 그는 이미지를 언어 구조와 통합적으로 연결된 사고의 한 형태라고 보았고, 이미지의 구조를 의미의 본질과 같다고 보았다. 그는 (무능한 시인과 반대되는) 지적인 시인이 추론하고 상상력이 풍부한 사고를 할 수 있다고 보았다.[227]

그렇지만 세계는 유한하고, 신이 무에서 창조한 것으로 그에 어떤 것도 더 할 수 없다는 아샤리파에 따르면 기본적으로 시인의 역할은 창조하는 것이 아니라 정교하게 만드는 것이었다. 하인리히(Heinrichs)가 말했듯이 발명은 기본적으로 발견이었다.[228] 독창성은 무한한 발명의 자유를 의미하는 것이 아니라 전통적 주제에 대한 변주와 재해석을 찾아내는 능력을 의미한다. 시인은 이슬람 이전 시대로 거슬러 올라가는 문학 전통의 틀 안에서 작업하도록 되어 있었다.[229] 더 브라위너(De Bruyne)는 중세 유럽 사상에서 아이디어는 그 목표의 독창성으로 측정되는 것이 아니라 고대에 확립된 상식의 전달에 의해 측정된다고 했다.[230]

개념적 창의성에 제약이 가해지면, 판타지는 자유로운 언어 구사에서 최고의 효과를 내게 된다. 아랍 고전 문학은 기본적으로 허구적이고 환상적인 이야기에 적대적이었고, 기이하게 과장된 묘사를 많이 사용했다. 환상성은 궁극적으로 현실에 기반을 두어야 하는 표현 방식에 국한되었다.[231] 아랍 미학의 관점에서 볼 때, 예술가의 독창성과 재능이 드러나는 것은 친숙한 주제에 대한 변형을 다루고, 암시, 풍자, 회상을 다스릴 줄 아는 기술이다. 주제가 친숙할수록 예술적 해석과 변주는 더욱 흥미로워지고 어려워질 것이다. 시를 듣고 읽는 아랍인들은 마치 주제보다는 공연 스타일에 기대를 걸고 있는 오페라의 관객처럼 시인이 익숙한 주제를 어떻게 다룰지 지켜본다. 아랍 시는 암시로 가득 차 있기 때문에 아랍의 시적 유산에 흠뻑 젖어 있는 청중만이 그를 완전히 이해할 수 있다. "상호텍스트성", 즉 문학적 은유와 친숙한 모티프의 재해석이 예술적 효과를 일으키는 데에 기여한다.[232] 벤체이크(Bencheikh)가 말했듯이, "시는 예술가와 청중의 재상봉 장소이다."[233] 어떤 의미에서는 과거의 거장들과 지속적인 대화와 담론이 있었기 때문에 그들의 전통이 살아 숨 쉬고 있었다.

압달 카히르 알 주르쟈니는 독창성의 중요성을 강조하면서, 지적인 예술가(사니*ṣanī'*)는 그 기술의 이맘이라고 했는데, 그들은 발명과 혁신이 탁월하다고 인정을 받은 시인이다. 그러한 시인이 창조한 예술(사나*ṣan'a*)은 신성한 능력의 뒷받침을 받아 후계자들이 이를 모방하고, 자신의 원천이라고 칭송한다.[234]

독창성이 중요하게 받아들여졌다는 사실은 문학에서 독특함이나 혁신, 기원에 대해 빈번하게 다루는 것만 보아도 알 수 있다. 패션, 라이프스타일, 전쟁과 같은 다양한 분야에서 혁신을 다루는 문학 장르도 있으며, 새로운 아이디어나 스타일을 도입한 사람의 이름을 기록하는 문학도 있다.

이브다(*Ibdā'*)는 신성한 의미의 창조를 가리키는 용어이다. '바디(*badī'*, 능동적 의미로 사용될 때 창조자를 의미하는 형용사형 명사)'는 신의 속성이다. 그러나 무타질라파의 영향하에 있었던 고전적인 압바스 시대에는 인간의 창의성이라는 생각을 아직 거부하지 않았을 때로, 시인이나 예술가의 창의성을 가리키는 데에도 '이브다'라는 용어를 사용했다. 음악이나 시 향연에서 압바스 칼리프는 종종 예술가를 칭찬하기 위해 이 용어를 사용했다. 정통 신학에서 '비드아(*bidʿa*, 혁신)'라는 용어는 선지자 시대에 기록되지 않았던 아이디어나 관행을 뜻하는 것으로 잘못과 동의어로 쓰였다. 그러나 '바디(*badīʿ*)'라는 용어는 9세기에 만들어지고 그 후 수세기 동안 사용된 모더니즘 스타일의 문학적 기교를 의미할 때에도 사용되었다. 후기 고전 시대에 '일름 알 바디(*ʿilm al- badīʿ*, 창조의 과학)'는 알 사크카키(al-Sakkākī, d. 1229)가 만든 수사학의 한 분야로 문체 장식을 다루었다.[235] 사크카키의 이론에 따르면 수사학은 개념, 제시, 문체 장식으로 이루어져 있다.

표절은 엄중한 비난을 받았다. 표절이 갖고 있는 부정적인 의미는 아랍어 이름인 '사리카(*sariqa*)'로 입증되는데, 이는 절도라는 중범죄를 의미하는 것으로 이슬람법에서는 그에 대해 손을 자르는 형벌을 가한다. 표절에 관한 전체 문헌을 살펴보면 독창성의 개념이 존재했지만 현대의 것과는 다르다는 것을 알 수 있다. 전통에서 가져오는 것은 잘못이 아니지만, 동시대 사람들의 공로를 인정하지 않고 베끼는 것은 잘못된 일이다.[236] 『노래집』에는 그 공로를 인정하지 않은 채 자신들의 멜로디가 배포되고 스타일이 채택된 데에 대해 기분이 상한 가수나 작곡가, 시인에 대한 논쟁과 일화가 가득 담겨있다.

표절 범죄의 심각성은 알 하리리의 23번째 마카마(maqāma)에서 입증되는데, 이 작품은 시 절도에 관한 두 사람 사이의 다툼과 궁극적으로 이 다툼에 통치자가 개입하게 되었다는 걸 다루고 있다. 이 에피소드에서 절도 피해자는 아이디어를 훔치는 것은 은과 금을 훔치는 것보다 더 나쁘고, 영혼을 훔치는 것과 같다고 말한다. 더 나아가 그는 시인이라면 딸의 처녀성을 지키는 거보다 자신의 생각을 보호하는 데 더 신경을 쓴다고 한다!

상상력

아리스토텔레스의 영향으로, 상상이라는 주제와 그 시적 함의는 문학 평론가뿐만 아니라 철학자들에게도 관심거리가 되었다. 아리스토텔레스의 시학에 이어 철학자 알 라지(al-Razi), 알 파라비(al-Farabi), 이븐 시나(Ibn Sina)와 비평가인 압달 카히르 알 주르자니와 하짐 알 카르타야니(Hazim al-Qartajanni)는 시 창조에서 상상력의 역할을 강조했다.

아리스토텔레스에 따르면, 인간의 잠재력을 보여주는 것은 시, 음악, 춤의 모방 예술이다. 따라서 시는 개별 사건에 얽매이지 않고 보편적인 의미를 지니기 때문에 역사 기록보다 더 중요하다고 보았다.[237] 알 라지가 보기에, 기꺼이 마음을 움직이는 연설은 직설적이고 정보전달형이 아니라 오히려 시적으로 능란하며, 사물을 숨기면서 동시에 드러내어 감상자를 북돋는 연설이다. 시는 감성적 힘을 가져야 한다.[238] 파라비는 시적 과정에 상상력을 포함시킴으로써 아리스토텔레스의 시학과 심리학에 대한 사상을 결합시키려 했다.[239] 시의 목적은 지적인 수단보다는 정서적 수단으로 감정을 움직이는 것으로 심상을 통해 마음에 진실을 알려준다.[240] 파라비가 보기에 시적 심상의 환기력(喚起力)은 비문자적 표현의 한 형태로 그 자체만으로 진실할 수 있다.[241] 상상력은 지각된 이미지를 새로운 창조적 조합으로 재구성하는데, 그 조합이 반드시 원본과 꼭 같을 필요는 없다. 그러나 파라비는 시를 단순한 미적 쾌락의 매개체가 아니라 이성의 능력을 향상시키고 저속한 본능과 감정을 조절하는 수단이라고 보았다.

이븐 루슈드는 아리스토텔레스에게서 영감을 얻어 시와 역사서를 비교했다. 루슈드의 결론에 따르면, 역사적 서술에는 고안해낸 자료가 상당히 포함되어 있다. 이와 대조적으로, 시는 보편적인 진리를 표현하며, 이는 체계적인 운율학 규칙에 따라 형성된 것이다. 따라서 시는 역사적 서술보다 철학에 더 가깝지만, 그렇다고 해서 수사학의 역할을 하려 해서는 안 되었다. 오히려 시는 색채와 생동감으로 삶을 모방해야 한다. 만약 시인이 추리의 방법을 사용한다면 그는 그의 예술에 반하는 죄를 짓는 것이다.[242] 이러한 접근은 유럽의 스콜라 사상과 다른 것으로, 스콜라 사상에서는 시학을 수사학 분야에 포함시켰고, 그 결과 시가 합리적 사고로 접근할 수 없는 방식으로 사물의 본질에 도달할 수 있다고 보지는 않았다.[243]

이크완 알사파(Ikhwan al-Safa)는 상상력이란 나무 위에 있는 낙타, 낙타 등에서 자라는 나무, 다리가 네 개인 새, 날개 달린 말, 사람의 얼굴을 한 당나귀 등 더 이상 존재하지 않거나 결코 존재한 적이 없었던 것들을 볼 수 있게 해주는 지적 능력이라고 했다. 장인(匠人)은 대상을 만들기 전에 상상하기 때문에 장인 정신에는 상상력이 필요하다.[244] 인간은 상상력의 힘으로 동쪽에서 서쪽으로, 육지와 바다를 넘어, 산과 평원을 가로질러, 창공을 나르며 다닐 수 있다. 또 세상의 시작과 끝, 실제와 비현실을 볼 수 있다.[245] 이크완 알사파는 모든 기술과 공예가 이러한 상상력에 공통 기반을 두고 있다고 보았다.

이븐 시나는 운율로 이루어진 것 같은 시적 장식이 필요하다고 인정했지만 이것만으로는 시의 충분조건이 아니라고 덧붙이면서, 시는 마음과 상상력에 도달하기 위해 이미지가 필요하다고 했다. 최고의 미적 효과는 여태까지 알려지지 않았던 새로운 방식으로 세계를 표현하기 위해 예술가가 이미지를 능숙하게 다루고, 시인이 언어를 능숙하게 다루는 기교에 의해 생기는 것이다.

> 상상력이 풍부한 말은 영혼이 감동하는 말로, 숙고나 추리 또는 선택 없이 그 문제를 받아들이기도 하고 거부하기도 한다. 요컨대 그것은 정확한 사고 과정에 따르기보다 심리적으로 반응한다.[246]

> 인간은 믿음보다는 상상적 표현에 더 감응한다.
> 상상의 동의는… 표현 자체의 경이와 즐거움 때문에 순응하게 된 것이다.[247]

이븐 시나는 시인의 창의성이 무한하고, 이는 시적 표현의 수단이 제한되거나 고정되어 있지 않기 때문이라고 보았다. 연인과 달을 비교하는 것은 말 그대로 정확하지 않을 수 있지만 아름다움의 아이디어를 전달한다는 점에서는 진실하다. 시인의 역할은 효과적인 이미지를 만들어내어 진실을 드러내는 것이다. 따라서 시의 간접적인 언어는 진실을 표현하는 수단이다.[248] 이븐 시나는 또한 경이롭고 인상적인 뛰어난 문학적 이미지는 즐거움의 원천이라고 했다.[249]

압달 카이르 알 주르쟈니는 시적 이미지의 힘은 숨겨진 의미를 관통하여 보이지 않는 것을 드러내는 능력에 있다고 보았다. 이미지는 마법과 유사한 힘을 가지고 있다. 이미지는 "동쪽과 서쪽을 결합"할 수 있고, "생명 없는 생명을 보여주고", "서로 상반되는 것을 통합"하고, "삶을 죽음과, 물과 불을 섞을 수 있고", "쓴 것을 달게 하고" "추한 것을 아름답게" 할 수 있다.[250] 가리워진 시적 표현은 감상자로 하여금 숨겨진 진주를 찾아보도록 한다. 직접적이고 이성적인 말이 아니라 바로 이러한 탐색이 감상자의 쾌락을 자극하는 것이다.[251]

하짐 알 카르타야니(d. 1285)는 광범위한 영향력을 가지지는 않았으나 가장 독창적인 문학 평론가 중 한 사람이었다. 그는 이미지에는 사물을 초월하고, 아름다운 것을 추한 것으로 또는 그 반대로 바꾸면서 사물의 특성을 조작하는 힘이 있다고 보았다. 이미지는 본질적으로 원본보다 더 강력한데, 응축과 새로운 연상작용에 기반을 두고 있기 때문이다. 더욱이 시는 감각을 직접적으로 자극한다는 점에서 복잡한 이론적 사고 체계를 지닌 과학적 지식과 다르다. 시는 마치 유리와 같아서 내용물을 즉시 눈앞에 드러낸다.[252] 하짐은 상상력과 감정 사이의 시적 연결을 강조했다. 시인의 상상이 빚어낸 이미지는 감상자의 상상력을 건드리고 자극하여 감성을 불러일으킨다. 그는 이븐 시나와 같은 의미로 이미지를 실제 대상에 대한 정신적 이해라고 보았다. 이미지를 단순히 시각적인 것이 아니라 심리적인 현상으로 보는 이러한 관점은 시에 새로운 차원을 추가하여, 이미지는 단순히 시각적이거나 설명적인 내용을 말로 충실히 재현하는 것보다 더 자율적인 기능을 가지고 있다고 보았다. 이븐 알 하이삼이 이전에 시각적 인식에 대해 했던 것처럼 하짐은 시적 인식에 있어 심리적 깊이를 확인했다.

상상력과 상상력의 창조적 역할에 대한 철학자와 문학 평론가의 이러한 담론이 있었다고 해서 예술가나 시인을 초자연적인 능력을 받은 사람들이라고 보았다는 의미는 아니다. 그들은 자신의 재능과 잠재력을 계발하기 위해 노력하는 인간이었다.

제4장

시각 예술

알함브라 궁전의 '두 자매의 방'의 무카르나스 천장, 14세기

예술의 지위

모든 예술이나 과학이 천재와 영감보다는 배움과 기술에 기반을 둔다는 원칙은 이슬람 정통에 뿌리를 두고 있으며, 선지자에게 계시된 꾸란의 독특하고 배타적인 특성을 강조하고 있다. 이슬람에서 시인이 초자연적인 창조 능력을 가지고 있다는 사실을 부인하고 이슬람 이전 사회에서 시인이 수행했던 일류의 역할을 끝내면서, 필연적으로 시뿐만 아니라 다른 분야에서도 기술과 연습이 탁월해지기 위한 주요 원천이 되었다. 철학자들은 이 점에서 신학자들과 의견을 같이하면서, 예술가를 비전이나 형이상학적 관념을 가진 자라고 보는 신플라톤주의 원칙을 거부했다. 이븐 루슈드(Ibn Rushd)는 아리스토텔레스를 인용하여 예술이란 예술가의 마음에서 만들어진 대상의 물질적 형태에 지나지 않는다고 했다.[253]

이븐 시나(Ibn Sina)에 따르면, 인간의 상상력만이 악마나 초자연적 요인이 개입하지 않고도 본 적도 없는 대상의 이미지를 만들어낸다.[254] 그의 지각 이론에 의하면, 정신력은 가장 단순한 것부터 시작하여 감각을 통한 이해를 거쳐 가장 복잡한 개념적 사고까지 이어지는 일련의 지적 단계로 구분된다. 뇌의 이미지(수라*ṣūra*)를 통해 형태를 추상화하면서 감각 지각이 일어난다. 그런 다음 이미지의 의미에 대해 지각 분석이 행해지는데, 이는 뇌의 내적 능력으로 이루어진다. 이렇게 받은 정보는 기억 속에 축적된 다른 경험과 선택, 비교, 연상의 과정을 거쳐 의미를 갖게 된다. 기억 속에 모여 있으며 경험적 데이터를 대변하는 이미지가 연상과 일반화 과정을 거치면서 복잡하고 추상적인 아이디어를 생산한다. 인간의 영혼은 그 자체로 감각, 상상, 판단, 즉 일상적인 인간 활동에 사용되는 능력들과 관계된 지각이라는 첫 번째 수준에 도달할 수 있다. 지적인 완벽함은 개인의 노력의 문제인 반면,[255] 최고 수준의 추상화나 개념화는 능동적 지성의 도움을 받아야만 도달할 수 있는 것으로, 이 지성은 인간과 신 사이에 있는 별도의 지성, 일종의 중개자이다.

파라비(Farabi)와 마찬가지로 이븐 시나 역시 인간 이성의 가장 높은 단계인 창의적 사고는 능동적인 지성의 도움을 받아 예언 능력으로까지 다다른 것이라고 보았다. 파라비는 상상력이란 예지력에 뿌리를 둔 창조적 사고의 한 형태라고 생각했다. 하지만 이 능력의 근원은 원래 영혼에 있던 것으로, 이해 가능한 세계를 완전히 깨달은 다음에야 능동적 지성의 도움을 얻게 된다.[256] 지적인 능력을 어렵게 계발하여 높은 명료성을 얻게 되면, 영혼은 계몽을 얻게 되어 직관적으로 이해할 수 있는 경지에 다다른다.[257] 예언자들은 세속적 관심의 수준을 넘어서고 그러한 관심에서 자신을 분리함으로써 이 특별한 형태의 인식을 얻게 된다. 다른 모든 창조 활동은 여전히 세속적 영역에 뿌리를 두고 있다. 파라비의 이상적인 도시에서, 시인, 작가, 지식인은 철학자 겸 예언자보다 아래 단계, 대중보다 상위 단계라는 중간적인 위치를 차지하고 있다.

철학과 수피즘에서도 이와 마찬가지로 뛰어난 직관적 지능은 예언과 성자, 즉 종교하고만 연관되어 있다. 시인이나 예술가는 그에 대해 어떠한 주장도 할 수 없다. 이 견해는 시인과 다른 예술가의 역할에 대한 정통 민족주의적 해석과 일치한다. 이는 예술가에게 예언 또는 계시 기능이 있다고 보았던 신플라톤주의와는 다르다. 신플라톤주의의 방사설(放射說)에서는 신성한 빛이 천상계와 지상계를 연결하여 만물에 형태와 아름다움을 부여하고 있다. 작가의 역할은 보이는 아름다움과 보이지 않는 아름다움의 관계를 드러내는 것이고, 따라서 예술적 창조는 신성한 창조의 일부이다.

가잘리(Ghazali)에 따르면, 초자연적 힘은 종교적 계시에서만 작동한다. 그는 계시와 영감(靈感)이 영적인 지식의 원천이라고 하면서, '계시(*waḥiyy*)'는 예언자의 특권이고, 영감(*ilhām*)은 신비가의 특권이라고 했다. 신비가들은 육체의 속박에서 벗어남으로써 초자연적 능력이라는 신성한 재능을 얻을 수 있다. '계시'는 더 높은 형태의 영감으로, 연구를 통해 얻게 되는 세속적인 학문 지식과 구별된다. 가잘리가 명시적으로 말하지는 않았지만, 예술은 후자인 학문 지식에 속한다. 시인이나 예술가의 작품은 계시의 한 형태가 아니라 그들 기술과 지식의 표현이다. 이와 아주 다른 것이 꾸란 계시로, 이는 독특한 경우다. 꾸란은 문학적 표현의 가장 높은 형태로서, 문맹인 선지자가 어떤 개인적인 기여를 한 바도 없이 비전을 통해 하나님의 메신저라는 기능을 계시받았다.

이슬람에서 시인의 '비신화화'는 다른 분야에 대해서도 이와 유사한 합리주의적 접근과 함께 일어났다. 건축 역시 플라톤과 아리스토텔레스와는 달리 최고의 창조 예술이라고 이상화되지 않았다.[258] 조형적 표현에 반대하는 주장 중 하나는 예술가는 신의 작품을 모방해서는 안 된다는 것으로, 창조자의 역할을 하는 것은 신성모독이기 때문이었다.[259]

가잘리의 개념에서 보면, 우주의 아름다움이 창조주의 아름다움을 반영하는 것과 마찬가지로 예술 작품은 예술가의 위대함을 반영하고 있다. 가잘리는 이 두 가지 형태의 창조 사이에 유사점이 있다고 하지만, 예술 생산이 신성한 기원을 갖고 있다고 하지는 않았다. 신은 인간에게 자신을 꾸미는 수단, 즉 심미적 목적을 위한 물건을 생산하는 수단을 주셨으며, 인간은 모든 노력에서 신의 도움을 필요로 한다. 그러나 인간이 만든 아름다움은 신성한 근원과는 무관한 세속적인 문제이다. 하나님은 꾸란을 통해 인류에게 직접 말씀하시고 또 선지자들의 중재를 통해 간접적으로 말씀하신다. 그는 예술가나 장인에 대해 구체적으로 언급하지 않았다. 가잘리는 아샤리의 원칙을 따랐지만 이븐 시나의 입장도 인정하여 인간의 작품을 신의 창조와 분리하고, 그럼으로써 거기에 자율성을 부여했는데, 이는 나중에 등장하는 성 토마스 아퀴나스(St. Thomas Aquinas)의 견해와 비슷한 것이다. 만물을 지배하는 하나님께서 예술가의 작품에 신성한 특성을 부여하지 않는다.

이븐 할둔(Ibn Khaldun)이 생존하고 활동했던 때는 역사학이 문화 표현의 주요 형태였던 시기였다. 역사와 사회 진화에 대한 그의 철학은 문명 현상과 그 쇠퇴에 몰두했다. 그는 인식론과 구체적인 현실에 관심을 가졌고, 형이상학적이고 사변적인 철학을 거부했다. 그의 냉정하고 현실감 있는 사고방식은 후기 고전 시대의 아랍 문화를 대표하며, 궁극적으로 신비주의적일 뿐 아니라 사변적인 사고를 반박했다. 그의 견해에 따르면 번영하는 도시와 문화 환경을 벗어나서는 예술이 번성할 수 없고, 예술이 성례(聖禮)나 형이상학적 의미를 가질 수 있는 여지는 없었다. 이븐 할둔에게 있어, 인류는 태생적으로 무지하고, 지식은 모든 과학의 기초이다. 과학과 공예는 사람을 동물과 구별하게 만드는 추론의 산물이다. 지적 활동이나 상상적 활동뿐 아니라 물리적 활동은 물질계, 즉 뇌에 뿌리를 두고 있고, 그럼으로써 완벽하게 다듬어질 수 있다. 지식이 발전하려면 연속성과 축적이 필요하다. 그렇지 않으면 지식이 약해져 예술과 과학의 쇠퇴로 이어진다. 과학이 효과적이기 위해서는 오랜 전통에 뿌리를 두고 있어야 한다. "에너지에서 행동으로의 이동은, 특히 예술과 공예에 관한 한, 즉시 발생하는 것이 아니다. 그러므로 시간이 필요하다." 일단 지식이 완전해지고 정제되면 지식은 다시 지능을 자극하고 향상시킬 것이다.[260]

이븐 할둔의 관점에서 보면, 지식은 뇌와 신체에 대한 인식에서 파생된 것이다. 우리는 감각의 도움으로 실제 경험을 얻는다. 경험에 기초한 지식은 단순히 정보에 기초한 지식보다 더 견실하다. 모든 과학과 공예는 이론적이든 실천적이든 경험을 통해 배워야 하는데, 경험이 우리를 교육하고 계몽하기 때문이다. 글쓰기와 산술(키타바*kitāba*, 히사브*ḥisāb*)은 가장 훈육형 기술에 속한다.[261] 모든 피조물 중에서 오직 인간만이 이론적 사고뿐만 아니라 체계적인 경험적 사고를 할 수 있는 마음을 가지고 있기 때문에 하나님은 인간을 지상에서 당신의 대표로 삼으셨다. 따라서 이븐 할둔은 분명히 지능 자체가 순수한 본성의 문제가 아니라고 했다. 그보다 지능은 교육과 훈련을 통해 개선되고 완성될 수 있는 기술이다. 도시 거주자가 베두인보다 우월한 것은 그들의 본성이 다르기 때문이 아니라 도시에서 자란 사람은 더 높은 자격을 갖출 수 있기 때문이다.

이븐 할둔은 철학적 지각 이론에 대해 논하면서 정통 무슬림으로서 그러한 이론을 거부한다고 했다. 상상은 뇌 활동의 일부이고, 감각에 의해 인지된 이미지를 가지고 작동하여, 이미지를 처리하고 기억에 저장하거나 꿈에 드러나게도 한다. 우리가 꿈에서 보는 상징들, 적이 바다로 상징된다든가 악이 뱀으로, 여성이 그릇으로 상징되는 등 이러한 것들을 만들어내는 건 물질로서의 정신이다. 이븐 할둔은 인간의 지각이 육체적 수준과 영적 수준으로 구성되어 있지만 둘 다 인간의 두뇌에 집중되어 있다고 보며, 두뇌는 물질이지 물질을 넘어서서 형이상학적이지 않다고 했다. 수피의 영적 경험 역시 기억과 상상을 포함한 뇌의 활동에 뿌리를 두고 있다.[262] 그렇지만, 그는 종교와 철학 사이의 갈등이라는 문제에 대해서는 계시를 배제하는 철학자들의 접근 방식을 거부한다. 그 견해는 물질과 비물질 사이의 경계를 흐리게 하고, 우주의 크기를 무시하고 신성한 힘을 배제하고 있다. 그는 가잘리의 의견과 마찬가지로 합리적 사고가 정신을 날카롭게 할 수 있지만, 종교가 약속하는 최고의 행복을 가져다 줄 수는 없다고 보았다.

인간은 경험과 학습의 과정을 통해 지식을 습득한다. 인간이 지식을 갖고 태어난 것은 아니다. 뇌는 감각 지각을 처리하고 통합하는 중심이다. 지각은 대상과의 직접적인 접촉의 산물이 아니라, 뇌의 통합 과정의 산물이다.[263] 사고는 뇌의 물질적 기능에 달려 있다.

지식이 높이 평가되는 이유는 그 도덕적, 종교적 기능뿐만 아니라 그것이 전달하는 즐거움 때문인데, 이 즐거움은 심지어 에로틱한 즐거움과도 비견될 만큼 물리적 차원마저 갖고 있다.[264] 가잘리는 진리를 추구하는 영혼은 체스와 같은 하찮은 주제일망정 배우는 데에서 기쁨을 발견하게 된다고 했는데, 이 말에서도 이러한 쾌락주의적 접근 방식을 감지할 수 있다. 그런데, 지식의 소재가 높을수록 기쁨은 더 커진다. 지식은 영혼을 격상시키고 궁극적으로 하나님께로 인도할 뿐만 아니라 세속의 행복으로 이끌어간다.

아부 하이얀 알 타히디(Abu Hayyan al-Tawhidi)는 지식이 삶의 문제를 순화하고 정신을 계몽할 수 있는 정보를 제공하기 때문에 유용하다고 하였다. 지식은 또한 만족과 오락의 원천으로 지식 자체만의 즐거움을 위해서도 추구할 수 있는 것이다.[265] 아부 하이얀은 체계적인 철학자라기보다는 문학가이자 철학적 진술의 편찬자였는데, 다양한 출처에서 수집하여 '시나아(*ṣināʿa*, 과학, 기술, 예술)'의 상호모순적인 개념을 제시하고 있다. 그는 한번은 '시나아'가 인간적이며 자연에서 유래한 것으로, 자연 자체는 하나님으로부터 유래했다고 썼다. 그러므로 '시나아'는 자연에 종속되며 신성한 창조와는 비교할 수 없다. 아부 하이얀에게 '시나아'라는 말은 정신력에 기반하고 성찰을 요하는 목적을 가진 모든 분야에서의 활동을 의미했다.[266] 그런데, 아부 하이얀은 다른 곳에서는 자연이 스스로를 보완하고 완벽해지기 위해 '시나아'가 필요하다고 했다. '시나아'는 지성과 영혼에서 파생되어 자연에 영향을 미치고, 그럼으로써 자연은 영혼에 종속된다. 자연은 영혼을 사랑하고, 그것에 복종하고 그 행동을 준수한다. 자연이 완전성을 얻기 위해서는 '시나아'가 필요하다. 그리고 나면 둘 다 완전해질 수 있도록 '시나아'는 상호작용할 자연을 필요로 한다. 음악가는 정신적 자원과 예술적 우수성을 사용하여 자연이 제공한 재료를 우아한 옷차림으로 장식하여 음악을 매력적으로 만든다.[267] 이 개념은 아리스토텔레스에서부터 유래한 것으로, 아리스토텔레스는 여성이 남성을 갈망하는 것처럼 물질은 그 형태가 완벽에 도달하기를 갈망한다고 말한 바 있다.[268]

이슬람 예술은 대체로 자율적이라 다른 이론 분야에 의존한다고 볼 필요는 없지만, 시적 즐거움에 관한 진술이 많이 있다는 사실을 간과해서는 안 되는데, 이러한 진술은 일반적인 미적 기준도 다루고 있으며 시각 예술의 여러 측면과 비교도 담고 있다. 역설적이게도, 시각 예술에 대한 문학적 논평이 희귀한 편인데, 그 중 다수는 회화와 조각에 관한 것이지만, 이러한 예술은 아랍 예술 전통의 핵심이 아니며, 반면 가장 중심적이었던 건축은 예술로도 과학으로도 언급조차 되지 않았다. 아랍 작가들은 도자기나 금속 세공품과 같이 사회에 필수적인 다른 예술과 공예에 대해서도 자세히 설명하지 않는다. 그림이나 조각이 만들어낼 수 있는 환영(幻影) 효과나 착시 효과에 대해 찬사를 보내는 글들이 많이 남아 있다.[269]

아랍 역사가들이 이슬람 이전 또는 외국 군주가 보낸 선물과 같은 비이슬람 조각과 그림을 묘사할 때마다 그들은 이러한 물건들의 눈속임술에 대해 열광하고 흥분했다. 이크완 알사파(순결 형제단, lkhwan al Safa)은 비이슬람 사상을 드러내는 회화 예술에 대해 흥미로운 관찰을 한 바 있다. 그들 이야기에 따르면, 어떤 예술가가 화려한 색상으로 웅장한 그림을 그려서 모두 감탄하고 있는데, 다른 예술가가 목탄 조각을 들고 와서 흑인 남자가 말하고 있는 모습을 너무나 생생하게 그려서 그가 마치 관중을 손가락질하는 것처럼 보일 정도였다. 즉시 관객들의 관심은 두 번째 작가의 작품으로 쏠리면서, 화려한 유채색의 그림을 포기하고 담담하지만 더 생생하고 표현력이 풍부한 그림이 선택되었다.[270]

아랍 철학자와 문학 평론가가 그들 자신의 예술 전통이 두드러지게 우상거부라는 특징을 가졌음에도 불구하고 시와 그림을 비교하는 것은 그리스의 영향이라고 설명할 수 있다. 파라비는 다음과 같이 썼다.

> 이제 이 예술[시]의 실천가와 화가 사이에 특정한 관계가 있다고 말할 수 있다. 누군가는 그들의 기술 재료가 다르다고 말할 수도 있겠지만, 그들의 형태, 활동, 의도는 동일하거나 적어도 비슷하다. 시 예술은 언어로 작동하고, 회화 예술은 색채로 작동하며, 그 점에서 서로 다르다. 그렇지만 실제로는 둘 다 유사성을 생산하고, 둘 다 모방함으로써 사람의 상상력과 감각을 동하게 하는 것을 목표로 한다.[271]

마찬가지로 압달 카히르 알 주르자니(Abd al-Qahir al-Jurjani)도 다음과 같이 썼다.

> 듣는 이의 마음을 사로잡는 [시의] 이미지, 후원자들의 흥을 돋우는 상상의 유추와 기교, 그러한 것들을 다루는 세심한 솜씨와 능숙한 예술적 창조는 묘사, 그림, 부조, 조각에 뛰어난 예술가가 만들

어낸 이미지를 보는 것 같은 영향을 영혼에 미친다. 후자는 감탄과 기쁨을 불러일으켜서, 영혼이 시각적으로 그들과 접하면 전례 없는 신선한 경험을 하게 되고, 마법처럼 누구도 부인할 수도 무시할 수도 없는 가치와 중요성으로 영혼을 고취시키듯이(그리고 당연히 우상에 대해서도 어떻게 되는지, 우상을 찬양하고 우상에게 완전히 매료된 숭배자들의 마음 상태에 대해 알고 있을 것이다), 시와 시가 만들어낸 이미지, 시에 고안된 표현, 시가 영혼에 주입하는 개념의 관계 역시 마찬가지이다….[272]

아랍인들은 그리스인들로부터 학문의 분류법을 물려받았고 그것을 그들 자신의 문화에 적용하여 종교학, 역사, 실용 수학을 포함시켰다. 이크완 알사파와 알 아미리(al-Amiri)가 정한 것과 같은 학문의 목록에는 수작업(히라프 *ḥiraf*)도 포함되어 있다.[273] 그리스의 분류법은 정신 활동만을 인정하고 육체 노동을 무시하는 귀족적 사고를 반영하는 반면, 아랍인들은 그들 학문의 목록에 수많은 실용 학문을 포함시켰는데, 약리학이 의학에 덧붙었고, 달력이 지리학에 더해졌으며, 상속 산술, 세금 계산, 상업 거래 및 기타 다양한 행정상의 기술을 그리스 산술에 추가했다. 아랍 문화에서 그리스 학문의 이슬람화가 이루어지면서 실용적인 학문이 높은 지위를 얻게 되었다.[274] 산술이 높은 평가를 받았다. 모든 저자는 인간 활동의 모든 측면에서 산술의 교육적 중요성과 유용성을 강조하지만, 건축은 창의적 디자인이라는 의미에서 학문에 포함되지 않았다. 레브스톡(Rebstock)은 아랍의 수학 문헌에서 건축을 거의 언급하지 않으며 응용 기하학의 한 측면으로만 모호하게 언급되어 있다고 지적했다.

원형지붕(돔dome)과 무카르나스 표면의 측정법(미사하*misāḥa*)이나 건축 용적의 계산을 다루는 문서는 설계보다는 관리 목적의 비용 계산용이거나 혹은 단순히 정신적인 연습에 불과했다.[275]

아랍 사상에서는 동일한 분야 내에서 이론과 실천 사이에 명확한 구분을 두었지만 교양 학문과 기예를 고급 기술과 저급 기술이라고 나누는 고전적인 분류를 따르지 않았다. 예를 들어, 전기 문학을 보면 의사의 자격을 다루는 인물에서 그가 의사인지 학자인지에 대해 항상 지적했다. 음악 분야에서도 똑같은 구분이 있었다. 아랍인들은 원칙적으로 육체 노동이 열등하다고 믿지 않았지만, 『아라비안 나이트』는 일반적으로 상인과 달리 장인(匠人)을 그릴 때 비참하게 가난한 것으로 그리고 있다.

특히 파라비는 철학에서 음악에 이르기까지 모든 분야에서 지식의 실용적인 측면을 강조했다. 그는 다음과 같이 썼다.

> 이론의 목적은 진리와 지식일 뿐이다. 실천의 목적은 하나를 선택하고 다른 것을 피하는 것이다. 인간은 자신의 통찰력을 통해 실용적인 부분의 목적을 달성하는 것이 아니라 행동에 선행하거나 행동과 동시적으로 일어나는 지식을 통해 실용적 목적을 달성한다. 반면에 어떤 이가 행동하지 않고 지식을 얻게 된다면, 그 지식은 헛된 것이다.[276]

그는 예술의 실천에서 발생하는 실험적 지식과 단순한 학습과 추론을 통해 도달하는 지식을 구별했다. 어떤 예술은 본질적으로 이론적이며, 또 어떤 예술은 좀 더 실용적인데, 이를 현대 용어로 하자면 과학과 기술의 차이라고 표현할 수 있다. 실용적인 공예에 기반한 정보는 획일적이거나 예측 가능하지 않은데, 이는 임의의 개별 사례에서 유래한 것이기 때문이다.[277]

아랍어 문학 자료에서 '사나아(*ṣanaʿa*, 만들다, 생산하다)'와 '시나아(*ṣināʿa*, 공예, 과학, 예술)'라는 용어는 실제적이든 이론적이든, 종교적이든 속된 것이든 모든 학문, 예술, 공예에서 쓰였다. 이 용어는 시인, 역사가, 음악가, 의사, 신학자, 서예가, 농부에게 적용된다. 수사학은 장신구 제작이나 금세공과 마찬가지로 '시나아', 즉 공예이다. 이들 모두 학습과 실습, 도구를 능숙하게 다룰 수 있는 지능과 기술을 필요로 한다는 점에서 동일하다. '시나아'에 관계된 사람들은 모두 필요한 효과를 내기 위해 그들의 재료를 다듬고 정리해야 한다. 심지어 인간의 성품도 교육받고 완성되어야 한다.[278]

이크완 알사파(순결 형제단)에 따르면 완벽하게 예술을 행하는 것은 신에 대한 충성과 헌신의 행위인데, 이는 '하나님은 숙련된 장인을 사랑한다'고 말하는 하디스에 근거한 것으로 하나님 자신이 현명하고 완벽한 장인이기 때문이다. 탁월하게 예술을 행하면 인간은 신에게 더 가까워지는데, 신은 완벽한 제작자이시며 훌륭한 장인을 사랑하시기 때문이다.[279] 아마도 필요한 공예와 즐거움을 위한 공예를 구별하는 금욕주의 학파의 사상의 영향을 받아서,[280] 이크완 알사파는 유용성과 필요성에 따라 예술과 공예를 분류했는데, 이 원칙을 수세기가 지난 후 이븐 할둔이 받아들였다. 농업, 건축, 재단(裁斷), 폐기물 처리는 필수적이고 유용한 기술에 속한다. 실크, 향수, 보석 만들기와 같이 아름다움과 장식을 다루는 기술은 사치스럽다. 어떤 것들은 귀중한 자료를 다루기 때문에 중요하고, 다른 것

들은 본질적으로 기술로 이루어져 있다.[281]

이븐 할둔은 농업을 설명하는데 그가 음악에서 사용하던 용어인 '시나아(*ṣināʿa*)'를 같이 사용한다. 그가 보기에 책 제본업자는 작가만큼이나 중요한데, 둘 다 문학의 생산과 보급에 똑같이 필요하기 때문이다. 그는 음식과 숙박을 확보하는 데 필수적인 기본 기술과 더 세련되고 고급스러운 기술을 구분한다. 우아함, 세련됨, 장식은 풍요로움의 표현이고 도시 문명의 산물이다. 음악, 책 만들기, 줄타기, 건축 장식 및 기타 장식 공예는 그러한 세련미의 형태에 속한다.[282] 이븐 할둔은 또한 단순한 지식이나 정보, 복잡한 지식이나 학문을 구분한다. 도시 또는 문명 사회에서, 모든 학문(일름 *ʿilm*)은 그 나름의 고유한 연구 규칙과 시스템을 갖춘 기술이자 직업(시나아)이다. 단순한 베두인 사회에서 '일름(*ʿilm*, 이 맥락에서는 종교를 포함함)'은 단지 구두로 전달되는 정보일 뿐이다. 과학적 학습이나 연구는 단순한 지식과 다르다.[283]

의학, 음악, 서예와는 달리 모든 기교와 기술마다 그에 상응하는 과학이나 이론적 기반이 있는 것은 아니다. 건축과 장식 예술에는 그런 것이 전혀 없고, 이론 과학에서는 분야 간의 경계가 애매하다. 그러나 실용적인 직업에서는 노동 분업이 확연하다.[284] 그리스 철학자들과 마찬가지로, 아랍의 철학자나 종교학자들은 신학과 의학, 천문학을 함께 모아서 다양한 분야에서 한꺼번에 사용했지만, 염색공은 파란색으로만 염색했지 빨간색으로는 하지 않는다. 서예를 제외하면, 시각 예술에 학문의 지위를 부여할 만큼 기록된 규칙은 존재하지 않는다. 시가 매우 명료한 문학 비평에 의해 통제되는 것과는 달리, 또 음악에 그 자체 포럼이 있는 것과는 달리, 시각 예술에는 비평 같은 것이 없다.

아랍 이론가들은 이론을 실천과 동등하게 보고 있지만, 이론적 학문에 기초한 예술과 실용적인 예술 사이에는 위상의 차이가 있었다. 장인과 학자를 분리함으로써, 실용성만 있는 예술은 역사서에서 무시되었다. 시인과 문학 평론가는 시인의 모델로 보석상의 예술을 즐겨 언급했지만, 어떠한 보석상의 기술도 역사적 또는 전기적 기록에 남아 있는 적은 없다. 때때로 서예가나 채식사(彩飾師)에 대한 언급이 있지만, 다소 우연적이고, 인용된 사람들의 예술적 중요성과 항상 일치하지도 않는다. 영향력이 상당했던 예술가들 중 많은 이들이 전혀 기록에 남아있지 않다.

일부 문헌에서는 지식을 향한 고급의 노력과 행동에 관한 저급한 노력을 대조하여 다루었다. 비루니(Biruni)는 경제상의 현실 때문에 그러한 규칙이 규정되었음을 입증해주고 있는데, 그는 수정 조각에서 "지식과 실제 작업의 차이"에 대해 지적한 바 있다. 그의 말에 따르면, 수정석을 선택하고 그 조각 패턴을 디자인하는 기능을 가진 예술가가 실제 조각을 한 장인보다 훨씬 더 높은 급여를 받았다.[285] 라기브 알 이스바하니(Raghib al-lsfahani, 12세기)는 지성의 우월성 때문에 감각에 기반을 둔 활동보다 지성에 기반을 둔 활동을 더 높이 평가했다.[286]

시와 음악에서는 작품의 저작자, 심지어는 개별 변주곡의 구성까지도 기록되어 예술적 재산을 표절 시도로부터 보호하는 반면, 장인은 그러한 인정을 받지 못했다. 아랍 역사가들은 생활과 문화의 여러 측면에서 최초로 일어난 일을 열심히 기록했지만, 장인이나 건축상의 혁신에 대해서는 그렇게 주목하지 않았다. 다른 많은 전근대 문화에서 그러했던 것처럼, 시각 예술은 집단적 성취라고 보는 면이 많았다.

그렇지만, 육체 노동을 멸시한 것은 아니었고, 일부 지식인이나 종교 학자들은 부차적 선택이긴 하지만 공예를 행하기도 했다. 그들의 전기문헌을 보면, 그들은 학문적 교육을 받은 장인이라기보다 공예에 통달한 학자로 기록되어 있다. 학문적 자질이 없었다면 아마 그들은 언급되지 않았을 것이다. 맘루크 술탄으로 칼라운 왕조의 알 사히 살라알딘(al-Ṣāliḥ Ṣalāḥ al-Dīn, 1351-54)은 실크 제작을 비롯하여 기타 공예 기술에 대해 개인 교습을 받곤 했다. 정통 칼리프들과 선지자의 동료들은 공예와 관련이 있었다. 칼리프 아부 바크(Abū Bakr)와 우스만 이븐 아판(ʿUthmān Ibn ʿAffān)은 직조공이었고, 이집트의 정복자 아므르 이븐 알 아스(ʿAmr Ibn al-ʿĀṣ)는 도축업자였으며, 이란과 중앙 아시아를 정복한 사드 이븐 와카스(Saʿd lbn Waqqās)는 화살 제작자였다. 중세 후기의 길드에서는 그들의 후원자 성인으로 무슬림이며 장인이기도 한 성인을 선택했다.

지리학자와 도시 역사가들은 어떤 도시의 영광을 논할 때 부분적으로 도시가 생산한 공예품에 주목했다. 그렇지만 그러한 작품에 관련된 장인이 얼마나 높은 평가를 받았는지 정확히 추정하기는 어렵다. 이와 관련된 정보가 부족하다는 것이 시사하는 바가 있지만, 때때로 예술품에 장인의 서명이 있는 걸 보면 예술가들이 자신의 작품에 자부심을 갖고 있었다는 걸 알게 된다. 물론 뛰어난 성과를 이루게 된 예술 후원의 개별 사례들이 있었는데, 예를 들면 파티마조의 재상 알 야주리(al-Yāzūrī)는 이집트인 화가와 이라크인 화가를 모아 착시 효과를 이용하여 벽화에 여성 무용수를 묘사하는 대회를 열기도 했다.[287] 통치자들은 예술가와 장인들에게 고전 시대의 시인들처럼 돈과 예복으로 아낌없이 보상을 해주었다. 예를 들어, 맘루크 시대 건축가이자 석공인 아흐마드 알 툴루니(Aḥmad al-Ṭūlūnī)는 석재조각공과 석공의 우두머리로서, 건축 계약도 맺고 건축업에서 경력을 쌓기 시작하여 맘루크 출신이 아니었음에도 불구하고 아미르가 되었다. 궁극적으로 술탄 바르커크(Sultan Barqūq)는 알 툴루니의 가문과 두 번 결혼했다. 그의 후손들은 수십 년 동안 계속 건축업을 장악했다.[288]

『아라비안 나이트』에 수록된 이집트 이야기인 카마르 알 자만(Qamar al-Zamān)의 이야기에는 예술 작품의 의미에 대한 간단하지만 의미심장한 일화가 들어 있다. 한 보석상이 뛰어난 보석 제품을 만들어달라는 의뢰를 받았다. 작업이 시작되자 그는 작업을 가게가 아니라 집에서 하려고 가져 갔는데, 거기에는 두 가지 이유가 있었다. 첫째, 견습생들이 그의 작품을 복사하지 않도록 견습생들에게 보이고 싶지 않았다. 둘째, 그는 작업하는 동안 사랑하는 아내 곁에 있고 싶었는데, 그녀의 모습을 보면 왕에 걸맞는 보석을 만들 영감을 얻을 수 있었기 때문이다.[289] 이 에피소드는 예술가의 작업의 두 가지 측면을 보여주고 있다. 자극과 영감에 반응하는 주관적인 정서적 부분과 기술이 필요한 물리적 부분으로 이는 충분히 훈련된 사람이면 누구나 모방할 수 있는 것이다.

기계 장치에 관한 유명한 작품의 저자인 이븐 알 라자즈 알 자자리(Ibn al-Razzāz al-Jazarī)는 원래는 자동 기계 제작자였다가 13세기 들어 첫 10년에 책을 쓰게 되었다.[290] 그의 후원자였던 디야르바크의 아르투크 왕조의 술탄, 마흐무드 카라 아슬란(Maḥmūd Qarā

Arslān)은 그에게 기계 장치 제작에 대해 알고 있는 것을 모두 기록하여 후손을 위해 그 업적을 모아둘 수 있도록 하라고 임무를 부여했다. 그의 지식이 사라질지도 모른다고 두려워했다는 것은 실무자의 절차와 기술이 보통 기록되지 않고 견습을 통해 전승되었음을 보여준다. 자동 기계 제작과 같은 정교하고 사라지기 쉬운 기술의 경우, 그런 주제에 관한 책을 만들기 위해서는 왕실의 후원이 필수적이었다. 자자리의 이름은 책의 삽화 덕분에 후세까지 전해지고 있는데, 그 삽화가 유명해지면서 계속 복사되었기 때문이다. 사실 그가 만든 자동기계(오토마타)가 어찌 되었는지 그 운명에 대해서는 거의 알려진 바가 없다. 자자리의 책은 1인칭으로 쓰여져서 그의 연구와 실제 작업을 단계별로 설명하며, 자신이 직면했던 어려움에 대해 언급하고 그의 작품의 독창성과 성공을 자랑하면서도, 출처와 전임자를 인정하는 일도 소홀히 하지 않았다. 오토마타에 대한 그의 설명은 아주 상세하다. 그는 '실천으로 검증되지 않은 과학적 지식은 모두 옳고 그름 사이의 [어딘가에] 불확실하게 남아 있다'고 한 바 있다.[291]

자자리는 또한 희귀한 공예 기술 문서의 저자로, 왕궁의 청동문 제작에 대해 체계적이고 자세한 설명을 남겼다. 그의 작업 가운데에는 금속 주조뿐 아니라 기하학적 별 문양으로 문 표면을 장식하는 것도 포함되어 있었다. 자자리는 그 문이 비할 데 없는 아름다움을 가진 귀중한 물건으로, '듀라 야티마(*durra yatīma*, 유일무이한 진주)'라고 찬양하고 있다. 오토마타 책에서처럼 그는 오늘날 우리가 예술가라고 부르는 입장에서가 아니라 학식을 갖춘 장인으로서 말하고 있다. 그의 관심은 디자인이나 미적 효과보다는 기술이었다.

이런 맥락이기 때문에 시를 상상력과 연결 짓고 회화에 비교한 철학자와 문학 평론가들은 건축가나 장식가를 언급하지 않았다. 도예가와 금속 세공인은 이슬람 예술에 지대한 공헌을 했음에도 불구하고 문헌에 언급된 적이 없다. 과거 문화의 기념물은 강력한 통치자가 이끄는 사회의 성취물이라고 보았다. 그러한 기념물은 군주의 불멸에 대한 탐색을 표현했거나 문화의 웅장함을 기록한 것으로, 개인의 생각에서 생성된 아이디어라는 의미에서의 예술 작품이라고 해석되지는 않았다.

일부 현대 역사가들은 이슬람 예술을 신학적 교리나 수피 교리와 연결하려고 하지만, 이러한 연결을 입증할 만한 문헌상의 증거는 없다. 오히려, 울라마(무슬림 학자)는 시각 예술에 대한 성찰에 개입하지 않았고, 장인과의 담화에 관여하지 않았던 것으로 보인다. 유럽 중세 예술이 종교 예술이라고 할 수 있는 것과 달리, 종교적 사상이 이슬람 예술에 미친 영향은 뚜렷하지 않다. 형상 모티프가 드물다는 것을 종교적 교리로 설명할 수 있지만, 무슬림 사상이 아라베스크와 기하학적 별 문양에 직접적인 영향을 끼쳤는지 확인하기 어렵다. 이는 추측의 문제로 남아 있어, 현대 역사가들이 서로 상충되는 해석을 하게 만든다. 물론 이렇다고 하여 한 사회의 다양한 문화적 표현들간에는 비록 간접적일지라도 항상 연결고리가 있다는 사실마저 부정하는 것은 아니다.

빛은 철학뿐 아니라 꾸란에서도 다른 어떤 주제보다 더 두드러진 위치를 차지하면서 상징적으로 사용되었지만, 아랍 사상에서는 고딕 성당과 관련하여 빛을 예술과 연결한 수페르 대주교의 표현과 비교할 수 있는 미학적 진술이나 아이디어를 찾아볼 수 없다. 이슬람 예술가들이 무카르나스 천정이나, 투각(透刻) 스크린, 창문 덮개, 에나멜 유리나 섬세한 금속 세공으로 만든 웅장한 램프와 같은 기법을 사용하면서 건축과 예술품에서 빛으로 얼마나 독창적이고 진기하게 효과를 냈는지 생각해보면 이 점은 놀랍기만 하다. 고딕 예술은 신플라톤 사상과 중세 빛의 형이상학을 연결하고 있다. 빛에 대한 신플라톤 이론이 수피 사상에서 똑같이 큰 의미를 지니고 있었지만, 그 이론이 예술에 어떤 영향을 미쳤는지 가늠할 수는 없다. 이집트와 시리아에서 수피의 황금기는 맘루크 통치 시대였는데, 이 시기는 종교 당국이 형상 표현에 대해 가장 명백하고 엄격한 성명을 발표한 시기로 아마 이 때문에 금석문(金石文)을 선호하게 되어 맘루크 장식 예술에서 형상 표현이 사라지게 되었을 것이다.[292] 이슬람 세계의 다른 곳에서는 수피단이 늘어나면 회화에 대한 취향도 증가했으며, 이로써 일부 현대 역사가들은 이 둘 간의 연관성이 있다고 보게 되었다. 맘루크 술탄과 맘루크의 종교생활은 수피즘의 영향을 강하게 받았지만, 맘루크 시각 예술의 본질에는 수피의 영향이라고 해석할 수 있는 것이 전혀 보이지 않는다. 예술 진화는 종교적 경향과 무관하게 자체 노선을 따라 이루어진 것이다. 문학과 달리 시각 예술에서는 시아파, 수니파, 무타질라파 등이 예술 양식의 형성과는 아무 관계가 없다. 수니파의 툴룬 왕조 통치자부터 시아파의 파타마 왕조까지 그리고 다시 수니파인 아유브조까지 이집트의 예술적 진화에서 종교적 단절의 징후를 찾아볼 수 없다. 마찬가지로 이란에서 시아파의 사파비 왕조의 예술은 어떠한 양식상의 중단 없이 전임자인 수니파의 티무르 왕조의 예술을 받아들이고 있다. 이슬람 예술에서는 유럽에서 바로크 건축과 천주교가 연결된 것과 비교될 만한 현상이 없다. 그러한 연결이 없다는 것은 이슬람 예술의 세속적인 성격을 확인시켜주는 것이고, 종교 제도권에서 예술에 대해 무관심했다는 것을 알려준다.

합리주의적 접근 방식에서는 중세 이슬람 과학에서 수학이 중요했던 것과 예술 디자인에서 기하학의 역할을 연결해보려고 한다. 수학은 실천적 학문이자 이론적 학문으로 인정을 받았고 찬사를 얻었다. 심지어 희귀한 것과 수수께끼를 다루는 문학 장르에서도 수학을 다루었다. 아랍 문화가 수학에 중요한 위치를 부여하고 기하학이 장식 예술의 특징을 이루긴 하지만, 아랍 문헌에서 기하학의 시각적 또는 미적 측면을 논하지 않는다. 학문의 모든 분류법에서, 기하학은 측량법이나 건축을 포함하여 수많은 공예 기술의 기본 도구라고 되어 있지만, 그 예술적 측면이나 장식이나 표면 처리 등에 응용할 수 있다는 언급을 찾아볼 수 없다.[293]

기하학을 모든 분야의 기초로 다루면서 이크완 알사파(순결 형제단)는 기하학의 예술적 응용이 아니라 그 지적 가치를 고려하고 있다. 마찬가지로 이븐 할둔은 기하학이 절대 실패할 수 없는 명확한 규칙에 기반을 두고 있기 때문에 정신을 맑게 해준다고 했다. 그는 산술이 정신에 계몽적인 효과를 준다고 산술을 높이 평가했다. 산술은 상업 거래와 상속 계산에 필수적이라, 여러 하디스에서 선지자가 한 말에 따르면 가장 중요한 분야라고 할 수 있다. 수학은 공학, 목공, 기계, 토지 측량, 광학에 쓰임이 있다. 그는 다른 맥락에서 건물과 장식을 언급하지만 수학과는 연결도 시키지 않았다. 그러한 부분에서 그는 건축업을 도시의 세련미와 문명의 한 형태로 다루고 있다. 이븐 할둔은 순전히 기능적인 용어를 사용하여 이 기술과 함께 그와 관련된 다양한 기법에 대해 설명하고 있다. 건축자는 곧은 성벽과 수로(水路)를 세우고 무거운 돌 덩어리를 옮길 수 있으려면 '한다사(*handasa*, 여기서는 공학을 의미함)'에 대해 알아야 한다. 건물을 짓는 데에는 석공과 장식가들이 필요하다. 고대 문화의 위대한 기념물은 여러 세대에 걸쳐서 이루어진 작품이었다. 그는 목수의 작업에 대해 더욱 자세하게 기록하고 있는데, 그 작업에는 연습이 필요하기 때문이며 이에 덧붙여 유클리드와 플리니우스는 목수였고 노아는 이 기술의 후원 성자라고 했다.[294] 아부 하이얀 알 타히디는 기하학이란 길이, 표면, 부피 및 각도를 다루는 합리적인 학문이라고 설명하고 있다.[295] 이븐 아라비(Ibn Arabi)는 그의 난해한 신비주의에도 불구하고 기하학을 측량에 유용한 학문이라고 했다.[296] 이 지식인 중 어느 누구도 이러한 맥락에서 기하학적 디자인이나, 기하학의 시각적, 예술적 측면에 대해 언급하지 않았으며 누구도 무카르나스(*muqarnas*)를 기하학적 현상이라고 말하지도 않았고 이 용어를 사용조차 하지 않았다. 이 저술가들과 마찬가지로 수학자들도 응용 기하학의 매뉴얼에서조차 창의적 설계로 건축을 설명하지도 않았고, 미적 장치로 기하학에 대해 언급하지도 않았다.

아랍 예술의 특징, 그 중에서도 주로 장식과 표면 처리에 대한 특징은 아랍어 문헌에서 특별히 이슬람적이라고 인지된 적도 없고, 설명이 담긴 적도 없다. 문헌상으로나 담화상의 출처에서 우리가 이슬람 디자인이라고 알고 있는 독특한 기하학적 특성을 다룬 적은 없다. 일부 작가가 과거의 혹은 외국 문화의 사실적인 그림이나 조각을 매혹적으로 묘사했다고 하더라도, 추상을 선호하는 이슬람 예술에 관해서는 별로 논의가 없다. 그들의 언어는 모호하여 실체적으로 중요한 것보다는 색채, 귀한 재료, 미적 효과에 대해 논하고 있다. 이와 관련하여 보면, 기하학적 별 디자인에 사용되는 아랍어 용어인 '다브 하이트(*ḍarb khayṭ*)'는 수학 문헌에서 나온 것이 아니라 오히려 장인들의 용어에서 유래했다는 것이 꽤 의미심장하다. 이 말은 "실을 이용해서 선이나 표시를 나타내는 기법(thread stroke)"과 같은 뜻으로, 분명히 패턴을 그리는 기법을 의미하고 있다. 이 단어는 와크프 문서에도 등장하는데, 이븐 할둔과 자자리가 이 단어를 사용했지만 이 단어는 학자 집단에서 만들어진 것이 아니라 장인들이 만들어낸 것이다. 현재 아라베스크라는 말이 있지만, 이를 표현하는 아랍어 단어는 없다. 그런 단어는 중세 문학에서도 문헌에서도 언급되어 있지 않다. 무카르나스라는 단어 역시 어떤 고전 아랍어 사전에서도 찾을 수 없는 것으로 보아 분명 장인들이 쓰던 용어에서 나온 것임에 틀림없다.

역사가들이 예술 작품을 언급하는 것은 대부분 주관에 따른 것으로, 건축이나 심지어 장식 이론에 대해서 전혀 알지 못한다는 것을 보여주고 있다. 통치자의 건축 활동을 기록한 사람들은 모스크가 어떤 모습이어야 하는지에 대해 논하지 않았으며 모스크의 형태를 어떤 상징주의와 연관시키지도 않았다.

카이로와 그 기념물에 대해 기록한 역사가인 마크리지(Maqrizi)는 건물을 설명하면서 대상의 이미지보다는 미적 경험에 대해 말하고 있다. 그는 라우다(Rawda) 성채에 대해, "그 호화로운 장식이 놀랍고 천장 장식의 아름다움과 천하일품의 대리석이 눈부시게 빛난다"고 기록했다.[297] 타이바르시야 대학은 "작품의 완성도와 장인의 솜씨로 보면 가장 독창적이고, 가장 뛰어난 형태이고, 가장 보기 좋은 작품"이라고 했다. 알-나시르 마드라사의 현관은 '인간의 손으로 만든 가장 놀라운 작품'이다.[298] 때때로 궁전의 무카르나스가 한 덩어리로 이루어진 것이었다든지 술탄 하산 모스크의 기도실에서 세계에서 가장 큰 천정을 보면서 그는 기법상의 역작을 발견하기도 했다.[299] 그렇지만 그는 결코 기하학, 아라베스크, 심지어 서예에 대해 언급하지 않았다.

이슬람 디자인에 대한 추상적 개념이 없다는 것은 지적 영역과 실제 영역 사이의 간극을 보여준다. 장인들이 기하학적 별 문양을 그렸다고 하지만 그들에게 미학 이론이 있는 것은 아니다. 역사가는 장인의 기술에 대해 아는 바가 없었다. 그리스 수학에 정통하여 결코 단순한 장인이라고 할 수 없었던 자자리 같은 작가조차도 그가 만든 문의 기하학적 디자인에 대해 높은 의미를 부여하지 않았다. 그것은 청동 주조처럼 그가 통달한 기술 중 하나로 다른 기술과 크게 다르지 않았다.

철학자이자 의사인 알 라지(al-Razi)가 썼다고 알려져 있는 글에서는 대중욕실에 있는 벽화의 중요성을 언급하고 있는데, 이는 이슬람 문화의 형상 문양에 대해 논할 때 자주 인용되는 글이다. 알 라지는 그러한 장면이 건강회복력을 갖고 있지만, 아마도 그것을 그린 장인들은 고대 현자들이 특정한 의미에서 특정 목적에 기여하도록 특정 기준에 따라 그 주제를 선택했다는 걸 알지 못했을 거라고 했다.[300] 이러한 주장은 예술가가 지적으로 훈련을 받아야 할 필요가 없다는 것을 보여주고, 철학자나 지식인이 예술가 자신보다 예술 작품에 대해 더 많이 알고 있다는 걸 보여준다.

맘루크 시대의 카이로에서 자수와 양단의 패턴을 그리는 디자이너인 라싸민(*rassāmīn*)은 그들 이름을 딴 도시 상업 중심지에 위치한 시장에 자리를 잡았다.[301] 직물 패턴이 다른 공예품에서도 발견되는 걸로 보건대 이들 디자이너의 작품은 직물 패턴에만 한정된 것이 아니라 다른 기술에도 분명 쓰였을 것이다. 서예가들이 공공기관이나 학술기관에서 일했던 것과 달리 예술가와 장인들은 시장에 속해 있었고, 심지어 그들의 주요 고객이 궁정이었을 때조차 그러했다.

응용 기하학과 기계공학에 관한 책자가 존재했다고 해서 건축자들이 그러한 서적을 활용했다는 의미는 아니다. 역법 문헌은 농부들이 사용하는 것이 아니라 학술적인 청중을 대상으로 했다.[302] 알 킨디(al-Kindi)와 파라비의 음악에 관한 책은 음악가를 위해서 쓴 것이 아니라 주로 학자를 위해 쓴 것이다. 이븐 알 하이삼(lbn al-Haytham)이나 부쟈니(Buzhjānī)와 같은 저자는 건축을 응용 기하학의 일부로 다루어 이 주제에 관한 학술서를 썼지만 그들 자신이 건축 공예의 실무자가 아니었으며, 아직까지 자기 자신의 경험에 근거해서 학술서를 쓴 무슬림 건축가에 대해 알려진 바가 없다. 이러한 연구는 수학 게임이나 바누 무사(Banū Mūsā) 형제의 기계 장치에 관한 책처럼 고전 압바스조 시대의 학문적 관심거리였다. 이러한 것들은 이 시대의 보편적인 호기심을 반영하는 것으로, 이러한 호기심은 토착문학과 심지어 저속문화까지 이어진다. 후기 맘루크 학자들의 전기에는 가끔 건축 기술에 관한 책들이 유클리드의 기하학이나 갈레노스의 의학과 함께 언급되는데, 학식 있는 학자라면 누구나 이 문헌에 친숙했다. 아랍어 전기 사전을 보면 책을 읽어서 '이자자(*ijāza*, 특정 작업을 가르칠 수 있는 증명서)'를 취득했으나 실제로 이 지식을 활용하지 않은 학자들에 대한 이야기가 많다. 후기 고전 시대 아랍 세계에서 의학자와 전문 의사의 길이 분화되었고,[303] 건물 짓기와 건축도 비슷하게 나누어졌다. 그렇지만, 실천의 가치를 인정한다고 해서 이론과 실천 사이의 관계가 항상 직접적이었다는 의미는 아니다. 그 관계는 간접적일 수 있다.[304]

장인의 기법에 기하학을 응용하는 것은 수리 과학을 중시하고 무엇보다도 많은 사람들이 그 학문을 사용할 수 있게 된 문화의 산물이다. 수리 과학과 정밀 과학의 경향이 있다는 것만으로 이슬람 디자인의 본질을 설명할 수 없다. 그리스 문화는 이러한 학문을 발전시켰지만 그리스 예술은 아주 다른 방향을 택했다. 고딕 예술에서 나타나 있듯이 중세 유럽 또한 기하학과 숫자의 상징주의에 매료되었는데, 르네상스 시대에는 수학을 모든 예술의 기본이라고 보았다.

고딕 시대에 대해 쓰면서 르 고프(Le Goff)는 건축가가 아마도 높은 인지도와 명성을 누린 유일한 기술자일 거라고 했다. 건축이라는 예술은 학문이 되었고 건축가는 학문적 후광을 얻었다. 학자처럼 그들은 '마스터(대가)'라는 칭호를 사용할 수 있게 되었다. 프랑스에서는 학식 있는 건축가는 건축가 겸 장인이라는 수준을 넘어섰지만, 이탈리아에서는 상황이 달랐다. 이탈리아에서 건축가는 계속 건축 실무자였다.[305] 후기 고전 시대 이슬람 세계에서도 이와 마찬가지였을 가능성이 있다. 타지 마할을 설계한 건축가는 수학자였을지 모르지만, 과학자이자 건축가라는 개념은 아랍어권 세계에는 존재하지 않는다. 카이로의 맘루크 모스크나 페즈의 마린 술탄국의 마드라사의 디자인에는 과학적 완결감의 분위기가 결여되어 있다.

건축 공예에 종사하는 사람들은 '무알림(*mu'allim*)'이라는 칭호를 가지고 있었는데, 이는 실제 장인에게만 적용되는 것으로 학자에게는 쓰이지 않았던 말이다.[306]

예술적 아름다움의 의미

하나님은 세상을 창조하고 그를 장식했다(자야나*zayyana*). 하나님은 우주를 창조하면서 거기에 장식의 가능성을 부여했고, 사람을 창조하면서 우주 장식의 능력을 부여했다. '지나(*zīna*)'라는 단어는 도덕적인 아름다움까지 포함한 아름다움을 의미하면서 또한 장식을 의미하기도 한다. 아랍의 미학 인식에서 아름다움은 순전히 기능적이고 평범한 것이 아니라 다듬어지고, 정교하며 장식적이다. 재료 자체의 단순함이 아니라 거기에 추가된 작업이 있어야 어떤 것이라도 아름답게 된다. 따라서, 우아함과 세련미는 예술적 아름다움의 속성이다.

이슬람 예술에서 장식되지 않은 물건은 드물다. 에팅하우젠(Ettinghausen)이 지적한 것처럼, 값싼 물건에도 어떤 식으로든 장식이 있다.[307] 『이슬람 백과사전』에서 이슬람 예술은 '장식가와 꾸밈가의 예술'이라고 정의하고 있는데,[308] 이는 확실히 너무나 편협한 정의라 학문적으로 받아들이기에는 어울리지 않지만, 이슬람 예술이 서양인에게 끼친 영향에 대해서 알려주는 바는 있다. 서양 철학자들은 장식이란 불필요한 세부 사항을 추가하여 돋보이게 하는 방법이라고 이해했다. "그것[장식]은 항상 기존 구조에 적용되는 것으로 결코 그 자체로 존재하지 않는다."[309] 아랍 문화에서, 장식은 아름다움의 필수 속성이다. 아불 알라 알 마아리(Abu l-Ala al-Maarri)는 위대한 지식인의 죽음으로 인해 알레포가 상실한 것을 한탄하며 문화가 사라졌다는 의미에서 이제 이 도시에는 "발목 장식도 팔찌도 없다"고 말했다.[310] 어떤 것에 장식이 없다는 것은 그것이 황량하거나 황폐하다는 것과 같다. 아랍어 '자야나(*zayyana*)'는 아름답게 꾸민다는 뜻이며 동시에 아름다운 것을 만든다는 뜻으로, 신이 별들로 하늘을 장식한 것과 같다.

장식은 음악의 구성 요소로 간주되었다. 그의 『음악대전』에서 알 파라비는 음악 장식의 미적 기능은 화려함, 우아함, 웅장함, 다양함을 더하는 것이라고 강조했다. 그가 기본 음표와 장식 음표를 구별한 것이 흥미로운데, 이를 보면 장식이 없으면 물건이 완전해질 수 없을 정도로 장식은 필수 구성 요소라고 한다:

> 모든 멜로디는 두 가지 유형의 음표로 구성된다. 첫 번째 유형은 직물의 날실과 씨실, 건물의 진흙 벽돌과 나무에 해당한다. 두 번째 유형은 건물의 새김이나 조각, 표면 처리, 외장과 같고 직물의 염료, 다듬질, 장식, 술(絨) 장식에 해당한다.[311]

『아라비안 나이트』와 아랍 시에서 사랑하는 여인은 화려한 옷

파티마 왕조 시대의 목조 판넬, 카이로, 11세기

을 입고 보석으로 치장한 모습으로 나타난다. 그녀가 존중을 받는 것은 타고난 외모뿐만 아니라 그녀의 치장 때문이기도 한데, 치장은 그녀의 외모를 설명하는 데 필수 부분이기도 하다. 14세기 북아프리카의 청교도적인 학자인 이븐 알 하즈(Ibn al-Ḥājj)는 이슬람적 행동에 관한 책자에서 하디스에 따르면 여성에게 있어 성전(聖戰 지하드*jihād*)에 해당하는 것은 남편을 기쁘게 하는 것이라고 했다. 그

렇게 하는 가장 좋은 방법은 자신을 꾸미는 것이라고 덧붙였다.[312]

선지자 무함마드는 모스크 장식을 아주 싫어했고, "신자의 재산을 먹어 치우는 가장 무익한 것은 건축"이라고 말했다고 알려져 있다.[313] 남아 있는 자료들을 살펴보면, 선지자 무함마드의 모스크와 그의 동료들이 지은 초기 모스크는 아주 소박한 건축물이었다. 초기 무슬림 공동체가 실천한 절제는 정통 이슬람과 근본주의 이슬람에서 향수를 불러일으키는 주제 중 하나이다. 특히 건축의 경우, 그를 예술이라고 추켜세울 만한 종교적 언급이나 선례가 없었는데, 이는 음악이나 시의 경우와 달랐던 것으로 음악에서는 수 많은 하디스에 음악을 선호하는 내용이 담겨 있고, 비록 시인에 대한 논쟁은 있었지만 시 역시 예술로 인정받고 있었다. 건축과 그 장식은 종교 교리를 따르지 않으면서 종교와는 별개의 방향으로 발전했다. 다른 시각 예술에 대한 평가와 더불어 건축에 대한 평가는 후원자인 지배 귀족에게 국한되었는데, 그들 대부분이 종교적, 세속적 기념물을 의뢰하고 그 제품의 주요 소비자이기도 했다. 따라서 건축은 국정(國政, 시야사*siyāsa*), 즉 항상 무슬림 정치의 필수 부분이라고 인정되었던 정치적 지위의 상징 영역에 속했다. 종교 제도권은 종교 기관의 후원에 중요한 역할을 하지 않았다. 성인과 수피에게 헌정된 재단조차도 일반적으로 지배계층의 후원을 받았다. 건축은 정치의 영역에 속했다.

극단적인 정통신학자들의 관점에서 볼 때, 경박한 잡담은 사람을 하나님에게서 멀어지게 할 수 있기 때문에 어떤 형태의 꾸밈이나 미적 노력도 문제가 있었다. 모스크의 장식, 영묘의 건축, 꾸란의 독경, 기도를 알리는 선율, 음악, 시, 형상 표현, 등 사실상 허영심의 표현이라고 해석될 수 있는 모든 형태의 인공물은 바람직하지 않았다. 중세 유럽에서 시토 수도회가 제기했던 논쟁처럼, 무슬림 세계에서는 순수주의자들과 자유주의자들 사이에서 모스크 장식의 허용, 꾸란 채식(彩飾)의 금 사용, 꾸란이나 기도 호출(아드한*ādhān*)에서 멜로디 암송, 종교 의식에서 음악 사용 등에 대한 논쟁이 있었다. 꿈의 해석을 다룬 문헌에 따르면, 회반죽 장식가는 위선과 거짓을, 조각가는 꾸란의 글을 조각하지 않는 한 허영을 상징하는 반면, 흙벽돌을 쌓은 건축업자는 긍정적인 의미를 띠는 것으로 보았다. 수를 놓는 사람은 보석상과 마찬가지로 속임수를 나타낸다.[314] 그러나 이슬람 예술의 역사와 본질을 보면 사회가 항상 정통적인 길을 따른 것은 아님을 증명하고 있다. 대다수의 의견은 꾸란을 아름답게 장식하는 것을 좋아했으며, 꾸란 채식은 언제나 성서의 신성함을 기념하는 주요 예술 형식으로, 또 성서 읽기를 용이하게 하는 수단으로 사용되었다.[315]

꾸란의 장식은 채식의 문제만이 아니었다. 꾸란은 또한 낭송용으로 쓰였다. 초기 아랍 시가 노래로 불려졌던 것처럼, 꾸란을 낭송한다는 것은 단순히 읽는 것이 아니라 멜로디가 수반되었다. 쿠르투비(Qurṭubī, d. 1272)와 이븐 카이임(Ibn Qayyim)과 같은 신학자들은 음악과 노래에 대한 고대 아랍인들의 열정에서 이러한 현상이 생겼다고 설명했다. 꾸란이 계시되었을 때, 아랍인들은 꾸란에 음악의 옷을 입혀야 했다. 키라아트(*qirā'āt*)라는 학문은 꾸란의 읽기, 발성, 발음 방식을 다루는 신학 분야로, 선율에 따른 낭송 기술도 포함하고 있었다. 이븐 카이임은 꾸란의 낭송을 장식적이라고 설명하면서 선지자의 하디스에서 신자들에게 "그대의 목소리로 꾸란을 장식하라"는 권고가 있다고 설했다. "모든 것에는 장식이 있고 꾸란의 장식은 아름다운 목소리이다."[316] 궁극적으로, 아랍 역사가와 신학자들은 꾸란 낭송이 음악 예술과 밀접한 관련이 있으며 그 영향을 받았다는 걸 인정하고 있다.

기도의 부름에도 멜로디가 수반되는데, 실제에서는 지배적인 법적 의례에 따라 지역마다 멜로디가 다르다. 하나피 의식은 낭송을 선호하기 때문에 가장 선율적인 것은 오늘날 이집트에서 행해지는 의식이다. 와하비 계열의 한발리(Hanbali) 학파가 우세한 사우디아라비아에서는 장식 없이 아주 간소하게 행해진다. 최초의 무아다딘(*mu'adhadhin*, 기도 부름을 담당한 사람)이었던 빌랄(Bilāl)은 아름다운 목소리를 가졌기 때문에 선지자가 이 일을 하라고 선택했다.

모스크 장식에 반대하는 사람들의 의견이 우세해지지는 않았지만 그들의 논리를 보면 "장식이 있으면 마음이 다른 곳으로 기울고" 예배자를 유혹하여 기도를 소홀히 하게 된다는 것과 경건한 재단에 할당된 자금을 모스크의 장식보다는 모스크를 유지하거나 확장하는 데 사용하는 것이 바람직하다는 것이었다.[317] 그런데 가잘리가 모스크의 장식을 비난한 논리는 신은 은과 금이 아니라 오직 헌신된 마음만 원하신다는 것으로, 선지자의 하디스가 모스크의 장식과 꾸란 책장의 채식을 금하고 있다고 했다.[318] 그는 모스크의 장식이 숭배자의 눈과 마음을 돌리고 심지어 일상생활에서 사치를 추구하도록 오도할 수도 있다고 주장했다. 가잘리의 말은 주로 종교 기관의 설립자들을 향한 것으로, 그들은 호화로운 기념물에 자신들의 이름을 새겨 불멸과 면죄(免罪)를 구한 자들이었다.

종교 건물의 장식에 대한 적대감을 보여주는 사례가 모로코의 이븐 아비 자프(Ibn Abī Zafʿ)의 연대기에 기록되어 있다. 그는 12세기 무라비트* 왕조의 카라위인 모스크의 기도 벽감(미흐랍*miḥrāb*)이 금과 하늘빛을 비롯하여 여러 색상으로 장식되어 있어서 신도들이 눈이 부셔서 기도에 몰입할 수 없을 정도였다고 했다. 근본주의로 유명했던 무와히드** 왕조가 그들의 도시를 곧 정복하려 한다는 걸 알게 되자, 페즈 거주민들은 그 호화로움 때문에 비난을 당할 것을 두려워하여 미흐랍 돔의 장식을 종이와 회반죽으로 덮기 시작했다.[319]

그러나 더 널리 퍼져 있는 입장은 장식이란 신을 숭배하고 영화롭게 하는(타지만*taʿẓīman*) 방법으로 인정하는 것이었다. 아랍 건축의 유산 자체가 건축에 대한 부정적인 논지가 승리할 수 없었다는 가장 강력한 증거이다. 결국 무와히드 왕조도 건축 장식의 유혹에 저항하지 않고 자신들의 건물에서도 그러한 것을 사용했다. 어쨌든 건축 장식의 반대자들과 옹호자들 모두 미학적 장치가 어떤 의미를 갖고 있다는 원칙에는 동의하고 있는데, 마음을 신으로부터 멀어지게 하는 유혹의 수단이냐 아니면 그분께 바치는 경건의 표시냐는 것이다. 장식을 종교적 헌신의 형태로 사용하는 것을 보면 기부자의 헌신의 표시로 사원에 장신구를 기증하던 고대 전통을 떠올리게 된다.

건축 장식이 후원자의 경건함을 상징한다는 의미는 법률문서에서도 증명이 된다. 맘루크 시대 이집트의 와크프(재단 설립 증서) 가

---

* 영어나 스페인어 표기로는 알모라비드. (역자주)

** 영어나 스페인어 표기로는 알모하드. (역자주)

운데 두 구절을 보면 모스크를 장식하여 눈과 영혼을 즐겁게 하는 것이 종교적 헌신의 행위이자 후원자가 무슬림 공동체에 보내는 관대함의 표시라는 것을 알 수 있다. 와크프는 신탁에 포함된 건물에 대해 설명하고 그 기관에 고용되어 있는 직원들의 세부 목록이 포함된 법적 문서이다. 이 와크프의 구절은 생 드니 수도원에 대한 슈제(Suger)*의 의견만큼 주관적이지는 않지만 주목할 가치가 있는데, 특히 법률 문서에 등장하기 때문이다.

최초의 와크프는 술탄 칼라운 병원의 재단 문서로, 병원은 13세기 후반 카이로에 지어진 것이다. 병원에 대한 설명에 따르면 건물은 비할 데 없이 탁월했으며, 그 세련된 특징과 아름다움으로 인해 전 세계적으로 유명하다는 찬사를 듣고 있다. 이 문서는 또한 건물이 설립자의 "고귀한 포부('uluww al-himma)"를 증거하는 완벽함을 보여준다고 찬사를 보낸다.[320]

100년 이상이 지나서(14세기 말) 술탄 파라즈 이븐 바르쿠크(Sultan Faraj lbn Barqūq)가 작성한 재단 문서 와크프는 카이로의 종교 복합단지에 대한 것이다.[321] 이 문서는 첫 번째 문서보다 훨씬 더 강력했다. 문서에는 와크프의 필수 부분인 일반적인 기술적 설명 사이에 건물의 미적 가치를 언급하는 긴 구절들을 담고 있다. 내용은 주로 장식의 아름다움에 대한 것이다. 이 문서에 따르면, 모스크는 멋진 건물로 보기 좋은 형태와 적절한 특색마다 놀라운 장인 기

....

* 슈제(Suger, 1081?-1151)(프랑스의 수사·정치가, 생드니 수도원장) 프랑스 성직자 겸 정치가. 법이론의 재능 및 관리·조직과 외교적 수완이 뛰어나 봉건제에 대항하여 왕권의 강화를 꾀하는 등 정치가로서도 공적을 쌓았는데, 생드니에서는 성 베르나르의 개혁운동을 본받아 수도원의 개혁과 기강의 확립에 힘쓰며 웅대한 고딕 성당을 그곳에 건립하였다. (역자주)

술이 드러나 있다. 금박은 영혼을 기쁘게 하고, 장식은 우아하고 탁월하며 정교하게 가공되었으며, 고귀하고 희귀하며 값비싼 대리석으로 만들어졌다. 다양한 장식 문양이 눈부시고, 멋지고, 눈을 즐겁게 하고, 마음과 영혼을 즐겁게 한다고 묘사되어 있다. 모스크의 분수는 보기만 해도 갈증을 풀어준다고 한다.

법률 문서에 등장하는 이러한 과장법은 단순히 장식용일 수 없으며, 분명 메시지를 전달하기 위한 것임에 틀림없다. 첫 번째 문서인 칼라운의 와크프에서는 건물의 아름다움이 설립자의 고귀한 포부를 보여준다고 한다. 두 번째에서도 이러한 점이 암시되어 있다. 기념물의 미적 속성과 함께 술탄이 모스크 건립을 위해 남긴 재산 항목이 나열되어 있어, 장인 솜씨의 아름다움과 탁월함은 술탄의 노력 덕분임을 보여주고 있다. 모스크는 문서에서 언급되지 않은 장인의 업적이라기보다 창업자로서 술탄의 업적이다. 이렇게 경건함을 드러내는 것이 바로 가잘리가 수세기 전에 모스크의 장식을 비난하면서 위선이라고 비난했던 바이다.

눈과 마음과 영혼의 즐거움에 대한 언급을 보면, 모스크가 신을 기쁘게 하고 숭배자들을 즐겁게 하는 미적 특징을 지녀야 한다는 데에는 의심의 여지가 없다. 여기에서 디자인에 포함된 종교적 상징에 대한 언급은 없다. 미학적 효과는 후원자의 헌신의 메시지를 전달할 뿐이다. 소중한 재료와 숙련된 장인 솜씨가 눈을 즐겁게 하여 보는 이의 마음과 영혼을 감동시켜 행복하게 만든다. 이 때문에 숭배자들이 모스크를 방문하게 될 것이다. 여기에서 정치적 의미는 멋진 공공 건물을 후원함으로써 군주가 자신의 경건함을 광고하고 있다는 것이다. 그러나 이 문서들에서 그렇게 칭찬하는 장식적 주제의 본질이 무엇인지 알려주는 내용은 없고, 심지어 그것이 기하학적인지, 식물형인지, 금석문(金石文)인지에 대해서조차 말이 없다.

아랍 시는 교훈적 목적 없이 미적 필요만 충족시킨다는 이븐 시나의 진술은 시각 예술까지 해당될 수 있다. 그들의 의미는 즐거움을 추구하는 인간의 자연스러운 충동에 반응하는 것이다.

예술품에 담긴 금석문을 보면, 종종 장인과 그들 고객의 높은 미적 감각이 드러난다. 물건의 목적이 보는 사람을 즐겁게 하는 것일 때 아름다움이라는 용어를 사용한다. 물건을 시선이 배회하는 초원에 비유하는 경우가 많았다. 바그다드에 있는 14세기 모스크의 비문(碑文)에는 그 건물의 건설자가 신을 위해 그리고 그의 헌신의 표시로 "즐겁고 낙원같이", 또 "장식한 신부"만큼 아름답게 모스크를 지었다고 기록되어 있다.[322] 메시나에 있는 노르만 왕 로저 2세의 궁전 입구에는 아랍어 비문이 새겨져 있는데, 보는 사람들에게 이 기념물의 아름다움을 경외하고 숙고하라고 되어 있다.[323] 맘루크 시대 그릇에는 그 그릇 소유자에게 그릇에 담겨 있는 의미를 발견하기 위해서 그릇의 아름다움을 숙고해보라고 청하는 글귀가 새겨져 있다. 1183년에 세워진 카이로 성채의 기초 비문에는 살라알딘(살라딘이라고 알려져 있다)이라는 이름이 새겨 있고, 이 건물이 "아름다움과 기능을 함께 하고 있다"고 명시되어 있다. 다양한 시대에 세워진 북아프리카 모스크에 새겨진 많은 비문은 건물의 시각적 아름다움과 멋진 외관에 대해 넌지시 말해주고 있다.

예술품을 의인화하는 것은, 예술품이 직접 말을 하게 하든 예술품에 말을 걸든, 이슬람 예술의 금석문에서 흔히 볼 수 있는 일이었다. 어떤 상아함에는 "나는 눈의 환희로다"라는 문구가 새겨져 있다.[324] 다른 것에는 다음과 같이 새겨져 있다.

> 내가 보여주는 광경은 가장 아름다운 것,
> 섬세한 처녀의 단단한 가슴처럼
> 아름다움이 나에게 화려한 옷을 입혀
> 보석을 진열하도록 하였구나
> 나는 사향, 장뇌, 용연향을 담는 그릇이로다.[325]

알제리에 있는 미나렛의 비문에서도 유사한 의인화를 발견할 수 있다. 미나렛은 자신의 완벽함을 칭송하고 자신과 비교 가능한 미나렛이 존재했느냐고 질문한다. 미나렛은 그 건설자의 노력을 찬양하는데, 그는 건축과 장식을 너무나 아름답게 만들어 하늘의 달조차도 미나렛의 아름다움과 달 자신의 아름다움이 동등하다고 인정하면서 경의를 표할 정도였다. 미나렛은 계속해서 영혼을 고양시키고 감탄을 불러일으키는 자신의 잘 생긴 모습을 찬양하고, 신이 그러한 미나렛을 세우고 완성케 한 건설자를 명예로이 여기리라고 끝맺었다.[326] 알함브라의 벽에 새겨진 시에서, 건물은 보는 사람에게 건물 그 자체가 아름답게 차려 입은 신부와 같다고 말한다. 도시와 기념물은 종종 '아루스(*'arūs*)'와 비교되는데, 이는 신부를 뜻한다. 이 비유는 건축의 아름다움을 우아함, 장식, 독창성을 함께 한 여성적 속성으로 보는 것이다.

아랍 문학에서 아름다운 것은 보는 사람에게 미치는 영향에 따라 묘사된다. 예술은 일반적으로 대상의 고유한 특성에 대한 경이로움이나 놀라움을 전달한다고 한다. '듀라 야티마(유일무이한 진주)'라는 용어는 비교할 수 없을 정도로 아름답고 가치 있는 느낌을 전달하기 위해 사용되던 유행어다. 아름다움은 '비교를 불허하는 것' 또는 '결코 본 적 없는 것 같은 것'이라고 본다.

다른 전통의 예술과 달리, 이슬람 예술은 종교적 숭배나 신과의 소통 형식이라고 해석될 수는 없고, 오히려 보기 좋은 물건을 드러내기 위한 미적 매체로 볼 수 있으며, 즐거움을 위해서 혹은 경건한 행위로 기부하기 위해 예술적으로 제작된 것이다. 아랍인의 예술은 은유적이지 않으며, 보편적인 지혜의 계시라고 보아서도 안 된다. 예술은 그 자체 이외의 다른 것을 의미하도록 되어 있지 않다. 그 맥락과 사용자에 따라 예술 작품에 도덕적 의미를 부여하는 것이다. 세속적인 직업으로서 예술은 각 장르의 전문가와 기술자의 기준을 따르고, 후원자의 판단을 따를 뿐이다.

형식의 아름다움과 내용의 아름다움을 구별한 아리스토텔레스의 구분을 채택함으로써, 아랍인들은 미학적 접근을 선택했다. 체계적인 시각적 상징주의의 결여, 인물 묘사의 희소성, 도식적이고 추상적인 표현에 대한 선호로 인해 이슬람 예술은 뚜렷한 시각성과 심미성을 지향하게 되었다. 호지슨(Hodgson)이 인정한 바에 따르면, 이러한 미학적 선택의 의미와 장점이 궁극적으로 이슬람 예술의 자율적 특성으로 또 마침내는 이슬람 예술의 세속적인 특성으로 이어지고, 어떤 의미에서 근대성을 미리 담고 있었다.[327] 그러나, 현대 예술에서 예술가의 개성에 어떠한 제한도 부과하지 않는 것과는 달리, 이슬람 예술은 전통적이고 형식적인 기준의 연속성이라는 제한을 받았다.

전근대 무슬림에게는 기독교의 십자가와 견줄 만한 종교적 상징이 없었다. 초승달은 근대에 와서야 사용하게 되었다.[328] 대신, 꾸란 구절 또는 샤하다(알라 외에는 신이 없으며 무함마드는 그의 메신저라고 말하는 이슬람의 첫 번째 교리)가 무슬림임을 확인시켜준다. 무슬림은 신으로부터 직접 신의 말씀을 받았기 때문에 오직 신의 말씀만이 신성하다. 무슬림 종교 예술에 사용되는 다른 형태와 패턴은 모두 상호 교환이 가능하고, 여러 기능을 하고 있어서, 그 자체만으로 신성한 것이라고 간주되지는 않았다.

무슬림은 성상이나 신성한 상징물 앞에서 기도하지 않고, 메카의 카바를 향해서만 기도한다. 기도 벽감(미흐랍)이 이를 강조하고 있는데, 미흐랍은 메카를 향하는 벽의 중심에 자리잡고 모스크의 축을 이룬다. 그러나 십자가가 남다른 특성을 가진 것과는 달리 미흐랍은 다른 장식용 벽감과 크게 다르지 않다.

이슬람 예술이 세속적이라고 하는 것은 그 특징적인 패턴이 종교적 상징으로 간주되지 않기 때문이다. 예술의 용도는 중립적이고 보편적이다. 특별히 종교적 의미를 내포하는 장식 유형도 없다. 다양한 구성 요소에 의해 의미가 생기며, 그 중 금석문이 중요한 역할을 했다. 무카르나스 역시 종교적 의미가 없었다. 필요할 때는 언제나 어디서나 쓰였다. 인도 건축의 사리탑과 달리, 이슬람의 돔은 종교적 상징이 아니고, 모스크, 알현실, 영묘, 정원 누각, 튀르키예식 목욕탕, 세정(洗淨)용 분수, 화장실 등 어떤 지붕에도 쓰였던 구조적, 미적인 장치였다. 북아프리카에는 두 개의 돔이 있는 모스크가 있는데 하나는 미흐랍 위에 있고 다른 하나는 세정용 분수 위에 있다. 의미를 부여하고 건물을 식별하는 데 있어 좀 더 결정적인 것은 형식보다는 기능이었다.

비문(碑文)은 모든 물건에 쓸 수 있었다. 특정 꾸란의 구절은 전통적으로 특정 물건이나 구조와 연관되어 있었는데, 구절 자체가 이러한 물건의 기능이나 연관성을 언급하기 때문이었다. 메카를 향하여 기도하거나 목마른 자에게 물을 주어야 하는 의무에 관한 구절은 각각 기도 벽감과 분수에서 발견된다. 죽음을 언급하는 구절은 영묘에서 발견된다. 때때로 상징적인 거처럼 보이는 것은 단지 형식적인 근거에 적합할 뿐일 때가 많다. 예를 들어, 낙원의 문을 통과하는 의인을 가리키는 "평화와 안전함 가운데 (낙원)으로 들어가라, 15:46)"라는 구절은 다양한 종류의 문과 입구에 거의 무차별적으로 새겨져 있는데, 이 구절에 입구라는 개념이 포함되어 있기 때문이다. 돔과 천장에 새길 때는 하늘이나 창공에 대한 언급이 당연한 선택이었다. 그러나 왕좌의 구절(2:255)과 같이 표준적으로 적용되고 모든 곳에서 발견되는 꾸란 문구도 많은데, 이 구절은 특히 아름답다고 받아들여지고 있다. 그렇지만 엄격한 규칙이 있는 것은 아니다. 예를 들어 카이로의 첨탑에 새겨진 비문은 다양한 선택이 있다는 것을 보여주고 있다.

이슬람 시각 예술에서 개념적이고 교리적인 상징주의가 없다고 해서 상징주의가 전혀 없다는 것은 아니다.[329] 꿈 해석은 종교학에 속하는 것으로, 인간 생활의 모든 측면을 다루면서 추상적 주제뿐 아니라 구체적인 주제까지 포함하여 꿈에서 그들의 상징적 의미를 알려주는 상세한 사전들이 편찬되었다. 해석은 주로 꾸란과 하디스에 출처를 두고 있지만, 문헌이나 민간 전승에서 나온 연관성에도 기반하고 있다. 모든 종류의 식물, 가구, 도구, 기구는 상징적 의미를 지니고 있다고 보았다. 이러한 상징들이 시각 예술에 어떤 특별

성 루이 왕의 세례용기(Baptistère de St. Louis), 이집트, 13세기

한 영향도 미치지 않았다는 놀라운 사실이야말로 이러한 예술의 무목적성(無目的性)과 미학적 특성을 보여주는 강력한 증거이다.

건축은 보편적인 기념 매체이다. 다른 문화와 마찬가지로 이슬람 문화에서도 특정 행사를 위해, 즉 승리를 축하하거나 역사적인 순간을 기념하기 위해 기념물과 예술품이 만들어졌다. 바위 성원(7세기 후반)은 계획된 건축 가운데 가장 유명하고 가장 많이 논의된 사례로서, 세 번째이자 마지막 일신교인 이슬람의 승리를 경축하고 있다. 성 루이왕의 세례 용기(Baptistère de St. Louis)라고 알려진 금속 대야에는 알 자히르 바이바르스의 개혁을 기념하는 정치적 장면들로 가득하다.[330] 여기에서 상징주의는 정경(政經)이나 형태와 패턴의 체계에 근거한 것이 아니다. 이때의 상징주의는 우연한 것으로 체계적이지 않다.

시는 이슬람 이전의 문학적 이상을 따랐고, 종교학은 선지자와 그의 동료들의 시대에 초점을 맞추었지만, 시각 예술에서는 어떤 특별한 초기 모델이 없었다. 이슬람 시각 예술은 종교적 제약 없이 다양한 영감의 원천을 따르며 실제로 쓰이면서 진화했고, 결과적으로 신성한 영역과 세속 영역 사이에 갈등이 없었다. 최초의 모스크는 선지자의 가옥 구도에 따라 지어졌고, 그럼으로써 고전적인 다주식(多柱式) 모스크 구도를 이루었지만 이 양식은 교리 때문에 만들어진 것이 아니었다. 모스크는 어떤 모양이든 될 수 있다. 이슬람 종교 건축의 비교조적이고 비신성성의 특성으로 해서 일반 건축이 모스크 구도에 지속적으로 영향을 미쳤다. 선지자의 가옥이 고전적인 다주식 모스크의 원형이 되었을 뿐만 아니라 이란의 4개의 이완(*īwān*) 구도나 이집트의 카아(*qā'a*)는 둘 다 주거용 건축에서 차용하여 모스크 건축에 사용된 것이다.

형상 문양과 같은 일부 특징은 이교도적이라든가 기독교적 연상 때문에 거부되었다. 오목한 벽감을 미흐랍으로 사용하는 것이 교회와의 연관성을 떠올린다고 처음에는 논란이 되었다. 그러나 카바(Ka'ba)는 이교도 시절 아라비아에서 그 종교적 의의와는 무관하게 새로운 종교에서도 주요 성전이 되었다. 세속적 영역에서는 외래 상징을 사용하는 데 아무런 제약이 없었다. 제약은커녕, 무슬림 군주는 그들의 궁중 의식과 예술에서 모든 영역애서 권력의 상징을 채택했다. 예를 들어 아랍의 '군주의 거울'은 이슬람 이전 문화와 비이슬람 문화 모두에서 모델을 취한 융합적 장르였다.[331]

장식적 주제

이미지

예술적 접근 방식은 시대와 지역에 따라 달랐다. 마그레브와 같은 일부 지역에서는 처음부터 예술에 형상 문양을 거의 사용하지 않았다. 이집트와 시리아와 같은 지역의 예술은 시간이 지남에 따라 인물 형상을 덜 사용하게 되었다. 서구 미술사학자들은 규정만 가지고는 이슬람 예술의 비형상적인 특성을 설명하기에 부족하다고 생각하고 그 뒤에 숨겨진 종교적 동기를 지나치게 강조하는 경향이 있다. 형상 표현에 대한 금지는 꾸란에 근거한 것이 아니며, 항상 무조건적인 것도 아니다.[332] 취향이란 원래 다양한 정치적, 종교적, 사회적 요인에 의해 형성되지만 결국 그 자체의 고유한 기준을 만들어낸다. 포도주를 마시는 것과 동성애는 둘 다 형상 표현보다 이슬람에서 훨씬 더 엄격히 금지했지만, 문헌에서 피할 수 없는 인생의 현실이라고 기록되어 있다. 두 활동 모두 멈추어 진 적이 없으며 심지어 시와 문학에서 찬양되어지기도 했다. 『아라비안 나이트』에는 여성과 남성이 각각 이성애와 동성애 관계의 장점을 주장하는 경쟁을 벌이는 이야기도 있다.[333]

초기 이슬람 역사에서는 이슬람 이전의 그리스, 콥트, 페르시아 예술의 영향을 받아서 세속 건축의 벽화와 조각은 스포츠 활동, 궁중 장면, 형상적 표현으로서 여성의 아름다움을 담고 있다. 심지어 때로는 초상화조차 그려졌다. 우마이야 칼리프들은 그림과 조각에 등장했으며, 9세기 이집트의 툴룬 왕조 통치자인 후마라와이는 노예 소녀들의 조각상을 만들도록 시켰다. 파티마 왕조의 누각(樓閣)의 벽에는 시의 발췌문과 함께 궁정 시인의 초상화가 그려져 있었고, 심지어 정통 맘루크 술탄 바이바르스도 그의 군사적 승리를 축하하고 그의 궁정의 위대함을 보여주기 위해 궁전의 벽에 자신의 아미르들을 그리도록 하였다.[334] 그러나 종교 건물과 종교 예술품에는 여전히 인물 형상이 없었다.

14세기 이후 대부분의 아랍 세계에서 형상 묘사는 사라졌고, 동물 문양만이 한동안 계속 휴대용 물건을 장식하는 데 쓰였을 뿐이다. 종교적 금지령만으로는 이러한 현상을 설명할 수 없다. 식물 문양의 추상적인 처리에서도 확인할 수 있듯이, 일반적으로 추상적인 표현 경향이 아랍 세계의 예술 특징이라고 보는데 이러한 것이 종교적 제한에 의해 생긴 것은 아니다. 나무와 식물은 자연에서 충실하게 복사한 것이 아니라 비현실적인 선형 구성으로 양식화되고 변형되었다. 아랍 예술의 식물을 식물 용어로 식별하는 것은 거의 불가능한데, 이는 종교적 경건함 때문이 아니라 오히려 비현실적이고 비서사적인 예술 표현을 선호한 데에서 나온 것이다. 형상 표현이 사라진 것조차도 사실주의에서 양식화로 점진적으로 진화한 과정의 일부였다. 시리아와 이집트의 후기 헬레니즘과 기독교 예술의 정신은 사라지고, 보다 전형적인 형태의 이미지가 대신했다. 음악가와 무용수는 더 이상 우마이야 칼리프조나 파티마 왕조의 예술에서처럼 여성적으로 그려지지 않았고, 점점 더 식별 불가능한 성별을 가진 중립적 인물로 통치자 왕권의 상징 첨가물로 그려졌다. 이러한 변화는 지배 기득권 구조의 사회정치적 변화를 반영하고 있다.

형상 표현은 아랍 세계의 예술에서 결코 지속적인 특징은 아니었지만, 아랍 작가들은 여러 차례 이미지의 의미에 대해 논의해왔다. 형상 문양은 종종 마법적이거나 치유력이 있는 것으로 받아들여졌다. 13세기 학자인 구줄리(Ghuzūlī)가 기록한 바에 따르면, 함맘에는 "한 쌍의 연인, 정원과 화단, 질주하는 멋진 말과 야수 등을 그린 예술적 가치가 높고 대단히 아름다운 그림이 포함되어야 한다. 이와 같은 그림에는 동물적이든, 자연적이든 영적이든 신체의 능력을 강화시키는 잠재력이 있기 때문이다."[335] 또 다른 중세 작가는 많은 책에서 함맘의 이점을 인용하고 있는데, 다음과 같이 썼다.

> 의사, 철학자, 현자들이 모두 동의하는 바는 아름다운 그림을 보면 영혼이 행복해지고 활력이 넘치며 우울함에서 해방된다는 것이다. 그런 그림은 다른 무엇보다도 마음을 강하게 하는데, 모든 악한 생각을 제거하기 때문이다. 혹자가 말하기를, 실제로 존재하는 아름다운 형태가 없다면 책이나 기념물, 궁궐, 목욕탕 등에 있는 그림처럼 뛰어난 솜씨로 빚어낸 아름다운 이미지에 눈을 돌려야 한다.

이 모든 것은 철학자이자 의사인 무함마드 이븐 자카리야 알 라지(Muhammad lbn Zakariyya al-Razi)가 자연의 질서와 조화를 이루지 못하는 나쁜 생각이나 사악한 집착의 희생자인 사람들에게 강력하게 권장한 것이다. 그가 말한 바에 따르면, "아름다운 그림이 노란색, 빨간색, 녹색, 흰색과 같은 좋은 색상과 함께 조화로운 비율의 형태를 담고 있으면, 우울한 기분을 몰아내고, 영혼에 달라붙는 슬픔을 몰아내어 슬픔에서 해방시켜 주는데, 그런 이미지를 보면 마음이 풀어지고 기뻐하며 불안이 사라지기 때문이다. 과거의 현자들이 수년에 걸쳐 목욕에 대해 숙고하여, 그들이 날카롭고 예리한 정신으로 목욕에서 많은 에너지를 잃을 수 있다는 걸 깨닫게 되었음을 생각해보라. 그들은 지능으로 이 손실을 보상할 방법을 찾았는데, 아름답고 기분 좋은 색상으로 세 가지의 서로 다른 유형의 장엄한 그림을 그렸다. 이는 인간의 동물적, 영적, 자연적 잠재력을 다루기 위해 만들어 진 것들이다. 그 그림에는 청년들이 싸우고, 사냥하고, 경마하는 모습을 그려서 동물적 잠재력을 자극하고, 연인들이 서로 껴안거나 서로를 비난하는 장면을 그려 영적 잠재력을 자극하고, 꽃과 멋진 나무가 어우러진 아름다운 풍경과 빛나는 색상으로 자연의 잠재력을 표현했다.[336]

마치 부적과 같이 이미지는 그 대상의 특징적인 힘을 발산할 수 있다. 함맘 그림의 효과는 다음 에피소드에서 간접적이긴 하지만 더 자세히 설명되어 있다. 학자이자 문학가인 이븐 하즘(Ibn Ḥazm)은 어느 날 친구가 꿈에서만 본 여자와 어떻게 사랑에 빠졌는지 말해주었다고 한다. 이븐 하즘은 놀라서 친구의 어리석음을 비난하면서 말했다. "차라리 함맘 벽에 그려진 그림에 빠졌다면, 그대를 용서하는 게 더 쉬웠을 것이오."[337]

이미지에는 능력이 있다고 믿었기 때문에 벽사적(僻邪的) 목적이나 행운을 불러들이기 위해 사용되었다. 부적이 악의 힘을 억제하는 것처럼, 이미지는 긍정적인 힘을 불러일으킬 수 있다. 어떤 의학 서적에서는 특정 치료법으로 사자 이미지가 있는 부적을 사용하라고 권하고 있다. 전갈이 담긴 반지는 곤충을 쫓는다고 믿었고, 세군데의 모스크 기둥에 그려진 새의 이미지는 새들이 건물에 접근하지 못하도록 막아줄 것이라고 믿었다.[338] 마수디(Masudi)는 알렉산드리아에 대해 말하면서, 알렉산더 대왕은 괴물들이 주민을 괴롭히지 못하도록 막으려고 도시 해안을 따라 해양 악마의 거대한 조각상을 세우라는 명령을 내렸고, 괴물들이 나와서 조각상을 보자 도망쳐 다시는 돌아오지 않았다고 기록했다. 아랍 역사가들은 고대 이집트 기념물에 대해 길게 설명하면서, 그 비문(碑文)과 형상의 불가사의하며 벽사적인 의미에 대해 지적하고 있다.

형상 문양 가운데 군주 이미지의 두드러진 역할도 종종 이러한 마술적 의미로 받아들여진다. 군주의 도상학은 군주가 사용하는 물건뿐만 아니라 부르주아지가 의뢰한 예술품에도 쓰였다. 왕좌에 앉은 인물이 군주의 여가활동인 음악과 사냥을 즐기는 모습은 일상생활에서부터 온 주제들보다 더 유행했다. 하리리의 『마까마트』에서 표현된 것과 같은 일상생활의 주제는 인기가 없었다. 군주의 주제는 단순히 왕의 오락을 묘사한 것이 아니라, 왕의 삶과 비슷하게 풍요롭고 성공적인 삶에 대한 암시로 예술품의 소유자에게 상서로운 의미를 지닌다고 받아들여졌다.[339] 따라서 이 이미지는 물건 소유자의 영광, 행복, 번영, 부유함, 탁월함, 승리, 권위, 권력, 장수 등을 기원하는 상투적인 비문과 같은 뜻을 가진 것으로 받아들여졌고, 이 이미지와 비문이 함께 등장하는 경우가 많았다. 군주의 이미지는 "제왕처럼 살기를 바랍니다"라는 메시지를 전달하고 있었다. 왕족은 행복의 상징이었다. 이야기의 해피 엔딩은 항상 왕국과 연관되어 있다. 상인은 왕의 딸과 결혼하여 자신이 왕이 된다.

이와 비슷하게, 형상 표현의 또 다른 주요 주제인 십이궁도(十二宮圖)의 기호는 행운의 상징으로, 상서로운 별자리를 연상시키는 것으로 받아들여졌다. 소유주에게 복을 불러오는 봉헌(奉獻) 비문은 점성술적 상징과 결합되어 접시, 그릇, 양동이와 같은 실용적인 물건의 특징적인 장식을 이루었다. 맘루크 시대에 귀족에 속하지 않은 사람들을 위해 만들어진 물건에 군주의 칭호나 문장(紋章)을 사용하는 것도 군주 이미지와 비슷하게 상서로운 의미를 가질 수 있었다. 후기 맘루크 시대에 이미지가 회귀해지자, 금속 세공품에 새겨진 십이궁도에서는 단어가 이미지처럼 상서로운 별자리를 연상시키게 되었다.

다른 종교와 신념에서 초자연적 능력을 이미지나 아이콘과 연관시키듯이, 이슬람에서는 그러한 힘이 꾸란에 있다고 본다. 꾸란 내용은 기독교의 십자가와 같이 벽사적 목적으로 사용된다. 대중 종교에서 특정 꾸란 구절은 악이나 질병을 물리치려는 부적에 새겨졌고, 지금도 새기고 있다. 예술에서 금석문도 종종 이러한 목적으로 사용되었다.

서예

꾸란의 언어는 신성한 본질과 분리할 수 없기 때문에, 아랍어와 아랍어로 쓰여진 글은 무슬림 정체성의 가장 중요한 표현으로 남아 있다. 꾸란은 신의 직접적인 말씀을 나타내기 때문에, 시각적 표현과 마찬가지로 꾸란의 글은 이슬람 예술에서 다른 어떤 문화와도 비교할 수 없는 위치를 차지하게 되었다. 웰치(A. Welch)는 "아랍 문자는 이슬람 예술의 중심 형식이며, 최초의 특징적인 시각 표현 양상이자 최고의 표현 양상"이라고 썼다.[340] 서예는 기독교 문화의 도상(圖像)과 같이 시대와 장소를 가리지 않고 귀하게 여겨졌다. 서예의 기원은 꾸란을 기록해야 할 필요성과 관련이 있는데, 꾸란은 처음에는 구전(口傳)이었다가, 모든 사람이 쉽게 읽을 수 있는 형태로 기록되었다. 지식을 최우선 가치로 여겼던 사회에서, 문해력은 특히 도시 인구 사이에 널리 확산되었고, 글쓰기는 주요 예술이 되었다. 서예는 신의 영원한 말씀의 구체화로서 경건함과도 연결되었다. 일부 수피는 작가의 영혼과 글 사이의 연관성을 강조하면서, 좋은 서예가가 되려면 순수한 영혼을 가져야 한다고 말했다. 특정 수피 학파에서는 아랍어 알파벳에 신비한 속성이 있다고 보았다. 그러나 아랍 세계에서 서예는 이란인들이나 튀르키예인들의 세계에서보다 신비주의와의 관계가 깊지 않았다. 오히려 서예는 "펜의 수사학"이라고 육성되어, 장서학, 고서학 또는 휴대용 물건의 장식과 같이 실용적인 목적을 위해 쓰였다. 서예는 맑은 마음의 반영이라고 보았다. "아름다운 손글씨는 작가를 대변하고, 그의 주장을 설득력 있게 만들며, 그가 원하는 바를 얻을 수 있게 한다"고 호라산의 총독이었던 아브 알라 이븐 타히르가 솜씨 없이 쓴 상소문에 대해 논평하면서 말했다.[341] 이븐 알 무카파(Ibn al-Muqaffaʿ)는 "서체는 왕자에게는 장식품이고, 부자에게는 완벽함이며, 가난한 자에게는 재산"이라고 썼다.[342] 15세기에 칼카샨디(Qalqashandī)는 문어(文語)에서 서예가 차지하는 중요성은 구어(口語)에서 수사학이 차지하는 중요성과 같다고 했다.[343] 그는 또한 '한다사트 알 카트(*handasat al-khaṭṭ*)', 즉 '쓰기의 기하학'에 대해 언급하기도 하였다.

아랍어 서체와 서예는 아랍인들이 이슬람 예술에 가장 크게 공헌한 부분이다. 서예는 그 자체의 정확하고 엄격한 규칙을 가진 학문으로, 어떤 비례를 따라야 하는지 규정되어 있다. 서예는 스타일의 비율과 일관성 같은 심미적 기준에 따라 판단되었다. 이러한 기준에 맞추려면, 교육을 받고 도구의 적절한 사용법을 익혀야 했다. 이 주제에 대해서도 선지자의 말을 인용할 수 있다.[344] 이븐 알 하이삼은 다음과 같이 말했다. "아름다운 서체란 글자가 보기 좋은 모양을 갖추고 서로 아름답게 조화되어 있는 것이다. 서체의 완벽한 아름다움은 모양과 위치의 조합에서 나온다."[345] 아부 하이얀 알 타히디가 보기에 필체는 지식의 정원이고, 펜은 지혜의 으뜸이다.[346]

서예라는 예술은 꾸란이나 책에만 국한되지 않았다. 종교적 연관성에도 불구하고, 서예의 기원은 종교 시설보다는 관청 환경에서 찾을 수 있다. 모든 종류의 물건에는 글이 장식되어 있었다. 일상용품에 비문을 광범위하게 사용한 것은 문자 해독력이 높은 도시 사회의 취향을 반영하고 있다. 비문의 중요한 기능은 정치적이어서, 군주의 권력을 홍보하는 말을 담고 있었다. 건축은 이러한 목적에 부합하는 것으로 가장 눈에 띄는 매체였다. 종교 건축이나 세속 건축의 많은 비문은 적절한 꾸란 문구를 골라 간접적으로 또는 직접적인 진술을 통해 군주가 이룩한 승리에 대해 언급하고 있으며, 어떤 경우에는 운문으로도 표현하는데, 알함브라가 그러한 경우이다.

서예는 종교적, 실용적 목적을 넘어 심미적 요구를 충족시킬 정도로 발전했다. 비루니가 비문의 미적 기능에 대해 언급한 바 있는데, 그는 수정석 조각 예술에서 장인이 그 표면을 장식하거나 글자를 새김으로써 재료의 결점을 숨길 수 있다고 했다.[347] 화려한 장식용 비문은 아라베스크와 기하 무늬와 함께 장식의 필수 요소가 되었다. 예술에서 비문을 사용하면 서예가의 상상력을 자유롭게 하여 장식적인 기물을 만들게 된다. 특히 쿠파체 글씨의 경우 필기체의 나스키(*naskhī*)처럼 비례 기준에 지배를 받지 않고 서예가 자신의 미적 정서를 따랐기 때문에 쿠파체 글자들은 장식으로 변모했다. 쿠파체 글자들은 잎이나 꽃의 모양으로 나타나고, 서로 꼬이고 이어지며, 매듭을 짓고, 교차하고, 얽혀서 끝없는 기하형을 이루고, 심지어 형상을 가진 생명체 모양으로 나타났다.

필기체 양식은 쿠파체보다 나중에 생긴 것으로 행정직의 재상들이 장려하는 세속의 관료적 상황에서 발전했다. 필기체 양식을 발명하고 개선한 서예가들은 그 이름을 따로 기록하여 공로를 인정받았다. 수많은 필기체 양식 중에서 나스키가 가장 큰 인기를 얻었다. 나스키는 10세기 바그다드에서 완성되었다. 이븐 무클라(Ibn Muqla, d. 940)는 재상이었는데, 비례에 기본을 두고 기하학적 원리를 따라 이 새로운 표준 서체를 발명했다고 한다. 그는 글자에 대한 측정 단위 혹은 모듈을 만들고 그 기본형과 비교형을 정리했다. 글자는 만섭(*mansūb*), 즉 균등해야 하는데, 이것이 그가 만든 양식의 이름이기도 하다. 이븐 무클라와 그의 후계자로 채색가이기도 했던 이븐 알 바와브(Ibn al-Bawwāb, d. 1021)는 종교계가 아니라 국가 관료제에서 활동했다.[348] 그들 둘 다 미학적 기준에 따랐다.

엄격한 비율 규칙에 따라 디자인되었기 때문에 나스키 문자는 쿠파체 문자처럼 장식 요소로 변형될 수 없었고, 그 때문에 풍부한 장식이 있는 배경과 함께 쓰였다. 예술품과 기념물에서 쿠파체와 나스키(혹은 그 변형형인 장중한 툴루스*thuluth*체) 서체는 함께 쓰이고 종종 결합되어 있기도 했다. 쿠파체가 종교적 전통에서 유래했고, 나스키가 세속적 환경에서 유래했기 때문에, 이 서체들은 종종 다른 의미와 연관되었다. 두 서체가 동일한 대상에 쓰일 때는 언제나 꾸란 문구에는 쿠파체를, 역사적 비문에는 나스키를 사용했다. 오늘날까지도 전통적인 이슬람적 의미를 전달할 때에는 쿠파체를 선호한다.

글자를 장식적인 장치로 사용하는 것은 알라의 이름과 그의 말씀이 "장식"이 될 수 있다는 것을 의미하며, 사실 꾸란 구절뿐만 아니라 하나님과 무함마드의 이름도 현대 관객이 볼 때에는 분명 장식적이라고 할 수 있는 방식으로 예술에서 사용되었다. 성례(聖禮)와 장식을 이렇게 혼합하는 것은 종교적 헌신을 표현하기 위해 미학적 장치를 채택할 수 있다는 것을 나타낸다. 서예의 장식적 기능이 더 잘 드러나는 것은 때때로 예술품에 유사 비문(pseudo-epigraphy)을 사용하는 경우인데, 유사 비문은 문자를 아무 의미 없이 장식적으로 사용한 것이다.

아라베스크와 기하학

하짐 알 카르타야니는 미적 경험을 분석하면서 잔잔한 수면 위에 별이나 램프, 나무가 반사되는 것이 그러한 대상 자체의 모습보다 더 매력적이라고 썼다. 조각상은 그 조각상이 재현하는 주제보다 더 깊은 인상을 남기는데, 예술 작품(이브다 알 사나*ibdāʿal-ṣanʿa*)을 통해 실제 대상을 모방하고 조작하면서 만들어지는 놀라운 효과 때문이다.[349] 아랍 문화는 예술적 재현이 예술 경험을 이룬다는 걸 항상 인지하고 있었다. 문학 비평에서 분명하게 이러한 인식이 표현되어 있고, 시각 예술에서는 암시적으로 드러나 있다. 현실은 예술적 이미지보다 덜 인상적이다. 이것이 이슬람 시각 예술의 정수가 아닐까?

알 카티브(al-Katib)가 그의 음악에 관한 책에서 인용한 바에 따르면, 시각 예술에서 장식의 문제를 다루면서 파라비는 세 가지 범주의 멜로디를 구별했는데, 여기에서는 그 중 처음 두 가지에 주목할 수 있다. 첫 번째는 단순히 즐거움을 일으킨다. 두 번째이자 좀 더 고상한 것은 영혼의 상상력을 자극하여 실제 사물을 연상시키는 이미지를 생성한다. 파라비는 첫 번째 유형의 멜로디를 장식적인 디자인과, 두 번째 유형의 멜로디를 형상 표현과 비교하면서, 장식적 디자인은 즐거움을 일으키는 반면 형상 표현은 마치 신을 의인화하기 위해 만들어진 우상처럼 인간의 성격과 감정을 표현한다고 언급했다.[350] 파라비의 말은 분명히 비형상적 표현의 목표는 장식적이면서 즐거움을 불러일으키는 것이라고 규정하고 있다. 그는 추상적 디자인이야말로 미학이라고 보았다. 파라비의 발언은 앞서 언급

카이로에 있는 15세기 후반 술탄 카이트베이 영묘의 돔

한 이븐 시나의 그리스 시와 아랍 시의 비교를 떠오르게 한다. 두 철학자 모두 교화용 메시지는 형상 예술이나 서사 예술의 몫이고 비형상이나 추상 예술의 목적은 즐거움이라고 구별했다.

아랍 시가 과장된 직유와 사실적인 주제보다는 양식화된 주제를 선호하는 것처럼, 시각 예술에서 작가가 표현하고자 하는 것은 개별적인 우연한 경우가 아니라 일반적인 원리, 즉 추상화된 현상이다. 예술은 사실이나 에피소드를 서술하기보다는 상상력을 자극하기 위한 것이었다. 예술이 전달하고자 하는 것은 개별적인 사건이 아니라 그것의 내적 이미지다. 주르쟈니는 그의 문학 비평에서 예술이란 현실(*taṣwīr*)을 모방한다는 의미에서 모방적이라고 했던 아리스토텔레스의 예술 개념을 따르지 않았다. 오히려, 그는 시와 시각 예술이란 주관적이면서 창의적인 상상적 사고 방식이라고 보았다. 시는 사물 사이의 유사점을 알아내어 현실을 변화시킴으로써 감정을 자극하는데, 현실을 충실히 모방하는 것이 아니라 사실 전달보다 감정을 불러일으킴으로써 이러한 일을 한다. 아부 디브는 주르쟈니에 대해 논하면서, 주르쟈니의 시와 그림 비교는 비구상적이고 추상화된 예술 형태라고 강조한다. 주르쟈니의 "이미지 메이킹" 개념은 사실적인 것이 아니라 구성적인 것이다.[351] 하짐 알 카르타야니가 이미지를 단순한 시각적 현상이 아닌 심리적 현상으로 본 것처럼, 주르쟈니의 관점은 이븐 알 하이삼의 시각 분석과 일치한다. 세 사람 모두 예술적 지각 과정에서의 심리적 깊이와 예술적 경험에 있어 감상자의 적극적인 기여를 강조하고 있다. 오웬 존스(Owen Jones)가 알함브라 장식을 분석하면서 언급했듯이, 눈만이 감동을 받는 것이 아니라 지성도 감동을 받는다.

이슬람 정통교리에서는 신이 만물과 모든 사건의 창조주라고 강조하지만, 그렇다고 해서 결코 환경을 가꾸고 형성하는 인간의 역할을 부정하거나 폄하하지 않는다. 하나님은 만물과 모든 사건의 절대적 권세자이므로 인간은 창조주로서 역할을 할 수 없고 인간의 중점적인 활동 영역은 다만 창조물을 정교하게 하는 것뿐이다.

음악학자 알 파루키(al-Faruqi)는 다음과 같이 썼다.

> 아랍 예술가의 목표는 자연 그 자체나 자연 현상을 그의 주제 혹은 표현의 수단으로 삼아 아름다운 첨가물로 그를 장식하는 것이라기보다는 추상화되고 양식화된 모티프를 사용하여 자신을 표현하는 것이다. 이렇게 그는 구성물을 만들어 끝없는 디자인 감각을 보여주고 있다. 그가 형상적 모티프를 사용하는 경우가 되더라도 그 모티브의 개별성, 개성, 자연스러움을 부정하는 방식으로 다룬다. 그러므로 아랍 예술가에게 장식은 첨가물이 아니고, 그의 예술에서 불필요한 것도 아니고 없앨 수 있는 요소가 아니다. 장식이라는 재료로부터 그의 무한한 패턴이 만들어진다.[352]

비유와 시적 언어를 사용하여 대상을 다루면 놀라운 시적 이미지가 상상력을 자극하리라고 보는 것처럼, 아라베스크와 기하학은 양식화와 추상화를 통해 초자연적인 의미를 띠게 되었다. 이슬람의 첫 번째 기념물에서 이미 이러한 현상이 나타났다. 바위 성원과 다마스쿠스 대(大)모스크의 모자이크는 식물과 보석, 정원과 건축이 결합되어 초월적인 자연에 대한 취향을 드러내고 있다. 아랍 시에서 자연 모티프를 다루는 경우나 자연을 보석과 비교하는 경우처럼, 아랍 예술의 상상력은 시각 예술에서도 현실을 넘어서고 있다. 추상화와 양식화 경향은 아랍 시각 예술의 기원에서부터 이미 명백하게 드러났으며, 이는 소설이나 이야기보다 시를 더 높은 위치에 두는 문학 전통과 보조를 맞추고 있다. 이란인들은『제왕기(샤나메*Shahnameh*)』를 역사로서 또 시로서 숭배하고 시각 예술의 주요한 소재로 사용했는데, 아랍인들은 이와 달리 이야기를 시와 분리했고, 추상적 형식으로 시를 즐기는 걸 선호했으며 그들의 시각 예술 역시 이란의 예술보다 덜 서사적이다.

추상화와 무시간성의 성향은 성서 자체에 존재하고 있다. 꾸란은 다양한 이야기를 들려주기는 하지만, 구약과 신약과는 달리, 한 민족의 역사나 다양한 개인의 삶을 서술하지 않는다. 하나님의 영원하고 성스러운 말씀으로서 꾸란은 연대순으로 기록될 필요가 없다. 꾸란의 각 장(章, 수라*sūra*)은 가장 긴 것부터 시작해서 길이 순서대로 배열되어 있다. 더 긴 것들일수록 선지자에게 더 나중에 계시된 것이었기 때문에, 그 순서는 연대기 순서에 반(反)하기조차 하다. 첫 번째 수라(장), 파티하(*fātiḥa*), 즉 서곡이 이 규칙의 유일한 예외다. 여기서의 원칙은 체계적인 서사가 아니라 응집이다.

이슬람 장식의 특징 중 하나는 패턴을 강조하기보다 표면의 조직화를 선호한다는 것이다. 패턴과 배경이 항상 식별 가능하거나 분리 가능한 것이 아니다. 또한 어떤 것도 프레임이 없다든지 그 자체의 윤곽으로만 남겨두지 않는다. 프레임은 중요한 역할을 한다. 건축에서나 휴대용 물품에서나 프레임이 내용보다 우선하며, 내용은 프레임에 따른다. 비문, 아라베스크, 기하문양은 미리 계산된 표면으로 모두 통합된다. 독자적이라든가 기념비적인 형상 문양은 거의 없다. 오히려 형상 문양들은 사각 테두리나 타원형 테두리, 원형 테두리에 담겨 순전히 장식적인 패턴과 번갈아가며 등장한다. 도예의 경우로 보면, 접시의 원형 모양이 접시에 그려진 문양을 결정한다. 시각 예술에서는 주제의 위계보다는 병치를 선호하는데, 이는 시와 음악에서도 볼 수 있는 특징이다.

아라베스크는 이슬람 예술에서 유럽인들에게 가장 충격을 주었던 특징으로, 추상화되고 "기하문양화" 될 만큼 양식화된 꽃 패턴을 나타내는데 '아라베스크'라는 용어 자체가 아랍어에는 없는 서양 용어이다. 서양 역사가나 동양학 학자들도 종종 이슬람의 비시각 예술, 특히 시에서 이 용어를 사용하기도 한다. 어떤 이들은 아라베스크를 공간 공포(空間恐怖, *horror vacui*)의 표현이라고 해석한 반면, 쿠넬(Kuhnel)은 이를 일종의 심미적 금욕주의로 보았다.[353] '복잡미묘함'은 미술사가들이 이슬람 디자인을 설명하기 위해 가장 널리 사용하는 용어이다.

압바스 시대의 예술적 폭발, 특히 소위 사마라(Samarra) 스타일 C라고 알려진 양식에서 아라베스크의 기원을 볼 수 있는데, 여기의 특징은 전경인지 배경인지 그를 식별할 수 없는 곡선이 반복되면서 추상화된 문양을 만들어 장식적인 효과를 내는 것이다. 이 스타일에서 중요한 역할을 하는 것은 선(線)이다. 이 패턴의 기원이 무엇이든 간에, 사마라 양식은 모호함, 분위기, 소재의 변형을 선호하는 아랍의 취향과 어울렸다. 선과 선 사이의 관계와 상호작용이 이미지를 만들어내어, 마치 말장난을 하듯 보는 사람의 선택에 따라 주제와 배경이 뒤바뀔 수 있다. 주제상의 위계가 없다는 것은 시의 직유법에서도 일어났다. 여성의 가슴은 종종 상아와 비교되었는데, 또

벽 장식. 9세기 사마라

그 반대도 가능해서, 상아함은 여성의 가슴을 연상시키기도 했다.[354] 시인들은 초원을 양단에 비유하고, 양단을 초원에 비유했다.

아랍 예술가들은 고전 예술에서 물려받은 식물 문양 등을 양식화했고, 태양 문양을 양식화하여 기하학적 별 문양과 혼합하였다. 양식화란 기본적으로 이러한 패턴을 기하학적으로 해석하여 현실을 비현실로 변환하는 것이다. 이런 점에서 아라베스크와 이슬람 기하 문양은 밀접한 관련이 있다. 아라베스크는 곡선이 서로 얽혀서 양식화된 식물 문양을 나타내는 것으로 다각형 모양을 이루고 있다. 기하 문양은 직선이 서로 얽혀서 끝없는 별 패턴을 형성하는 것으로, 6각 또는 8각 별과 그 변이형을 기본으로 하고 있다. 기하학적 디자인은 아라베스크로 채워지거나 결합되어, 직선과 곡선의 장난스러운 대조를 이루고, 색상으로 강조되기도 한다.

복잡한 별 구성의 기하학적 디자인에서 선이 서로 엇갈리는 것은 끝없는 움직임이나 회전한다는 환상을 느끼게 한다. 이슬람 디자인에서 움직임의 역할은 아무리 강조해도 지나치지 않다. 다면적인 무카르나스는 빛의 움직임을 반영하고 있다. 알함브라 궁전의 두 홀에 있는 무카르나스 돔에 새겨진 비문에는 밤과 낮 사이에 번갈아가며 나타나는 빛에 따라 변하는 색에 대해 말하고 있다. 아랍인들은 회전하는 돔에 대한 고대 신화를 알고 있었다. 그리스, 고대 이란, 이집트와 관련된 이야기에서 이러한 회전 돔에 대해 언급되고 있다. 마크리지는 고대 이집트의 역사서에서 천문상의 문양으로 장식되고 행성의 움직임에 따라 회전하는 유리 돔에 대해 설명하고 있다. 다른 돔은 등대와 연결되어 있다. 어떤 등대 위에 얹혀 있는 돔은 일주일 내내 색이 바뀌었고, 8일째 되는 날 첫 번째 색으로 돌아왔다.[355]

비문은 그것이 새겨진 표면이 움직이는 듯한 효과를 만들어내는데 그 글을 읽는 눈이 표면을 따라가게 된다. 비문에 의해 만들어진 움직임은 그 테두리를 리본으로 둘러싸고 있는데, 리본은 이슬람 건축과 휴대용 물체에서 가장 지속적으로 등장하는 요소로, 가만히 있는 것이 아니라 상단과 하단 가닥으로 구성되어 평행하게 이어지다가 규칙적인 지점에서 서로 교차하고 있다. 꾸란의 채색이나 금속세공에서 리본은 평행선과 교차점 사이를 끊임없이 번갈아가며 끝없이 움직이고, 전체 페이지나 용기 전체를 감싸면서 역동적인 구성을 이룬다. 꾸란의 채색에서는 중앙의 기하학적 별 구성을 이루는 선이 별에서 또 튀어나와 별 주위를 돌면서 프레임을 형성한다. 기하학적 별의 기본을 이루는 것은 상단과 하단 가닥이 바구니 세공같이 서로 상호작용하면서 평평한 표면이 다층적인 모습을 띠게 되는 움직임이다. 오웬 존스(Owen Jones)는 아랍 장식에 대한 분석에서 아라베스크와 기하학적 별이 두 단계, 세 단계로 디자인되어 있고, 끈이나 나뭇가지가 이러한 단계를 가로질러 맞물려 있다는 걸 알아냈다.

기하학적 구성이나 화문(花紋) 구성에서, 패턴은 개별 별이나 아라베스크를 병치하면서 반복되는 것이 아니라, 그물이나 캔버스에서 연결되어 있는 거처럼 연속성을 가지고 등장한다. 가장 복잡 미묘한 패턴은 몇 개의 가닥이나 가지가 기본이 되어 디자인 전체에 걸쳐 서로 얽히면서 만나고 있다. 끝없는 상호 교차는 보는 이들을 사로잡고 현혹시킨다. '눈부시게 하다'는 말은 시각 예술과 문학에서 예술적 아름다움의 특성을 정의하는 용어로, 긍정적인 의미로도 쓰이고 동시에 부정적인 함축성도 가지고 있다.

이러한 교차 현상은 건축에서도 나타난다. 이슬람 세계의 서쪽 지역의 모스크에서는 하나의 아치 형태가 주벽(主壁)과 나란히 이어지는 회랑을 이루고 다른 하나는 수직으로 가는 회랑에 쓰인다. 교차되는 구획에는 세 번째의 좀 더 정교한 아치 형태가 놓여 있어 다른 두 아치의 교차를 강조하고 있는데, 이는 움직임의 효과를 만드는 기법이다.

기하학적 감각 덕분에 이슬람 예술은 풍부하고 화려하면서도 결코 일관성이 없거나 혼란스럽지 않다. 기하학은 예술에 체계적인 지적 차원을 더하고 있다. 기하학은 널리 사용되고 있다. 기하학은 서예를 지배하고, 화문(花紋)을 체계적인 기하학적 구성의 선형 패턴으로 만들어주고, 둥근 천장을 무카르나스로 분할하고 있다.

그러나 아랍 세계에서 기하학적 디자인은 건축업자보다는 장식인들에게 더욱 영감을 주었다. 아랍 모스크는 고딕 성당보다 기하학적 정신을 따르는 바가 덜하고, 이란과 오토만의 모스크보다 덜 대칭적이다. 축을 가진다는 특징에도 불구하고 다주식(多柱式) 모스크는 개방적이고 유연하며 응집력이 있었다. 선지자의 모스크처럼, 아랍 모스크는 대칭적인 건물이 아니라, 마당을 중심으로 사면에 다양한 크기와 다양한 모양의 방과 홀이 모여 있는 구조였다.

기하학의 규칙 내에서 움직이고 그를 따라 활동하는 것은 예술가들에게는 큰 도전이었다. 그들의 기술은 이러한 규칙을 숙달하고 그 규칙 안에서 움직여야 했다. 기하학적 패턴에서, 각각의 선은 전문 지식을 통해 숙달된 규칙에 따라 미리 계산되어 있는 논리적 경로를 따르고 있다. 이러한 종류의 디자인은 즉석에서 만들어질 수도 없고, 임의로 제작될 수도 없으며, 합리적인 개념에 따라 미리 구상을 잡아야 한다. 전통과 합의를 존중하고 학문과 지식의 능숙함을 중시하는 사회에서, 기하학의 규칙은 규율과 관습을 구체적으로 보여주는 것이다. 그것들은 오류를 범할 수 없는 일종의 보편적인 기준, 지침이었다. 중세 유럽 예술에 대한 더 브라위너(De Bruyne)의 언급, 즉 예술은 실제 지식을 따랐고, 그 실제 지식 자체는 정확한 규칙에 의해 규정된 것이며, 그렇게 만들어진 창작물이 기술적 규범에 부합하는 경우 예술 작품은 걸작(*opus subtiliter factum*, '잘 해낸 작업')이라고 평가되었다는 말[356]은 아랍 예술 개념에도 그대로 적용될 수 있다.

건축과 장식

바위 성원이 7세기 후반에, 다마스쿠스 대모스크가 8세기 초에 건립된 이래 아치는 이슬람 건축의 중심이자 장식의 기본 요소였다. 다주식(多柱式) 모스크는 선지자의 모스크에서 유래한 것으로, 선지자의 모스크는 야자 줄기로 지어진 단순한 구조였다. 기둥은 곧 아치와 결합되어 회랑을 이루었다. 아치는 모스크의 내부 구조뿐만 아니라 미학적 기법까지 규정했다. 아치는 창문, 벽감, 패널뿐 아니라 미흐랍을 결정했고, 무카르나스는 말할 것도 없는 것이 무카르나스는 아치형 표면의 3차원적 기하문양의 증식이기 때문이다. 아치 문양은 휴대용 물건에도 사용되었다. 아치는 구조적 장치와 장식적 장치를 융합하는 이슬람 미학의 특징이다. 코르도바의 대모스크에서, 서로 겹쳐 있는 아치는 이전에 로마인들이 이베리아 수로(水路)에서 사용했던 것으로, 구조뿐만 아니라 장식 프로그램에까지 통합되어 기능과 미적 유희 사이의 경계를 모호하게 만들고 있다. 거꾸로, 무카르나스 아치이면서 구조적 기능이 없어 마치 지지대처럼 보이는 경우도 흔하다.

가정 건축은 신성한 건물에서 전시된 장식 기법을 공유했다. 그러나 건축 양식은 지역 전통에 충실히 따랐다. 외부 장식은 드물고, 사치스러움은 내부에만 국한되어, 이슬람에서 가정 생활의 내밀함에 대해 갖고 있는 태도를 반영하고 있다.

지금까지도 공간 공포(*horror vacui*)를 이슬람 예술의 원리라고 하는데, 이는 잘못된 주장이다. 마르세(Marçais)가 멋지게 증명했듯이, 장식은 건물의 벽지처럼 쓰인 것이 아니라 건축 디자인의 일부였다.[357] 장식은 아무렇게나 적용되는 것이 아니라, 건축 요소와 구조적 구성 요소들을 강조하기 위해, 서로 연결되어 건축적 구성 요소를 감추거나 드러내기도 한다. 패턴은 장식된 표면의 특성과 형태에 따라 분류되었다. 예를 들어, 무카르나스는 평평한 표면에 쓰이지 않았다. 또, 비문은 수평의 띠 모양을 이루었다.

모스크에 장식을 배치할 때에는 두 가지 주요 원칙, 즉 기도상의 원칙과 형식상의 원칙이 있다. 기도상 원칙은 카바를 향해 기도해야 한다는 필요성을 고려하여 모스크에 그에 상응하는 방향성을 주는 것이다. 그런데 메카 방향을 확인하기 위해 미흐랍이 꼭 필요한 것은 아닌데, 성소 자체가 메카 방향의 축을 따라 지어지면 숭배자들은 주벽을 향하기만 하면 되기 때문이다. 미흐랍은 이맘이 기도를 집전하면서 있는 곳이다. 처음에 기도 인도자는 선지자였고, 그 다음에는 칼리프였으며, 최종적으로 무슬림 공동체에서 학식 있는 사람이면 되었다. 기도 벽감이 모스크의 주축에 있기 때문에, 이 영역을 강조하기 위해 형식적인 기하학적 측면이 부각되었다. 시간

모로코의 메크네스(Meknes)에 있는 아부 이난(Abu 'Inan) 마드라사의 벽 장식, 14세기

이 지남에 따라 이 부분이 독자적인 미적 기능을 획득했다. 모든 시대 모든 모스크에서, 실내에서 가장 많이 장식된 부분은 미흐랍과 그 주변 부분이다. 처음에는 장식으로 강조되었고, 나중에는 건축학적으로도 강조되어, 둥근 지붕을 덧붙인다든가, 익랑(翼廊)을 만들기도 했고 중앙 통로를 더 넓게 만들기도 했다. 미흐랍을 강조하는 방식은 기간과 장소에 따라 다르다. 장식이 없는 것조차도 미흐랍

영역을 부각시키는 수단이 될 수 있다. 모로코와 튀니지의 모스크와 마드라사에서는 다채색의 도자 판벽으로 건물 중정(中庭)을 장식했는데 이러한 특징이 기도실 내부에서는 사용되지 않았고, 기도실의 미흐랍은 치장용 벽토로만 장식되었다. 알함브라 궁전과 마찬가지로, 주거 건축에서는 실내 장식 사용에 아무런 제약이 없었고, 개인용 기도실만이 예외였는데 거기에는 도자 장식이 없었다. 맘루크 시대 장례 복합 단지에서는 모스크보다 영묘(靈廟)를 더 장식하는 경우가 흔했는데, 이는 성소에 장식을 꺼리는 경향을 보여주는 것이다.

입구와 미흐랍이 시각적으로 평행을 이루는 경우가 종종 있는데 이는 순전히 형식적인 것으로, 어떤 상징성이 있어서가 아니라 둘 다 종교 건물에서 강조되어야 할 주요 요소이기 때문에 생긴 것이다. 입구와 미흐랍 둘 다 아치형으로 되어 있는 것은 아치와 그 장식 레퍼토리를 사용하는 것이 보편적이었기 때문이다.

건축 장식의 두 번째 원칙은 아치, 개방부, 전환 구역과 같은 건축 요소를 강조하는 것이었다. 아치는 일반적인 장식 디자인을 규정했다. 일단 아치의 프레임, 아치 중앙의 (쐐기꼴 모양) 홍예석(虹蜺石), 공복(拱腹)*의 기본선이 그려지면, 그 중간의 공간은 구성에 따라 수직적이거나 수평적 디자인으로 처리되었다. 아치의 각 부분을 이루는 홍예석, 처마면, 공복에는 특정한 패턴이 있다. 바위 성원에서는 각 부분의 표면 모양을 따라 유리 모자이크를 이용하여 야자수와 꽃병으로 장식되어 있다. 직사각형의 벽에 적용하면 나무는

* 인접한 아치가 천장·기둥과 이루는 세모꼴 면, spandrel (역자주)

직사각형 윤곽을 띠게 된다. 처마면은 반복적인 패턴으로 채워지고, 공복 스팬드럴에는 그에 어울리는 삼각형 덩쿨문 구성이 채우고 있다. 벽과 천장 사이의 접합부를 따라 비문으로 이루어진 띠가 둘러졌다.

그렇다고 장식이 기본 틀의 구조를 숨기지 않는다. 오히려, 수직이나 수평적 요소들 간의 관계를 강조하고, 연결고리와 이음새를 다듬어주고, 진입부와 개방부의 테두리를 만들어준다. 무카르나스는 삼각 궁륭(穹窿)** 을 숨기거나 둥근 천정을 변모시키기 위해 쓰일 수도 있지만, 무카르나스가 있다는 자체가 오히려 그 지점을 강조하고 있다. 이슬람 세계 전역의 장인들은 돔에서 평면으로 넘어가는 영역을 돔 구조의 가장 민감하고 중요한 부분으로 보아 거기에 큰 예술적 관심을 기울였다. 바위 성원, 알함브라 궁전, 페즈의 알아타린 마드라사, 카이로의 카이트베이 모스크 등 장식이 과하게 적용된 곳에서도, 장식은 획일적으로 적용된 것이 아니라 건축 구조와 관련하여 사용되었다.

모스크의 외부에서 가장 눈에 띄는 요소는 관문과 미나렛이었다. 두 구조 모두 모스크가 있다는 것을 알려주고, 멀리에 미나렛, 가까이에 입구 문이 있다는 것을 알려준다. 대부분의 건축 전통에서와 마찬가지로, 이슬람 기념물의 관문은 장식으로 알아볼 수 있게 되어 있었고, 나중에는 장중한 현관이나 입구 위에 미나렛과 같은 건축 장치를 두어 눈에 띄도록 했다. 입구 문은 신자를 모스크로

....

** pendentive, 정사각형의 평면 위에 돔을 설치할 때 돔 바닥 네 귀에 쌓아 올리는 구면(球面)의 삼각형 부분. (역자주)

인도하고 건물의 축을 표시하고 있다. 마르세(Marçais)에 따르면, 입구는 성소의 장엄한 서문으로, 꾸란에서 책의 서문을 가장 조밀하게 채색하는 것과 같다.

비문은 세로 패널에는 거의 쓰이지 않았고, 오히려 건물 주위를 두르는 횡적인 밴드에 담겨서 벽과 벽의 개방부를 강조하고 그 테두리를 만들었다. 비문 밴드는 벽의 중간 판넬과 상부 벽처럼 뚜렷이 나눠는 두 부분 사이에서 마치 벨트처럼 그 교차점을 표시하기도 한다. 횡적 요소로서, 비문은 돔의 원통형 부분의 안팎을 장식하는 데 사용되었다. 비문이 담긴 띠가 없다면 장식 프로그램은 아치, 벽감, 패널로 규정되었을 텐데 이 비문 띠는 주요한 횡적 요소로 균형을 잡고 통합하는 효과를 가져왔다.

사마라 양식의 장식을 만든 후, 건축 장인들은 작업 방법에서 고도의 표준화를 이룩했다. 천장, 벽의 중간 판넬, 표면 포장, 돔, 미나렛(첨탑), 아치마다 각각 장식 디자인을 갖고 있다. 일단 대체적인 건축 라인이 잡히면, 나머지는 고도로 전문화된 장인들에게 맡겨지고, 그들은 이미 알고 있는 모듈에 따라 작업을 했다. 기하문양과 아라베스크의 개방적이고 응집적 특성 때문에 쉽사리 표준화를 할 수 있었다. 무카르나스는 응집되지 않고 대부분 어떤 중심점을 따라 이루어진다고 생각하지만 표준화는 무카르나스 천장에서도 특징적으로 나타난다. 즉 적은 수의 요소만으로 무한한 조합을 생성할 수 있다는 것으로, 알함브라 궁전에는 7개의 요소만 쓰였다.

오토만, 티무르, 사파비 왕조의 종교 건축과 달리, 장중함이 중세 아랍 세계 모스크의 특징은 아니다. 이것은 진화의 문제로 보인다. 북아프리카에서 인도까지 이르는 고전 시대의 대규모 모스크에

알제 대모스크, 11세기

서는 수직성보다는 수평성이 우세했다. 미나렛만이 수직성을 전달하고 있다. 장중성의 시기는 중세 이후였다. 그 당시 대부분의 아랍 지역은 오토만 제국의 속주였다. 그러나 튀니스의 하프스 왕조, 모로코의 마린 술탄국, 이집트와 시리아의 맘루크조의 황금기에도 건축물이 대담하고 거대하게 만들어지지 않았다. 카이로에 있는 미완성의 장중한 술탄 하산 모스크는 예외였다. 맘루크 시대의 목표는 그들의 도시, 특히 수도 카이로를 멋진 기념물로 촘촘하게 장식하는 것이었다. 맘루크 건축은 중심에 자리잡고 지배하는 것이라기보다는 어디에나 존재하는 것이었다.

건물은 원래 오늘날 보이는 것보다 더 화려했다. 목공(특히 천장), 치장 벽토, 대리석은 빨간색, 청금석의 파란색, 녹색으로 칠해졌으며 그와 더불어 금도 풍부히 사용되었는데, 특히 비문에는 금을 넉넉히 썼다. 색유리로 치장한 벽도 창 패널의 투각을 채웠다. 다채색이 가장 강조된 곳은 벽 판넬 부근으로, 대리석이나 도자 장식으로 둘러 좀 더 차분한 상부 벽과 대조를 이루었다. 그러나 모든 이슬람 건축마다 건물을 장식으로 입히려는 취향이 배여 있는 것은 아니다. 이란이나 중앙아시아의 후기 건축 양식과 달리, 지중해 무슬림 세계의 미학은 건물의 외벽 전체를 채색 장식이나 유약 바른 타일로 장식하는 것을 그다지 좋아하지 않았다. 그보다는 강조 부분을 두고 대비시키는 것을 더 선호했다. 이렇게 하기 위해서 돔이나 미나렛의 꼭대기를 조각하거나 도금하거나 유약 타일로 덮어 평범한 벽과 대조를 이루었고, 건물의 특정 부분에 두 가지 색상의 석조로 줄무늬를 넣기도 하였다.

통일성, 다양성, 그리고 지식의 전달

과거의 동양학 학자들은 아라베스크를 무슬림 민족의 세계관과 연결하고 무카르나스를 이슬람의 특성과 연결 지었는데, 현대 학문에서는 더 이상 이러한 문화 분류가 통하지 않고 현재는 이슬람의 예술을 보다 자족적인 방식으로 바라본다. 그러나 비무슬림 관람자가 보기에 이슬람 예술을 가장 특징 짓는 것은 장식이다. 현대 미술사학자들은 이슬람 예술이 갖고 있는 지역성과 보편성 사이의 이분법에 대해 자주 이야기하면서, 한편으로는 종종 이슬람의 통일성이라고 식별할 수 있는 이슬람만의 전형적이고 뚜렷한 특징이 있되 다른 한편으로는 지역적 특수성이 있어 양식상의 동질성을 상쇄하고 있다고 지적한다.

이슬람 미술의 지역적 특징과 보편적 특징 사이의 이러한 이중성은 무작위적인 것이 아니다. 이 현상에는 일정한 규칙성이 있다고 보이는데, 기술과 기술의 전달과 관계가 있는 것 같다. 표면 장식 예술은 보편적이었다. 즉, 서예, 아라베스크, 기하문양, 무카르나스는 전통적인 이슬람 미술의 특징이다. 장식적인 패턴만이 어디에서나 나타나는 것이 아니다. 장식된 표면에 배치하는 체계도 마찬가지였다. 무카르나스와 비문이 담긴 밴드뿐만 아니라 무카르나스와 둥근 천장이나 전이 구역과의 연관성, 비문이 담긴 띠를 사용하여 입구 문과 기도 벽감의 테두리를 두르는 것도 어디에서나 찾아볼 수 있다. 시간이 지남에 따라 기법과 건축 양식에서 점점 더 지역성이 두드러졌다.

한편으로는 이슬람 장식 기법이 확산되고, 다른 한편으로는 건축 형태의 지역주의가 생겼다는 것은 평면적인 디자인이 건축 기술보다 더 쉽게 전달된다는 것을 보여준다. 무카르나스는 장식 원칙으로 보편화되었지만, 기술적으로는 현지의 건축 방식에 맞춰졌다. 마찬가지로, 도자 벽 장식에는 중앙아시아뿐 아니라 마그레브에서도 기하 문양, 서예 문양, 아라베스크 등으로 적용되었지만, 각 지역마다 다른 기법으로 시행되었다. 아치는 이슬람 세계에서 보편적으로 받아들여졌지만, 각 지역마다 그 자체의 고유한 형태와 고유한 홍예틀 기술이 있었다.

보편적인 특징은 기술적인 것이 아니라 건축의 개념적이고 장식적인 측면에 속했으며, 이는 장인의 대규모 이주 없이도 언어로 전달되거나 그림이나 휴대용 물체로 전달될 수 있었다.

보통 상황이라면 건축 지식을 이전하기는 쉽지 않을 것이다. 무슬림 건축 장인들은 이슬람 세계의 정치 및 경제 시스템의 특성 때문에 유럽의 장인이나 학문 기관 출신의 무슬림들보다 이동이 적었다. 통치자들이 건축업을 독점했고, 고용주라는 점에서 통치자들은 건축업에 결정적인 영향을 미쳤다. 그들 대부분이 종교, 군사, 상업 건물의 후원자였으며, 통치자들만이 모든 기반시설이나 군사 프로젝트를 수행했다. 건축업의 이러한 중앙 집중화로 인해 작업장과 같은 규모의 대규모 장인의 이주가 어려웠다. 유럽의 장인들과 달리, 중세 아랍의 장인들은 자신들의 직업적 이익을 대변할 자율적 기관이나 길드를 형성하지 못했다. 통치자는 장인을 소환하거나 파견할 수 있었고, 전시에는 그들을 전리품으로 이동시키기도 했다. 장인의 대규모 이동은 몽골의 침략이나 스페인의 국토 회복 전쟁(레콘키스타Reconquista)*의 경우처럼 대격변의 시대에만 일어났다.

전통적인 이슬람 세계에서 건축의 지역주의가 생긴 것은 의학이나 음악과 같이 건축은 학문이 아니라는 데에서 온 부작용이기도 했다. 이론적 기반에서 가르쳤다면 건축도 다른 학문과 마찬가지로 보편적인 성격을 갖게 되었을 것이고, 책이나 무슬림 학자를 통해 전승되었을 것이다. 법률, 의학, 수학에 관한 문헌이 마그레브에서 인도로 이전하는 데에는 아무런 제한이 없었다. 코르도바의 의학 서적이 수세기 후 오토만 왕조의 의사들에 의해 사용되고 번역되었다. 사마르칸트의 법률 문서가 카이로에서도 적용되었다. 압바스 시대의 수학 교본은 중앙 아시아의 티무르조에서 사용되고 번역되었다. 그러나, 건축은 본질적으로 경험적 기술이었다. 건축상의 혁신은 예술적 열정이나 즉석 창작물이 아니라 실험적이고 임시적인 작업에서 이루어진 것이다. 대담한 디자인보다는 경험적 지식을 바탕

....

* 8~15세기에 이베리아반도에서 있었던 사건으로, 가톨릭교도가 이슬람교도를 축출하고 영토를 다시 정복하기 위해 일어남. (역자주)

으로 신중하게 건축적 혁신에 도달했다. 따라서 이러한 것들은 개인의 성취라기보다는 누적되고 집단적인 성취였다.

건축 혁신의 동기 역시 기능적 조정에 의해서 생겼다. 이슬람 건축의 주요 혁신 중 하나는 전통적인 다주식 건축의 집회실을 부분적으로 대체하기 위해 모스크 건축에서 4개의 이완 구도를 채택한 것이다. 그 이유는 기숙 종교 기관인 마드라사가 만들어지면서, 학생들을 위한 생활 공간이 필요했고, 전통적인 모스크와는 다른 배치가 필요했기 때문이다. 점차적으로 마드라사와 모스크 사이의 경계가 모호해졌고 마드라사 도면은 모스크 건축으로 동화되었다. 이는 어떤 개인 예술가의 발명품이 아니다.

종교적 운동이나 지적 운동은 미술 진화에 아무런 역할도 하지 않았던 반면, 지정학적 요인은 달랐다. 우미이야조의 미술은 비잔틴 전통을 지닌 다마스쿠스가 제국의 수도였다는 사실에서 그 주요한 특징을 얻게 되었고, 압바스조의 미술은 바그다드와 가까운 지리적, 정치적 관계에서 발생한 이란 겸 메소포타미아 문화가 특징을 이루었다. 사마라 양식의 출현은 압바스 칼리프가 새로운 수도를 세움과 동시에 일어났다.

외국의 건축 양식을 받아들일 때, 기본 아이디어나 디자인만 전승되고, 비율을 포함하여 실제 응용은 현지 기술에 달렸다. 카이로의 이븐 툴룬 모스크는 사마라의 제국 모스크의 건축과 장식에서 영감을 받았지만, 그 나선형 미나렛은 사마라의 원형과 달리 벽돌 대신 돌로 만들어졌으며, 기반은 원형이 아니라 직사각형으로 만들어졌다. 사마라에서부터 유래한 것은 나선형의 외부 계단을 만든다는 아이디어였지 기술은 아니었다. 이렇게 일반적인 아이디어는 전승이 쉬워서 구두(口頭)로 이루어질 수도 있었지만, 입면도(立面圖)의 세부 사항을 전달하기 위해서는 구두 전달로 가능한 것보다 더 복잡하고 정확할 필요가 있었다. 역사가들은 이븐 툴룬이 양피지 조각을 가지고 놀면서 손가락으로 돌리다가 나선형 모양으로 미나렛을 짓는 아이디어를 떠올리게 되었다고 믿기지 않는 이야기를 전하고 있다. 그런데 이 이야기에는 디자인이 몸짓으로 전달될 수 있음을 암시하고 있다. 카이로 성채에 있는 알 나시르 무함마드 모스크의 미나렛은 이란의 전탑형(塼塔形) 미나렛 원형을 석재로 개조한 것이다. 그 차이로 인해 재료와 비율뿐만 아니라 궁극적으로 전체 구조 특성에 영향을 미치고 있다. 카이로 마드라사의 4개의 이완 구도는 아이디어 면에서는 이란의 모스크와 공통되지만, 다른 모든 건축적 특징은 현지의 건축 기술에 의해 결정된 것이다. 이집트와 이라크에 세워진 오토만 양식의 모스크 역시 구도는 수입하고 건축 방법은 현지 방식대로 된 조합을 보여주고 있다.

휴대용 물건의 경우, 당연히 복제가 더 쉬웠다. 미술사가들은 유명한 청동 조각품인 피사의 그리핀상이 이란, 이집트, 스페인에서 유래했다고 다양한 주장을 펼치고 있다. 원본은 종종 비문으로 식별할 수 있다. 이슬람 장식은 평면적 패턴을 기반으로 하고 있어 장식이 다른 곳으로 이동하기 위해서 장인이 이주할 필요는 없는데, 휴대용 물건을 통해서나 종이에 그려져서 전승될 수 있었기 때문에 많은 재료와 다양한 물체에 보편적으로 적용될 수 있었다. 꾸란 채색에 사용된 것과 같은 패턴이 그릇이나 건축 장식에도 나타난다. 장식 기법의 확산에서 첨단 예술가의 역할을 했던 것은 꾸란 채색가였다. 꾸란 채색에 사용된 패턴치고 건축이나 특히 금속 세공과 같은 예술에서 나타나지 않은 것은 거의 없다. 그러나 이러한 공통점은 꾸란의 신성한 의미와 직접 연결된 것이 아니고 종교적 의미로 해석되어서는 안 된다. 오히려, 꾸란의 신성한 의미 때문에 후원자들은 꾸란을 위한 디자인을 만들기 위해 가장 저명한 디자이너와 화가를 배정했고, 그럼으로써 그 디자인이 널리 퍼지게 되었다. 일단 디자인이 종이에 그려지면, 지리적 경계를 넘어 확산되고 다양한 재료와 기법으로 그를 응용하기가 쉬워졌다. 건축 장식을 포함하여 중세 이슬람 예술에서 중국풍이 퍼진 것은 중국과 무역의 결과로 생긴 것이다. 중국풍 패턴은 도자기나 직물과 같은 휴대용 물건들에 의해 확산되었다. 매년 일어나는 메카 순례는 중국에서 모로코에 이르기까지 전 세계의 무슬림들 사이에 모든 종류의 교류와 상호 작용의 기회를 제공했다. 이슬람의 도시 사회는 문자 해독력이 높고 상업화되어 있었다. 휴대용 물건으로 전송될 수 있는 것은 쉽사리 복제되었다. 그러나 문양의 기법과 적용 방식은 장인의 영역으로, 현지 전통의 문제로 남았다.

건설 기술은 이론에 기초한 학문으로 배운 것이 아니라 주로 견습을 통해 배웠다. 건축 전문 지식의 전수는 작업장을 이리저리 옮겨다니는 경우에만 가능했을 것인데, 이런 일이 흔히 일어나지는 않았다. 이슬람 예술에 보편적 특성을 부여한 것은 그 장식 원칙이었다.

왕권의 상징물: 예복과 사치품

이븐 할둔이 보기에, 학문, 예술, 공예 등의 업종은 군주의 후원이 있는 도시에서만 번창할 수 있었다. 그들의 발전은 도시 문화와 분리될 수 없는데, 이들이 경제 활동과 성장에 의존하고, 성장에서 풍요가 생기고 사치품에 대한 수요를 창출하기 때문이다. 이러한 요구가 생기면 통치자들이 예술과 과학을 후원하여 그들의 부를 과시하고 그들의 권력을 드러나도록 부추기게 된다. 궁전, 정원, 우아한 가구, 호화로운 그릇이나 의복은 풍요의 산물이고 군주다운 후원의 산물이다. 이븐 할둔은 예술을 부와 권력의 상징이라고 규정한다. 예술과 공예품을 생산하려면 풍요가 필요하기 때문에, 세련된 문화의 과시는 정치적 위력의 표현이다. 그러나 사치와 극도의 세련미는 쇠퇴와 퇴폐의 씨앗이 되기도 한다. 이븐 할둔은 최초로 역사를 생물학적 생명 주기와 연동하여 시작, 정점, 몰락의 주기로 해석한 사람으로, 역사적 단계의 절정이 쇠퇴의 시작을 알리는 것이라고 보았다. 지나친 풍요와 안락은 사람을 유약하게 만들고, 활력과 열의를 잃어 점점 더 남자답지 않게 된다.[358]

이슬람 예술은 통치자와 부르주아지를 위한 사치품을 생산하는데 몰두했다. 궁정 상황에서 사치는 권력을 의미했다. 도시 부르주아지에게 사치는 즐거움을 제공하고 사회적 명성을 나타낸다. 아랍 문헌에서 예술품에 대한 설명이 가장 자세히 나오는 부분은 왕실 예복에 대한 부분이다. 정통 신학자들은 사치품 사용에 함축되어 있는 천박함을 혐오하고 성전(聖戰)에 쓸 수 있는 금으로 궁전을 장식하는 것을 반대했지만, 일반적으로 역사가들은 전통 의례를 육성한 통치자를 편애하고 이를 소홀히 한 통치자를 비판하는 경향이 있었다. 호화로운 궁정은 군주의 이미지의 일부로, 의식과 퍼레이드를 위한 장소이자 비무슬림 세계에 이슬람의 장엄함을 보여주는 매체였다. 가장 정통적인 무슬림조차도 기독교 대사를 맞아들일 때 군주가 방문객에게 이슬람의 영광을 부각시킬 수 있도록 가능한 모든 웅장함을 보여주어야 한다는 걸 인정했다. 무슬림의 이익에 도움이 되는 것은 무엇이나 허용되었고, 예술과 사치품의 전시는 이슬람의 영광에 기여했다.[359] 실제로, 기독교 세계가 아랍 문화에 대해 가지고 있는 이미지는 사치와 관능의 이미지였다. 11세기 십자군부터 19세기 오리엔트와 조우한 예술가들에 이르기까지 이 이미지가 서양인들을 압도했다. 1096년 비잔틴 황제 알렉시우스 1세 콤네누스(1048-1118)가 자신의 영토에서 십자군의 공격을 기다리는 동안 메뚜기 떼가 나라를 휩쓸어 곡물은 건드리지 않고 포도나무를 파괴하는 일이 벌어졌다. 예언자들에게 물어보니, 이 일은 십자군이 기독교인들은 살려주고 아랍인들을 멸망시킨다는 의미라고 풀이했

맘루크 시대 금속 램프, 이집트/시리아, 15세기

는데, 빵과 생명의 근원인 곡식은 기독교인을 상징하고, 포도나무는 아랍의 관능성을 상징하고 있기 때문이었다.[360]

왕궁에는 미술품 소장품이나 보물이 있었고, 특별한 경우 공식 방문객에게 공개되었다. 그러나 순전히 아름다운 것에 대한 즐거움도 관여했다. 어떤 아랍 문학 장르는 '왕이 수집한 보물과 희귀품'에 대한 설명을 다루는 것이 있는데, 거기에는 왕이 받은 선물과 그들이 건립한 기념물들이 포함되어 있다. 소장품에는 보석 외에도 예사롭지 않은 특성 때문에 소중히 여겨지는 물건이 포함되어 있었는데, 뛰어난 장인의 솜씨와 귀중한 재료로 만든 놀라울 정도로 사실적인 조각상이 그러한 것들이다. 예술적 아름다움은 군주를 대변하는 기능을 수행하고 그들을 즐겁게 하기 위해 필요한 것으로, 재료의 귀중함과 함께 장인의 기교가 결합되어 독특한 오브제로 탄생했을 때 그 아름다움을 자랑할 수 있었다. 금과 은에 보석으로 장식된 풍경과 동물, 루비 눈과 에나멜 유리와 금실로 만든 깃털을 가진 황금 공작, 보석으로 장식한 루비 볕을 가진 황금 수탉, 마치 후기 이탈리아 르네상스 예술가들의 창작물과 같이 금은과 기타 귀중한 재료들이 어우러져서 만든 과일 나무 정원, 등은 궁정에서 큰 감동을 불러일으켰고, 역사가들은 이를 아주 자세하게 묘사하고 있다.[361] 그러나 이슬람 예술가들은 동시에 값싼 재료를 이용해서도 세련된 수준의 솜씨를 보여주기도 했다. 금은으로 된 물건은 거의 남아 있지 않지만, 도자기와 금속 제품은 평범한 재료면서도 매우 정교한 수준에서 제조되었음을 보여주고 있다.

인도나 중국에서 온 선물과 같이 이국적이고 특이한 물건은 비록 그것들이 이교도와 관련이 있다 하더라도, 감탄의 대상이 되었고 열광적으로 받아들여졌다. 아마 인도에서 왔으리라 보이는 것으로 네 개의 팔을 가지고 보석으로 장식한 여성이 단봉 낙타가 끄는 마차에 앉아 있는 청동 우상이 있었는데, 호라산의 총독이 이를 바그다드의 칼리프에게 선물로 보냈고, 바그다드에서 커다란 센세이션을 일으켰다. 사람들은 이 우상을 '슈글(*shughl*)', 즉 '힘든 하루의 일'이라고 별명을 붙였는데, 모든 이들이 이 물건이 전시되는 동안 그걸 보려고 자기 일거리를 두고 가버렸기 때문이다.[362] 맘루크 술탄 알 구리의 궁정에 도착한 멋진 텐트 역시 호기심과 재미 때문에 마찬가지로 유명해졌다. 텐트는 원래 이라크 왕의 소유였는데 그에게서 빼앗아 페르시아로 옮겨졌다. 페르시아의 샤 이스마일은 이것을 술탄 알 구리에게 선물로 보냈고, 알 구리는 그것을 전시하라고 명령을 내렸다. 연대기 작가 이븐 이야스(Ibn Iyās)는 특이할 정도로 상세하게 이에 대해 설명을 하는데, 텐트는 원형이며 파란색 펠트와 빨간색 비단 로프로 안감을 썼다고 했다. 목재에는 나무, 새, 싸우는 동물 장식이 칠해졌다. 바닥에는 희귀한 디자인의 둥근 카펫이 덮여 있었다.[363] 미술품의 가치는 소유자의 중요성을 나타내는 것으로, 소유자가 그걸 주문했는지, 구매했는지, 전리품이었는지 선물이었는지 등 어떻게 획득했는지는 아무런 상관이 없었다.

중세를 통틀어 이슬람 세계는 호화로운 직물의 공급자이자 또한 수입국이기도 했다. 직물은 군주의 보물, 전리품 및 지참금에 대한 설명에서 모두 언급하고 있다. 아랍 연대기 작가들은 왕실 의상과 직물 수집품, 왕실 천막을 왕실 예복의 일부로 기록했다. 예복은 신하에게 수여할 수 있는 가장 큰 수훈 표시였다. 국가의 고위직에 임명되면 그에 상응하는 예복을 수여받음으로써 축하를 받았다. 가구와 커튼 직물은 가치가 있었고 도상(圖像)이 담긴 직물은 궁중 예술에서 중요한 위치를 차지했다.[364] 직물은 벽화와 유사했으며, 상황에 따라 교체할 수 있다는 장점이 있었다. 커튼은 극장에서처럼 칼리프를 숨기고 드러내며 의식적 기능을 수행했다. 일부 왕실 직물은 정치적 권력을 표현하기 위해 디자인되었다. 시칠리아의 노르만계 왕 로제르 2세의 망토는 아랍 장인들이 만들고 아랍어 비문이 새겨져 있는데, 야자나무 아래에서 호랑이인지 사자인지 고양잇과의 동물이 낙타를 공격하는 우화적인 이미지를 담고 있는 것으로, 아마도 이슬람에 대한 기독교 승리의 상징으로 보인다.[365] 직물에는 시뿐만 아니라 군주의 이름과 칭호가 새겨져 있었다. 카펫 직조 기술은 이란과 튀르키예뿐만 아니라 아랍 영토에서도 번성했다.

무슬림의 가장 성스러운 성소인 카바는 꾸란 비문으로 수놓아진 천으로 덮여 있고, 매년 성지순례 행사 때 교체되었다. 카바를 덮는 업무는 종교적 헌신의 상징으로 큰 명성을 얻었다. 무슬림 통치자들은 이 커튼을 기부하는 영예를 놓고 서로 경쟁하고 다툼을 벌였다.

단정하게 옷을 입고 아름다운 용모를 지니는 것도, 그것이 허영에까지 이르지 않는 한, 하나님에 대한 일종의 경외이다. 꾸란에서 말하기를 "모스크에 참석할 때 옷을 잘 입으라"(7:30)고 한다.

우아한 옷차림에는 향수가 어울렸다. 선지자 자신도 향수를 뿌렸다. 『아라비안 나이트』에서 함맘을 방문하려면 새 옷을 입고 향수를 사용해야 했다. 모스크에는 기도 시간 전에 향을 피워 향기로 채웠고, 방에는 향과 향초로 향기가 넘쳐났다.

문학 작품에서는 저명한 남녀가 만들어 낸 유행에 대해 알려준다. 하룬 알 라시드의 아내인 쥬바이다는 아랍 역사서에서는 순례길에 훌륭한 기반 시설 공사를 한 업적으로 유명하지만 그녀는 옷이나 머리 장식, 가구에 도입한 패션으로도 유명했다. 9세기 음악가 지랴브(Ziryāb)는 스페인의 우마이야 궁정에서 옷, 요리, 오락 스타일에 영향을 미친 것으로 큰 명성을 얻었다.

이슬람 예술은 군주적 요소가 두드러졌음에도 불구하고 전적으로 귀족적인 것만은 아니었다. 귀족이 만들고 후원한 스타일과 패션을 도시 부르주아지가 채택하고, 도시 부르주아지는 예술품의 주문자로서 또 소비자로서 상당한 역할을 했다. 그라바(Grabar)는 "이슬람 예술은 미적 민주화를 특징으로 한다"고 썼는데,[366] 그는 평등

주의적 성향을 지닌 문명화된 도시 사회의 풍요로움의 표현 대상으로서 예술의 중요성을 지적하고 있다. 근대 사회가 일상 생활의 모든 측면에서 디자인을 중시함에 따라, 무슬림 도시 인구 역시 미학적 가치에 익숙해갔다. 이슬람 미술사가는 궁전과 모스크뿐만 아니라 냄비와 촛대도 다루어야 한다. 일상용품에 많은 관심을 기울였는데, 이 용품들 역시 꾸란의 구절이나, 시, 강론, 군주의 이름을 새길 수 있을 만큼 가치가 있었다.

이슬람 이전의 시는 사막의 삶을 찬양하고 교육받은 아랍인들도 여전히 이를 찬양하고 있지만 이를 제외하면 아랍인들의 예술은 본질적으로 도시적이었다. 아랍 문학은 농민과 유목민을 비하하는 구절로 가득 차 있는데, 이들이 좋은 무슬림으로 간주되지 않았던 것은 모든 학문과 예배 기관이 집중된 도시에서만 적절한 종교 활동이 가능했기 때문이다. 샤리아(이슬람 율법)가 이런 생각을 뒷받침했는데, 샤리아에 따르면 카디(이슬람 판사)와 정부 당국의 대표가 있는 도시 밀집 지역에서만 금요 모스크*를 허용하고 있다. 그러므로 도시야말로 무슬림 통치자들이 그들의 후원과 건축 활동을 집중시킨 곳이었다. 초기 이슬람 역사에서 베두인족과 지배세력 사이의 논쟁 이후, 신학자들은 선지자의 출신이 베두인족이 아니라 도시 출신임을 강조해왔다.[367] 수세기 후에 이븐 할둔도 이를 강조했고, 알 자히즈는 예술과 과학은 도시에서만 번성할 수 있음을 보여주는 대화를 다음과 같이 전하고 있다. 어떤 사람이 한 촌마을을

* 무슬림들의 종교 집회는 금요일로 정해져 있어서 대표적인 모스크는 모두 금요 모스크. (역자주)

설명하면서 직공 한 사람과 교사 한 사람이 있는 집합체라고 하자, "그렇지만 그건 도시인데!"라는 반응을 얻었다.[368]

종교 기관의 저자들은 사원과 성인의 무덤이 모두 도시에 있다는 점도 주목하고 있다. 이맘 샤피는 시골 생활이 지식과 존엄성을 얻는 데에는 적대적이라고 경고했다고 한다. 16세기 이집트의 신비주의자 샤라니(Shaʿrānī)는 수피들에게 시골 생활에 대해 경고했다.[369] 지방에 적절한 종교 기관이 없기 때문에 농민들과 시골의 울레마는 이슬람에 대해 무지하다고 간주되었다. 이러한 이유로, 샤리아는 무슬림의 예속을 금지하고 있지만, 맘루크는 한 번 이상 마음대로 이집트 소작농과 유목민을 노예로 삼으면서, 그들이 진정한 무슬림처럼 살지 않는다는 이유를 내세웠다.[370] 이렇게 도회성(都會性)은 이슬람이라는 종교에 뿌리를 두고 있으며, 이슬람은 인간을 고독한 숭배자가 아니라 공동체의 구성원으로 보고 있다. 유럽에서는 클레르보의 베르나르(Bernard de Clairvaux)와 페트라르크가 도시를 타락한 바빌론으로 여겼던 반면, 무슬림 지식인들에게는 도시는 믿음과 지식의 본거지였다.

『아라비안 나이트』에는 세련된 고객을 만족시키기 위해 전 세계의 상품을 취급하는 부유한 국제적 상인들에 대한 이야기가 담겨 있다. 아랍어 책 가운데 삽화가 가장 많이 들어간 작품인 하라리의 『마까마트』의 세밀화에는 파노라마적인 관점에서 모스크, 카디(이슬람재판관)의 집, 초등학교, 집, 과수원, 제과점, 약국, 이발소, 음악가들이 나오는 선술집 등에서 모임을 보여주는 도시 생활이 드러나 있다. 여행은 이러한 도시 생활의 일부이며, 텐트 안에 있거나 말이나 낙타를 타거나 보트를 타는 인물들로 여행을 표현하고 있다. 결코 건축의 틀을 생략하지 않았다. 거의 모든 그림마다 아치가 등장하고, 둥근 지붕이 있고 외등이 지붕에서부터 튀어나와 있다. 정교한 톱니 모양의 성벽, 무카르나스, 비문, 아라베스크와 같은 건축 장식이 항상 등장했다. 이것들이 윤곽 위주로 그려져 있기는 하지만 세밀화에는 찬장, 선반, 벤치 및 침대, 그릇이 있는 테이블, 장식이 놓인 쿠션과 커튼과 같은 가구가 있는 집이 등장하고, 촛대, 꽃병, 과일 접시, 항아리도 보인다. 『아라비안 나이트』에서 이집트, 시리아, 이라크의 부르주아 이야기를 특징 짓는 것도 동일한 배경이다. 『마까마트』의 주인공은 항상 활기찬 대화가 있는 모임에 참여하고 있다. 먹고 마시는 장면도 흔하다. 가장 흥미로운 특징은 그러한 모임이 다른 무슬림 도시에서도 일어난다는 것으로, 작품에는 총 50개의 모임이 등장하는 걸로 보면 주인공의 행적은 무슬림 세계 전체를 포함하고 있다.

건물인가 건축인가?

조르쥬 마르세(G. Marçais)에 따르면, 이슬람 건축은 종교 기관의 간섭 없이 발전했고, 따라서 건축 개념의 성격은 비종교적이고 세속적이었다. 울레마는 종교 기관, 관료, 역사가, 백과사전자들을 포함하는데, 그들도 같은 종류의 교육을 받았다. 이미 앞서 보았듯이, 그들 중 일부는 시인과 문학 평론가였지만, 시각 예술의 개념화에는 관여하지 않았다. 중세 역사가는 건축을 형식적 또는 미학적 자질이 아니라 기능으로 보았다. 기념물은 장인이 아닌 군주의 업적이었고, 건축은 예술이 아니라 역사였다. 그러나 예술의 역사가 어떤 문화의 지배적인 예술관과 반드시 일치하지는 않는다.

맘루크 시대 이집트 연대기 작가들은 그 당시 이집트 역사를 거의 매일 기록한다는 전례 없고 유례없는 작업을 했는데, 술탄 하산 모스크 건물의 뛰어난 면에 대해서 언급을 하면서도 그 모스크를 짓는 데 관여한 장인 이름은 단 하나도 기록하지 않았다. 아랍 문학에서 장인의 정체성에 대해 침묵하는 것이 더욱 특기할 만하다고 보는 것은 아랍 역사 문학의 주요 특징이 타바카트(*Ṭabaqāt*), 즉 인물 백과사전이었기 때문이다. 타바카트 문학이 시작된 것은 이슬람 초기에 새로운 무슬림 공동체에 행동 지침을 제공할 수 있도록 선지자와 그의 동료들의 삶을 문서화해야 할 필요성 때문이었다. 시간이 지나면서 이 문헌이 확장되어 종교적 통치와 세속 기관 분야에서 무슬림 사회의 저명한 사람도 포함하게 되었다. 인물 백과사전은 의사, 철학자, 시인, 음악가, 노예 소녀, 서예가들의 삶과 작품을 기록하고 있다. 심지어 10세기 화가들의 전기도 언급하고 있다.[371] 그러나 건축 기술자는 이러한 그룹에 속하지 않는다. 장인의 서명이 다양한 시대, 장소에서 나타나기도 하지만, 그러한 서명은 건물보다 휴대용 물건에서 더 흔하게 나타난다.

플라톤은 건축을 질서와 대칭에 기여하고 혼돈을 극복하는 창의적인 수학적 학문이라고 평했고, 아리스토텔레스는 건축을 이상적인 아름다움의 표현이라고 보았다. 두 사람 다 건축을 모방 예술로 간주하지 않았다. 그러므로 건축은 아리스토텔레스의 시학에서 논의되지 않았다.[372] 중세 유럽 사상가들은 건축이 과학에 기반을 두고 있기 때문에 건축이 다른 공예나 '기계적 기술*artes mechanicae*'보다 우월하다고 생각했다.[373] 그러나 아랍인들은 학문의 분류에서 건축을 중요한 위치에 두지 않았으며, 건축을 시와 같이 일종의 예술이라기보다 순전히 기능적인 공예라고 보았다. 그렇지만 역사가들은 건축 활동에 대해 기록하고 있다. 통치자들의 건설 사례는 연대기와 전기에 기록되어 있으며, 그들의 사망보고서에는 살아생전 중요한 업적으로 언급되었다. 건물 입구에 설립 날짜와 설립자의 이름을 새겨 그의 업적을 영원히 남기는 것이야말로 인도에서 모로코에 이르는 이슬람 건축의 특징이다.

중세 역사가들은 건물을 창조적인 행위라기보다는 행정적 또는 정치적 행위로 다루었으며, 장인의 업적보다는 설립자의 업적이나 후원의 관점에서 건물에 대해 언급했다. 대부분의 무슬림 건축 유산은 통치자나 통치 기관의 구성원, 그리고 그들과 가장 가까운 사람들이 세운 종교적 기념물이라는 점을 기억해야 한다.

중세 유럽과 마찬가지로 이슬람 세계도 고전적 전통을 따라 기계적 기술과 인문학을 구분했다고 믿는 경향이 있지만, 그러한 구분이 있었다고 확증할 만한 명시적인 진술은 없다. 반대로 '시나아(*ṣināʿa*)'라는 용어는 과학뿐만 아니라 기술을 의미했으며 지적 활동과 함께 기계적/직공 활동에도 적용되었다. 게다가, 수많은 문헌에서는 장인이 공예를 할 때 필요한 기술을 습득하고 지적 활동의 도구에 숙달되어야 한다고 그 중요성을 강조하고 있다. 아랍 역사 서술에서, 특히 건축 기술 관련 장인에 대한 언급이 없는 것은 건축과 관련된 특정한 가치관으로 설명할 수 있다. 다른 전근대 문화에서도 그 문화의 건축가를 기억하고 있지 못했지만, 동일한 현상이라고 해도 그 이면에는 다른 패턴과 다른 태도가 있을 수 있다.

무슬림 연대기 작가들은 그들의 군주가 건축을 좋아하거나 그들의 도시와 기념물의 건축 설계에 깊이 관여했다고 설명하고 있다.[374] 칼리프 알 만수르(754-775)는 바그다드의 둥근 도시 계획을 고안했다고 전해지고, 이븐 툴룬(868-884)은 나선형 미나렛을 설계했다고 알려져 있다. 이븐 툴룬의 연대기 작가는 어떤 건축가에 대해 언급하면서, 그가 기독교인이었고 감옥에 갇혀 있었으며 그의 작업에 대해 후한 보상을 받았다고 했지만, 그의 이름을 밝히지 않고 있다.

역사가가 통치자와 그의 궁정 신하의 역할을 제국 건축물의 주요 설계자라고 강조했다고 해서 그 사실을 들어 궁정 역사가가 통치자를 찬양했다고 해석해서는 안 된다. 중세 아랍 역사가 대다수는 궁정 역사가가 아니었고 통치자에게 직접 의존하지도 않았다. 그들은 항상 어느 정도 자유를 가지고 있었다. 역사가들이 기념물의 건립을 통치자의 공로로 돌린 것은 오히려 기념물 건립이 본질적으로 행정 업무라는 견해와 관련이 있다고 보아야 한다. 아쑨토(Assunto)에 따르면, 중세 유럽에서 예술 후원자는 예술품의 결함에 책임을 져야 할 뿐만 아니라 예술품의 아름다움에 대한 공로도 인정받아야 하는 사람이었다.[375]

무슬림 사회에서 후원자의 역할은 사회정치체제에 뿌리를 두고 있다. 토지, 물, 광물과 같은 천연 자원은 사유재산이 아니라 이론상으로는 공동체 전체에 속했다. 실제로 이는 그에 대한 책임이 통치자에게 있고 그의 권위에 따라야 한다는 뜻이다. 따라서 역사가들은 공동체가 그 종교적 의무를 이행하는 데 필요한 모든 것을 제공할 일차적인 책임이 통치자에게 있다고 보았고, 그에 따라 통치자를 판단했다. 도시 계획 및 건설은 무슬림 공동체의 안전과 복지, 번영을 보장하고 이슬람을 실천할 수 있는 적절한 수단을 제공해야 하는 통치자의 의무에 속했다. 순례 및 종교, 교육 기관을 위한 기반 시설 공사가 이 임무에 속했으며, 지역 사회의 더 나은 생활 수준에 기여할 모든 종류의 상업 및 민간 구조물도 마찬가지였다. 여기에서 다마스쿠스의 우마이야 시대 모스크의 벽을 장식하는 모자이크의 주제가 건축적 표현이라는 점을 상기할 필요가 있다. 이 이미지 뒤에 어떤 상징이 있든, 여기에서 건물이 선택된 것은 이슬람의 첫 번째 제국의 모스크 벽에 공식적으로 등장할 만큼 분명히 중요한 것을 상징하기 때문이다. 여기서 건축은 숭고한 의미와 관련되어 있다. 칼리프 알 무타심은 토지 개발이나 건물(이마라 *ʿimāra*)이 많은 이점을 가지고 있다고 말했다고 한다. 이렇게 함으로써 토지를 활성화하여 세상에 생명을 더하고, 세금과 수입을 늘리고, 생활비를 줄이고, 이윤과 사업이 확장되도록 하기 때문이다.[376]

유명한 셀주크 시대 군주론인 『통치서(시야사트나메*Siyasatnameh*)』의 한 구절에서 니잠 알 물크(Nizam al-Mulk)는 통치자의 의무에 대해 다음과 같이 썼다.

> 그[군주]는 세상을 개선하는데 관련된 모든 일을 이루어야 하는데, 예를 들면, (수압식) 카나트 (지하수로) 건설, 주요 관개수로 공사, 큰 강 위로 다리 건설, 마을과 농장 개발, 요새 건설, 새로운 도시, 위대한 기념물, 고상한 궁전의 건립 등이다. 군주는 또한 캐러밴 도로를 따라 호스피스와 기지를 건설해야 한다. 그러한 업적으로 해서 그의 이름이 영원해질 것이며, 그는 하늘에서 상을 받고 기도자들은 그를 위해 영원히 기도할 것이다.[377]

다른 사람들도 그와 비슷하게 군주에게 도시를 건설하고 유지하는 책임을 부여했다. 이븐 할둔은 통치자에게 금요 모스크를 설립하고 그 직원을 감독하는 의무가 있다고 하였다.[378] 또 다른 14세기 작가는 건물을 삶과 동일시하고, 그 폐허를 죽음과 동일시했다.[379] 통치자가 사망하면, 그의 사망 보고, 그의 업적을 기록한 문서에는 그가 후원한 건물 목록이 포함되곤 했다.

10세기 역사가 무카다시(Muqaddasī)와 그의 숙부의 대화를 보면 기념물의 설립은 중요한 상징적 의미를 지닌 정치적 행위로 간주되고 있다는 것을 확인할 수 있다. 무카다시는 칼리프 알 왈리드 1세(r. 705-715)가 모스크보다는 도로나 여행자 숙소, 요새와 같은 도시 사업에 돈을 썼어야 한다는 의견을 그의 숙부에게 말했다. 이에 대해 숙부는 답변하기를, 시리아에 웅장한 교회가 있기 때문에 무슬림이 그 교회의 화려함에 마음이 현혹되지 않도록 무슬림 통치자가 화려한 모스크를 지어야 하는 것이 무슬림 통치자의 의무라고 했다.[380] 수세기 후 술탄 알 자히르 바이바르스가 그의 아미르 중 한 사람이 아미르 자신을 위해 궁전을 짓는 데 엄청난 액수를 쓴 것에 놀라움을 표시하자, 그 아미르는 다음과 같이 대답했다. "맹세코, 술탄이시여, 제가 이 궁전을 지은 것은 우리의 적들이 이 궁전에 대해 듣고 '술탄의 아미르 중 하나가 이렇게 호화롭고 값비싼 집을 지었구나!'라고 말하라는 것입니다."[381] 이것이 진정한 동기였는지 아닌지 그 여부는 또 다른 문제이지만, 이러한 주장과 무엇보다도 이 주장이 술탄을 설득했다는 사실은 웅장한 건물의 건설과 관련된 정치적 의미를 드러내고 있다.

이븐 할둔에 따르면 건물은 가장 오래되고 가장 기본적인 공예품이었다. 건축의 질과 정교함의 정도는 지배자의 권력과 사회의 세련됨에 달려 있었다.[382] 그는 종교나 지적 활동에 대한 군주의 후원의 중요성을 인정하면서, 국가는 경제성장과 도시 확장뿐만 아니라 문화 및 지적 생산에 대한 책임을 가지고 있다고 보았다. 국가는 과학과 예술의 산물을 불러들이는 시장을 창조하는 데 결정적인 역할을 한다. 이븐 할둔이 "사람들은 통치자의 종교를 따른다"는 말을 했던 것은 통치자가 문화와 취향의 경향성을 설정한다는 뜻이다.[383] 이븐 샤힌(Ibn Shāhīn, d. 1468년경)은 꿈의 해석에 관한 책에서 미나렛은 통치자와 왕족을 상징하고, 강단은 종교와 왕족을 모두 상징한다고 했던 것에 주목할 필요가 있다.[384]

도시 프로젝트나 종교 건물을 건립하는 것은 일종의 도덕적인 업적이기 때문에, 역사가는 그 실현의 공로를 장인이 아니라 설립자에게 돌렸다. 유럽과 달리, 이슬람 세계의 건축 양식 이름은 지배 왕조에서 유래한 것이다. 이것은 서양 학자들의 오류가 아니라, 통치자와 그들이 세운 건물 사이의 긴밀한 연관성을 반영하는 것이다. 중세 대성당과 달리, 대부분의 이슬람 종교 기념물은 개별 건립으로, 후원자의 생애 동안 매우 짧은 시간에 완공되어 후원자는 자신의 건물에 자신의 개인적인 흔적을 남길 수 있었다.

일부 와크프 문서의 소개 글에는 선지자가 했다고 알려져 있는 다음 구절이 들어 있다. "인간이 죽음을 넘어 자신의 업적을 영속화할 수 있는 데에는 세 가지 방법이 있다. 즉, 영속적인 자선 단체를 설립하거나, 유용한 지식을 전달하거나, 자신을 위해 기도해 줄 자녀를 낳는 것이다." 경건한 재단 건립은 영속적인 자선이다. 재단은 설립자의 작업이 죽음을 넘어 영속하도록 한다. 여기서 중요한 것은 와크프가 이론적으로 시간에 제한을 받지 않는다는 점이다. 재단은 건물보다 더 오래 지속되고 필요한 경우 건물을 복원하거나 재건해야 했다. 재단은 그의 경건함을 널리 알림으로써 설립자를 불멸이 되도록 만들었다.

역사적 설명에서는 종종 종교적인 건물과 기능적인 건물을 구분하고 있는데, 한편으로는 공동체에 봉사하는 건물이고 다른 한편으로는 순전히 사적인 목적을 위해 지어진 건물을 말한다. 역사가는 첫 번째 범주에 더 관심이 있었다. 개인 용도로 세워진 건물은 역사가의 관심을 끌지 못했고, 그에 대해 알려진 바는 거의 없다. 건축적 유산을 보면 사회적 관련성을 지닌 기념물과 전적으로 사적인 이익을 위한 기념물 간에 이러한 구분이 있었음을 확인할 수 있다. 반란이나 무슬림 간의 전쟁 기간에 궁전은 파괴되었지만 종교 건물은 보존되는 것이 보통이었다.

하룬 알 라시드의 아내인 쥬바이다의 전기에서, 역사가 마수디는 그녀가 이룩한 진지한 업적, 즉 여러 자선사업을 포함하여 순례길이나 성스러운 도시에 물을 공급한 것과 의례나 패션의 혁신과 같이 좀 더 평범한 성격의 업적을 구분하고 있다. 군주는 비록 그가 스파르타식 삶을 살아야 할 것까지는 없다 하더라도, 세속적 쾌락에 정신이 팔리지 않고 그가 이끄는 공동체의 목자와 같아야 했다.

군주, 특히 위대한 정복자와 건설자인 군주는 종종 제국의 모든 지역에서 장인을 모아 그의 도시와 기념물을 세웠다고 기록되어 있다. 먼 곳에서 온 재료와 노동력 덕분에 건물과 후원자의 명성이 높아졌다. 바그다드를 세운 칼리프 알 만수르, 사마라를 세운 칼리프 알 무타심, 사마르칸트의 티무르, 오스만 술탄 셀림 1세는 모두 여러 곳에서 장인들을 데려와서 각자의 수도에서 일하게 한 것으로 알려져 있다. 그 결과 강제 노역에 의한 장인 착취와 경건한 재단을 만들기 위한 불법 자금 취득은 종종 법학자와 역사가의 근심거리였다. 마크리지는 몰수된 땅 위에 세워지거나 착취당하는 노동자들이 세운 모스크를 “우울하다”고 묘사하고 있다. 맘루크 시대의 학자들은 심지어 그러한 불법적인 수단으로 지어진 모스크에서의 기도가 타당한가에 대해서도 논쟁을 벌였다. 북아프리카의 무라비트 왕조 치하에서, 페즈의 고관들은 비용이 깨끗하다는 것을 보장하기 위해 통치자로부터 기부금을 받는 대신 자신의 비용으로 대모스크를 확장하기로 결정했다.[385] 여러 시대의 무슬림 연대기를 보면, 설립자가 부지를 구입하기 위해 얼마나 주의를 기울였는지, 또 모스크의 기초를 놓기 위해 그가 토지를 획득하고 토지 소유자에게 보상하기 위해 얼마나 노력했는지를 알려주는 보고와 일화가 자주 등장한다. 우연히 고대 보물이 발견되어 설립자가 자신의 프로젝트에 자금을 조달할 수 있게 되었다는 주장은 사실 하나의 전통적인 문학 주제로, 자금 출처에 대한 의심을 피하기 위해 때때로 등장했다. 또 다른 주제로 다양한 시대, 다양한 장소의 연대기에서 나타나는 것은 설립자가 종교 건물에 대한 비용을 일부러 기록하지 않는다는 것이다. 경건한 행위는 계산의 대상이 아니므로 설립자는 그에게 주어진 영수증을 없애버린다는 것이다.[386]

역사가들이 장황해질 때는 종종 이슬람의 첫 번째 모스크에 대해 이야기할 때이다. 그들의 설명은 건물의 원래 구성과 그 이후에 일어난 확장, 장식에 대한 세부 묘사와 정확을 기하는 정보로 가득 차 있다. 여행자나 순례자들 또한 메카와 메디나, 예루살렘의 성스러운 모스크를 묘사할 때는 보통보다 더 꼼꼼하다. 건물의 역사가 오래되었을수록, 선지자와 그의 동료들에 더 가까워질수록, 세부 사항은 더 중요해진다. 여기에서 역사가는 건축사를 다루는 것이 아니라 역사 자체를 다루고 있다.

선지자의 하디스에 따르면, 메카의 성소는 아브라함에게까지 거슬러 올라가기 때문에 솔로몬이 세운 예루살렘 성전보다 더 오래되었다고 하지만, 이븐 할둔은 이것이 건물의 나이를 말하는 것이 아니라 예배 장소로서 그 자리의 전통에 대한 것이라고 한다.[387] 이 말이 매우 중요한 것은 종교적 기념물에 대한 전통적인 이슬람의 관점을 형식이 아닌 내용으로 특징 짓기 때문이다. 카바는 이슬람 문화에서 유일하게 항상 원래의 모습대로 복원되는 기념물일 것이다. 이 주제는 이미 선지자의 생애 동안 논의되었던 것으로, 카바의 복원 과정에서 선지자는 원래의 고대 형태로 되돌리라고 명령했다.

성소(聖所)의 아름다움은 더 이상 미적 쾌감이 아니라 종교적 쾌감이라고 인지되었다. 15세기의 어떤 작가는 신이 아름다움의 눈으로 예루살렘을 바라보는 반면 메카는 장엄의 눈으로 바라보신다고 기록했다. 그러므로 예루살렘은 '보기 좋고 넓고 아름답지만', 메카의 성소는 '위엄 있고 우아하며 강렬하다.'[388] 12세기 여행가 이븐 쥬바이르는 마드라사를 '마나사(*ma'nasa* 즐거움의 장소)'라고 묘사하고 마크리지는 모스크를 '휴식과 즐거움의 장소(*muntazah, uns*)'와 유사한 용어로 묘사하여 학습과 예배를 즐거움과 연관시켰다. 카이로의 공동묘지에 관해서도 마크리지는 '타라브(ṭarab)'와 '문타자(*muntazah*)'라는 유사한 단어를 사용하면서, 달빛과 모임을 사원과 성소의 맥락에서 언급하고 있다. 달이 빛나고 음악이 공기를 가득 채우는 밤이면 묘지는 독실한 사람이나 쾌락주의자 모두를 매료시킨다.[389]

이슬람 역사가들은 이슬람 이전의 기념물을 역사의 문서이자 교훈으로 여기고 거기에 도덕적 가치를 부여했다. 기념물은 엄청난 지혜와 지식을 가진 과거 문화의 산물로서 존중을 받았다. 마수디는 고대의 국왕들이 과학과 예술을 도입하고 후원하여, 지식과 권력을 결합하게 되었다고 보았다.[390] 고대 사회에서 종교와 왕권은 상호의존적이었다.

이집트의 피라미드에 대한 설명의 서문에서 13세기 역사가 이드리시(Idrīsī)는 꾸란의 다양한 문구를 인용하면서 사람들에게 과거 사건에서 지혜와 도덕성을 배울 수 있도록 세상을 둘러보라고 권하고 있다. 그에 더해 이드리시는 "놀라운 것에 대해 궁금해 하는 것이야말로 지성의 건강과 활력의 표시"[391]라고 했다. "뒤에 남아 있게 될 건물을 짓는 사람은 누구나 그의 이름이 그 건물에 새겨질 때, 혹은 그 건물이 존속하는 한, 그 이름이 사람들의 입에 오르내릴 것이다."[392]

비슷한 시기에 어떤 이집트 시인이 다음처럼 말했다.

왕이 떠난 후 그들의 야망에 대한 기억이
그들의 건물에서 크고 있노라.
피라미드를 보라
그들의 왕이 죽은 후에도 아직 서있는
거대한 건물은
이제는 사라진 위대한 목표를 알려주고 있구나.[393]

그리고 이븐 이야스는 15세기 아미르 아즈박(Azbak)의 건축 활동을 언급하면서 "기사(騎士)가 기사도의 영광을 누리려면 지상에 기념물을 남겨야 한다"고 했다.[394]

또 다른 시인은 기물 파손운동으로 훼손된 기념물의 고통에 대해 한탄하며 다음과 같이 외쳤다.

> 파괴자여, 부디 네 오른손이 불구가 되기를!
> 기념물들은 찾고 구하고 보는 자들에게 맡기라.
> 사람들의 거처는 이야기를 전하리니,
> 사람이 살았던 곳의 이야기보다 더 좋은 이야기는 없노라.[395]

역사가 이븐 마르주크(Ibn Marzūq)는 역사적 기념물을 방관하고 파괴한 책임이 있는 사람들을 비난하고 신이 그들을 심판하고 처벌할 것이라고 했는데, "그들은 시간이 지남에 따라 무슬림에게 자부심과 명예의 원천이 되는 상징을 삭제했기 때문이다."[396]

이븐 할둔은 이슬람 이전 문화의 기념물에 대해 존중과 경탄을 보냈으며, 그 웅장함에서 그 기념물을 만들어낸 문화의 위대함의 증거를 보았다.[397] 그 기념물들은 대대로 그 창조에 기여한 사회 전체의 공로였다. 고대 기념물을 당시 시대 건물과 비교하면서, 그는 전임자들이 시작한 프로젝트를 유지하거나 완료하기보다 저마다 자신의 기념물을 세우는 걸 좋아하는 무슬림 통치자들의 개인주의적 성격을 비판했다.

고대 기념물에 대한 감탄과 동시에 당대 건물에 비해 고대 건물이 우월함을 인정했다. 예를 들어 피라미드는 지구상에서 가장 위대한 건축적 성취라고 칭송을 받았다. 아랍 문학에서 고대 이집트 기념물에 대한 가장 흥미로운 설명 중 하나는 12세기 의사이자 학자인 압달 라티프 알 바그다디('Abd al-Laṭīf al-Baghdādī)의 설명으로, 그가 과거 건축 예술을 모양, 비율, 방향, 기하학, 색상의 신선함, 장인 정신의 특질과 관련하여 평한 내용은 열의로 가득 차 있고, 심지어 열광적이기까지 하다. 그는 기자의 스핑크스를 조각한 예술가가 그러한 거대한 규모에서 균형을 유지할 수 있었다는 점에 감탄했다. 조각상은 "부드럽게 웃는 것 같다"; 멤피스 사원의 경이로움에 마음이 혼란스러워졌다. 사원을 보면 볼수록 황홀경이 더 커진다.[398] 압달 라티프는 이집트 기념물이 단지 즐거움을 위해 고안된 것이 아니라 후세에 중요한 메시지를 전달하기 위해 고안되었다고 썼다. 계속해서 그는 과거 무슬림 세대는 이 기념물들이 과거 문화의 연대기에 해당하기 때문에 이러한 기념물을 조심해서 보존했다고 한다. 이러한 문화는 꾸란에 언급되어 있으므로 이들은 신의 말씀을 확인시켜주고 있다. 이러한 논리로 압달 라티프는 금을 찾느라 기념물을 훼손한 사람들을 강력하게 비난했다. 다른 출처에서도 그러한 비난을 발견하게 된다. 이븐 할둔과 이븐 이야스는 짓는 것보다 부수는 것이 쉽다고 씁쓸하게 지적했다. 또 다른 학자는 피라미드에 대해 이렇게 썼다.

> 그[피라미드]들은 자기 백성의 강함에 대해 이야기하고 그 업적을 고하며, 그 지식과 정신에 말하고 있으며, 그 업적과 역사를 서술하고 있다.[399]

"말하다", "이야기하다", "서술하다"(tuḥaddith, tanṭaq, tukhbir)와 같은 동사를 사용하여 건축의 기록 기능을 강조하고 있다. 알렉산드리아의 파로스 등대를 묘사할 때에는 그 세부 사항에 대해 거의 예외적이라 할 정도로 세심한 주의를 기울였다(그 중 일부는 옛 설명에 의존하고 있다). 현재보다 우월한 것으로서 과거의 건축에 대한 향수는 항상 교훈적이고 도덕적인 어조로 표현되어 있는데, 그리 옛날이 아닌 과거의 경우에도 그러했다. 15세기 맘루크 술탄 중 한 명은 반란군이 성채 안에 있는 술탄의 거주지를 공격하기 위해 술탄 하산 모스크에 자리를 잡았기 때문에 그 모스크를 파괴하려다 실패했던 적이 있었다. 이븐 이야스는 이 작전을 조롱하면서, 그 당시 작업자들은 그 모스크를 부술 수조차 없었다면서 옛 장인의 높은 솜씨를 찬양하는 기회로 이용했다.

역사적 기록으로서의 기념물의 가치는 역사가와 통치자 모두 동등하게 인정했다. 자히즈는 페르시아인의 가장 큰 업적은 건축이고, 아랍인도 이 분야에 능숙하지만 그들의 가장 큰 재능은 문학에 있다고 기록했다. 그가 썼다고 알려져 있는 『아름다움과 그 안티테제(*Beauties and Antitheses*)』의 첫 줄은 건축과 문학의 문화적 가치를 비교하는 데 할애되어 있다. 오래 간다는 성질 때문에 문학을 선호한다는 걸로 결론을 내렸지만, 자히즈는 페르시아인들이 바위 조각에 새겼던 것처럼 통치자들이 그들의 업적을 확산하는 매체로서 건축의 기록적 가치를 인정했다.[400] 다른 저자들은 고대 기념물이 고대 이집트인의 과학과 지식을 위한 저장소로 세워졌으며, 그러한 것이 부패하지 않도록 벽에 새겨 두었다고 믿었다.

맘루크 술탄 알 구리가 개최한 학술 모임에서, 학자 중 한 사람이 가즈나의 술탄 마흐무드(11세기)를 언급했는데, 마흐무드는 그의 이름을 후세에 남길 방법을 찾으면서 기념물을 세우라는 조언을 들었으나 기념물이 몇 세기 이상 지속되지 않을 것이라고 답하고

대신 페르도시의 『제왕기(샤나메*Shahnameh*)』를 후원하기로 결정했다.[401]

책과 기념물을 저울질하는 것은 하나의 토포스(관습화된 표현)이다. 중세 무슬림은 불멸의 추구가 통치자가 경건한 건물을 세우는 주요 동기라는 사실을 잘 알고 있었다. 궁극적으로 책에 우선권이 주어진다 하더라도, 기념물은 돌로 쓴 문서로 눈에 더 잘 띄고 따라서 더 즉각적으로 효과가 있었다. 책이 기록이라면, 기념물은 광고였다. 가즈나 왕국의 마흐무드와 술탄 알 구리는 그들의 이름을 영원히 남기기 위해 책과 건물이라는 두가지를 다 사용했다. 마흐무드는 『제왕기(샤나메)』의 저작을 후원했고 알 구리는 『제왕기(샤나메)』의 최초의 튀르키예어 번역본을 후원했다. 군주의 동상이나 초상화가 허용되지 않는 사회에서 이러한 종류의 후원은 특히 중요했다. 무슬림이 건축을 역사와 동일시한 이유 중 하나는 이슬람이 매우 풍부한 역사적, 문화적 유산을 가진 지역에 뿌리를 내렸기 때문이며, 이러한 유산은 종종 읽을 수 있는 문헌을 통해서가 아니라 기념물의 형태로 나타난다. 군주가 자신의 이름을 기념물과 연관시키려는 열의는 때때로 도용(盜用)으로 이어지기도 하였다. 압바스 칼리프인 알 마문은 바위 성원에 그 설립자인 압달 말리크(685-705)의 이름 대신 자신의 이름을 새겼는데, 그는 기념물의 역사를 위조하지도 않았고 그럴 수도 없었지만, 어쨌든 그 기념물에 자신의 이름을 새기기를 원했다. 칼리프 알 마흐디(775-785)는 순례길을 따라 세워진 건물에 자신의 이름을 남기고 싶어, 금전적 보상 대신 남이 세운 건물에 자신의 이름을 새기기까지 했다고 한다.[402] 알 나시르 무함마드는 아미르 바이바르스 알 자샨키르가 세운 수피 사원에서 아미르의 이름을 삭제했는데, 아미르가 왕좌를 찬탈하려 했던 것을 처벌하기 위해서였다. 이렇게 하였다고 해서 바이바르스가 사원을 건설했다는 사실을 부인했던 것은 아니다. 그는 재단 증서 등 좀 더 부서뜨리기 쉬운 증거를 파괴할 수 있었지만 그렇게 하지 않았고, 역사가들은 계속해서 그 재단을 바이바르스의 공으로 돌렸다. 처벌은 건물에서 그의 이름을 제거하는 것이었다. 일부 연대기 작가들은 술탄 알 나시르가 전임자들이 세운 건물을 철거하고 단지 그들의 이름 대신 자신의 이름을 기념하기 위해 건물을 재건했다고 비난하기도 했다.

군주가 자신의 이름을 영원히 남기는 가장 효과적인 방법 중 하나는 자신의 영묘를 종교 재단과 함께 하는 것이었다. 최초의 대규모 모스크 건축은 영토를 정복하고 그 곳을 이슬람화한 것으로 그에 대해 전체 공동체가 기여했던 반면, 후기의 모스크는 익명이 아니었다. 마드라사와 수피 사원, 그리고 건물 창시자의 영묘가 붙어있기도 하는 동네 모스크가 확산되면서 종교 건물은 점점 더 창시자의 이름과 연관을 맺게 되었다. 건축의 정치적 성격을 확인할 수 있는 것은 후원자의 이름과 건립일을 나타내는 역사적 비문(碑文)을 눈에 띄는 위치에 두었다는 사실이다. 이러한 비문은 보통 건물 정면에 있는데, 입구의 현관/포털에서 가장 자주 발견되는 것으로 방문자에게 알림의 기능을 한다.

과거 문화의 건축은 그들의 전통과 마찬가지로 이슬람과 꾸란의 본질 때문에 이슬람 유산으로 통합되었는데, 여기에서는 성서 전통을 인정하고 채택하고 있다. 그리스 신화의 인물들조차 성서의 예언자들과 동일시되었다. 카바는 아브라함이 세운 것이라 여겨졌으며, 이슬람 최초의 위대한 기념물인 바위 성원은 성서에 나오는 신성한 장소에 세워졌다. 무함마드는 '하팀 알 안비야(*khā tim al-anbiyā'*), 즉 최후의 종결적인 예언자였다. 그는 전임자들의 메시지를 확인하고 전임자들에게 영예를 주며 이슬람을 일련의 일신교에 대한 완전한 종결로 만들었다. 이슬람 문화는 이러한 종교적 전통이 발생한 지역에서 번성했기 때문에, 문화적 연속성은 이슬람 정치의 원칙이었다. 이집트, 시리아, 메소포타미아의 모든 중요한 무슬림 공동묘지는 성경이나 기독교 전통에서 등장하는 전설과 관련이 있다.

기념물은 종종 정복된 영토에서 강제 이주한 장인들처럼 전쟁에서 노획한 전리품의 일부로 간주되었다. 이와 관련하여 자주 등장하는 이야기는 하룬 알 라시드는 아랍인들이 건축의 기적이라고 경의를 표하는 크테시폰의 사산 제국 궁전을 남겨두면 이런 거대한 건물을 세울 수 있는 강대국을 무찌르는데 성공한 아랍인들의 기념물이 되고 그 우월함의 증거가 되리라는 신하들의 조언을 따라 궁전을 파괴하지 않기로 했다는 것이다!

십자군 시대의 아랍 시인들은 무슬림의 손에 들어온 전리품을 기념하기 위해 기독교 여성의 위대한 아름다움과 적군인 십자군이 건설한 건물의 장엄함을 강조했다. 그들은 적의 업적을 찬양함으로써 자신들의 승리를 자축했다. 예를 들어 마크리지는 알 나시르 무함마드의 마드라사의 현관 입구를 세계에서 가장 위대한 입구 중 하나라고 보았다.[403] 그 당시 카이로에는 크기와 장인의 솜씨에 있어 훨씬 더 인상적인 현관 입구가 있었지만, 이는 팔레스타인에 있는 십자군 교회에서 가져온 전승 기념물이었다. 따라서 그것은 무슬림 승리의 상징이었고, 결과적으로 아름다웠다. 술탄 바이바르스는 그의 모스크의 기도 벽감 위에 장엄하면서 당시 카이로에서 가장 거대한 돔을 세웠는데, 재료는 그가 십자군 전쟁에서 포획한 것이었다. 전승기념비의 아름다움과 품질은 우승자에 대한 찬사이고, 그의 권능의 상징이다.

도시에 대한 설명에서, 기능과 성능은 필수 기준이었다. 이슬람 문화에는 도시 계획에 대한 공식적인 규칙이 없었다. 고전 시대의 지리학 문헌에서 도시를 평가하는 것은 난공불락, 깨끗한 공기, 물 공급, 농업 지역의 비옥함 등이었다. 다른 중요한 기준으로는 시장의 규모와 중요성, 상품의 가격과 공급, 목욕탕의 숫자가 포함되어 있었다. 후기에는, 학자와 학문 기관도 도시의 자산으로 간주되었다. 15세기 역사가 알 아이니(al-ʿAynī)는 카이로에 대한 마크리지의 묘사에 찬사를 보내며 "그[마크리지]는 그녀[카이로]의 기념물에 생명을 불어넣고, 카이로의 신비를 밝혀주고, 카이로의 유산을 되살려주며, 카이로의 유명 인사들을 그려냈다"[404]고 썼다. 여기에서 그 도시의 형식적인 특징보다는 그 활동이 중요한 것이었다.

마수디가 인용한 9세기 시는 내전 후 바그다드의 파괴를 애도하고 있는데, 도시를 평가하는 것은 그 도시가 제공하는 삶의 질이라는 생각이 반영되어 있다.

오 바그다드, 제왕의 도시여, 모든 욕망의 목적지,
이슬람의 모든 학습의 중심,
지상 낙원, 부를 구하는 모든 상인의 가슴에
희망을 심어주는 그대여,
말해다오 쾌락의 꽃길을 따라

우리가 한 번 만났던 그들은 어디에 있는가?
일행 가운데 찬란한 별처럼 빛나던
왕들은 어디에 있는가?
이성의 빛으로 율법의 수수께끼를 풀던
법관들은 어디에 있는가?
그들의 지혜로 조화로운 말을 하는
설교자와 시인은 어디에 있는가?
매력이 가득하던 그대의 정원, 강둑을 따라 번성하는 땅 위의
궁전은 어디에 있는가?
내가 한때 알던 보석으로 반짝이던
왕궁은 어디 있느냐? 한때
대지 위로 사향과 장미가 뿌려졌고,
향기로운 연기는 멀리 멀리 퍼졌건만.
매일 밤 즐거운 하객들은
고귀하고 관대한 주인의 집에 모였건만.
주인이 명을 내리면 노래하는 소녀들이
아름다운 목소리를 높이고 그 목소리에 어울리는
피리 소리에 맞춰 노래를 불렀건만.
그들은 어디로 갔는가, 그 영광스러운 왕들은?[405]

여기에 도시의 계획이나 건축 스타일에 대한 언급은 없다. 오직 찬양되고 있는 것은 삶의 질뿐이고, 그것이 사라지는 것을 한탄하고 있다. 바그다드의 가치는 그 상인, 법률가, 시인, 설교자, 음악가에게 있다. 시에서 궁전, 정원, 누각을 언급하지만, 이들은 화려한

생활양식에 대한 은유일 뿐이다

알 자히즈가 바스라와 쿠파를 설명하는 글에는 기후, 지형, 사냥, 물, 과일, 시장이 언급되어 있다. 『노래집』의 한 일화에서, 시인 하마드(Hammād)는 친구들에게 히라*를 찬양하면서, 도시의 신선한 공기, 달콤한 물, 아름다운 풍경에 대해 이야기했지만 그의 친구들은 여전히 회의적이었다. 그들을 설득하기 위해 하마드는 친구들을 연회에 초대하여 히라에서 온 고기, 포도주, 과일을 그 도시에서 만든 그릇과 가구에 담아서 권했다. 하인들도 히라 출신이었고, 주인이 손님들에게 읊어준 시도 마찬가지였다. 결국, 손님들은 기꺼이 히라의 미덕을 인정하게 되었다.[406]

16세기의 어떤 시는 한때 피서지이자 유흥지로 유명했었던 나일 섬이 황폐해진 것을 애도하면서, 시인은 나무와 새, 모스크와 궁전, 사탕과자 장사꾼, 치즈, 과일, 꽃이 사라진 것을 슬퍼하고 있다. 이제는 사라진 근심 없는 삶의 모습으로, 가수와 음악가와 함께 심지어 대마초를 먹는 사람과 와인을 마시는 사람까지 그리워한다.[407]

도시가 제공하는 삶의 질에 따라 도시를 평가하는 것처럼, 건물은 흔히 그 기능 측면에서 평가되었다. 역사가들은 혁신에 대해 언급할 때마다, 예를 들어 어떤 특정한 건축 구도가 최초로 등장하면 그 양식이나 기술상의 혁신에 대해 거의 언급하지 않았는데, 이는 역사가들이 건물의 양식적 특질보다는 정치적, 종교적 의미를 중요하게 보았기 때문이다. 역사가들은 구조물의 크기나 사용된 재료의

....

* 사우디아라비아의 지역, 그 동굴에서 무함마드가 가브리엘로부터 꾸란을 처음 받았다고 한다. (역자주)

가치, 뛰어난 솜씨를 찬미하였지만, 디자인의 독창성에 대해서는 항상 애매하게 말했다. 마크리지는 중세 카이로의 지형과 기념물을 가장 포괄적으로 다룬 문헌의 저자였지만, 건축과 건축가에 대한 정보는 아주 부족했다. 그는 어떤 미나렛이 카이로에서 최초의 석조(石造) 미나렛이라고 했는데, 현존 사례를 보면 그 미나렛의 선례가 되는 것들이 몇 개나 있다![408]

어떤 후원자가 프랑스 생드니 수도원의 슈제 수도원장이 작성한 것에 비길 만한 기록물을 남겼다면, 그 기념물의 이미지는 달라졌을 것이다. 역사가가 제시한 그림에는 건축 설계자의 미적 개념이 빠져 있다. 그러나 아랍 세계의 후원자와 장인들은 그들 자신에 대해 글을 쓰지 않았다. 그들은 지식인이 아니었다. 아이디어와 개념을 다듬어 표현했던 사람들은 울레마로, 그들은 흔히 공식적인 후원에 의존했지만 거기에 완전히 매달리지도 않았는데, 통치자는 그들 자신의 합법화를 위해 울레마의 지원이 필요했기 때문이었다.

고딕 성당이 장인과 후원자뿐 아니라 한 시대의 종교 철학에 깊이 영향을 받았던 것과는 달리, 이슬람 종교 건축은 전적으로 평신도, 즉 후원자나 관리자, 장인이 설계했다. 이론가들은 건축의 미학을 후원자와 실무자에게 맡겼다. 한편으로는 지배 기득권층이 건축 기술을 완전히 장악하고 건축과 통치자의 이미지를 동일시하면서, 다른 한편으로는 울레마 집단에 건축 장인이 없었다는 것은 건축이라는 기술의 위상에 중요한 영향을 미쳤음에 틀림없다. 또한 이 때문에 건축 기술의 경제적 해방과 건축을 예술로 개념화하는 것을 방해했을 수도 있다.

중세 역사가들이 전달해주는 설명만으로는 건축의 전체 이야기

카이로의 술탄 하산 모스크에 있는 기도 벽감(미흐랍), 14세기.

를 말하지 못하지만, 당대 사회에 있어 건축의 중요한 의미를 보여주고 있다. 지배 기관과의 긴밀한 연결과 후원으로 인해 건축은 정치적, 역사적 관심사였다. 이런 점에서 이집트에 대한 압달 라티프의 설명을 '교화와 교훈'이라 부르고, 이집트 도시와 기념물에 대한 마크리지의 묘사를 '장소와 기념물의 역사에 관한 도덕과 교훈'이라 하며, 이븐 할둔의 세계사를 '교훈서'라 하는 것도 놀라운 일이 아니다.

글을 맺으며

바움가르텐(Baumgarten), 흄(Hume), 칸트(Kant)는 미적 경험에 초점을 맞추어 미적 아름다움을 자율적이며 그 자체로 가치 있다고 본다. 아름다움은 도덕적 또는 종교적 가치에 달려 있지 않으며, 아름다움과 선을 동일시하지 않는다. 아리스토텔레스는 쾌락을 위한 아름다움과 도덕적 아름다움을 구별했지만, 고전 및 중세 서양의 아름다움에 대한 개념은 일반적으로 플라톤적 접근 방식에 따라 아름다움과 선을 연결하고 있다. 아름다움이 도덕적 가치와 연관되어 있기 때문에, 기독교 신학자들은 아름다움을 그들 신학적 담론의 주제로 포함시켰다. 앞서 본 바와 같이, 아랍 이슬람 사상의 주류는 다소 소유학파(逍遙學派)의 접근 방식을 취하는 경향이 있었던 것으로, 아름다움의 자율적 규범이 도덕적 또는 종교적 기준과 무관하게 발전하도록 허용했다. 예술 작품은 신의 계획과 분리되어 별도로 보였고 형이상학적 연관성이 없었다.

그러나 아름다움은 종교 사상에서 중요한 위치를 차지했다. 아랍-무슬림 전통은 우주의 아름다움이 꾸란에서 강조되고 있다고 보았고, 꾸란 자체의 문학적 우월성이야말로 신의 손길을 보여주는 강력한 증거라고 간주했다. 그리스 사상의 영향으로, 철학자, 수피, 신학자들은 아름다움과 사랑의 관계를 우주 운동의 기본 요소로 다루었다. 수피 예식은 신의 아름다움에 대한 열정을 기반으로 하는 것으로, 신의 아름다움은 신의 이미지를 따라 창조된 인간의 형상에 나타난다.

이슬람은 개인뿐만 아니라 예배와 사회적 행동을 포괄하여 '사회 전체'에 구속력이 있다는 원칙이 있지만, 그렇다고 해서 세속 문화의 형성을 막지 못했다. 과거 이슬람법은 직접 통치할 수 없고, 공동 이익의 원칙을 통해 간접적으로만 통치할 수 있는 영역이 있다는 것을 인정했었다. 이로 인해 통치자의 영역, 즉 시야사(*siyāsa*)가 정교하게 발전되었다. 합리적인 학문은 그리스 유산에 속하는 것으로, 계속 이슬람 학문 레퍼토리의 일부를 이루고 있었고 심지어 정통파에 의해 철학이 폐기된 후에도 그러했으며, 전근대 시대 전체에 걸쳐 모스크와 마드라사에서 이를 가르쳤다. 예술이 속해 있는 세속 문화는 이슬람 율법과 충돌하지 않는 한 그 자리를 인정받았다.

위대한 고대 문명의 영토에 거대한 제국을 건설하면서, 아랍 정복자들은 스스로를 이러한 문화의 상속자로 여기고 그에 따라 예술의 위대한 후원자 역할을 했다. 궁정 의식에서는 그리스와 페르시아 모델을 참조했다. 예술 후원은 군주에게 명예를 부여하는 것으로, 무슬림 공동체가 기독교 적대자들과 마주했을 때 무슬림 공동체의 이미지에 유익하다고 보았다.

무슬림 교리에 따르면 통치자는 공동체에 적절한 종교적, 사회적, 도회적 환경을 제공해야 할 임무가 있다. 군주의 후원에 따라 모든 종교적, 문화적 활동이 이루어졌다. 군주와 그 측근들은 대도시의 종교 기관을 후원하고 그 기관의 관리자를 임명한 사람들이기도 했다. 수니파 무슬림 사회에 성직자 제도가 없었기 때문에, 중세 유럽에 존재했던 것처럼 종교적 기준에 따라 성스러운 예술을 표현해야 할 필요가 없었다. 모스크가 어떤 모습이어야 하는지 결정하는 것은 종교 제도가 아니라 통치 제도였다.

시, 서예, 음악, 건축, 장식 예술은 통치 제도의 후원 아래 번성했다. 도시의 성장과 도시 부르주아지의 번영은 이슬람 통치하에서 주요한 성취였지만, 도시는 자치적이지 않았으며 왕실과 경쟁하지도 않았다. 도시는 권력, 종교, 예술의 중심지였다. 아랍-이슬람 문화는 도시적이었고, 아랍 문학은 아랍어만을 유독 고집하지 않았다.

시는 중세 아랍 세계에서 최고이자 가장 광범위하고 가장 많이 논의된 예술이었기 때문에, 미의 개념은 주로 시에서 찾을 수 있다. 이러한 개념은 시인, 문학 평론가, 철학자들에 의해 표현되었다. 문학 비평은 종교 과학, 꾸란 주석의 분파였지만, 시는 종교의 영역에 속하지 않았다. 무슬림의 정통성 자체는 선지자와 시인들 사이의 거리를 둔 것에 근거하여, 시 예술이 세속적인 길로 나아갈 수 있도록 하였다. 종교적인 시라고 해서 세속적인 시보다 명성을 얻지 못했다.

아랍 문학 비평은 내용과 형식을 나눈 아리스토텔레스적 구분을 준수했다. 예술 작품의 질과 즐거움을 일으키는 그 잠재력은 주로 작품의 내용, 의미, 독창성보다는 예술가의 지능과 실행 기술에 달려 있다. 예술적 창작에 형이상학적 힘이 관여하지 않는다. 이 원칙은 예술의 세속적인 지향을 확인시켜 주고 있다. 수피 시인들은 신을 노래하기 위해 에로틱하고 술 취한 듯한 어휘를 채택했고, 장인들은 종교 기념물과 세속 기념물에 동일하게 건축적, 장식적 관용구를 적용했다.

이븐 시나는 아랍 시의 자유롭고 쾌락 지향적인 특성을 인지했으며, 대부분의 비평가들은 좋은 시란 교훈적 목적이 없는 시라고 보았다. 문학 비평과 철학에서 우세한 입장에 따르면 시는 감동적이고 즐거움을 주어야지, 그리스와 이란의 전통에서처럼 서사적이거나 정보 전달형이어서는 안 되었다. 서사적 예술은 목적이 있고 교훈적이었던 반면 추상성은 즐거움과 관련이 있었다.

음악에서 기교는 신성한 영감보다는 악마적인 영감과 관련이 있었다. 음악, 시, 포도주는 동일하게 쾌락주의적 경험의 범주에 속했다. 음악학은 그리스인에게서부터 물려받아 이슬람 학문의 레퍼토리로 통합되었지만, 사회 상황에서 음악은 방탕함과의 연관성 때문에 논란의 대상이었다. 순수주의자들에 대한 응답으로, 가잘리는 시와 음악이 그 자체로 나쁠 수는 없으며, 음탕한 사용이 있을 뿐이라고 주장했다. 이는 예술이 자율적이라는 것을 인정한 말로, 즉 예술의 도덕적 가치는 주관적인 적용의 문제였다. 권주시(勸酒詩)는 오토만 시대 말기까지 계속 아랍 세계에서 지어졌으며, 수피들은 음악이 인간을 신에게 더 가까이 다가가게 하는 황홀경의 원천으로 인정했다.

시각 예술 가운데 서예만이 학문의 지위를 가졌다. 현대 미술사가들이 이슬람 디자인의 특징이라고 식별하는 것은 그 디자인 제작이 공식처럼 정해져 있어서가 아니다. 형상적 표현에 대한 적대감을 제외하면, 아랍 중세 작가들 사이에서 이슬람 시각 예술을 다른 문화의 예술과 구별하는 것이 무엇인지에 대한 명시적인 논의가 없었다. 이슬람 디자인에서 기하학과 추상적인 식물 문양의 미학을 표현하거나 언어화한 문헌은 없다. 수학의 유용성과 그 교훈적 효과는 강조했지만, 이슬람 예술에서 두드러지게 나타나는 기하학의 미학적 측면에 대해서는 논의하지 않았다.

하디스에서 전해지기로는 선지자는 "모든 것에는 장식이 있다"고 했다. 그러나 다른 하디스에 따르면, 선지자는 호화로운 건축물에 적대적이었다. 본 연구에서 제시했던 많은 사례에서와 같이, 서로 다르면서 모순되기도 하는 경향이 공존했다. 울레마는 어떠한 시각 예술에 대해서도 논의하지 않았다. 형상 표현에 대한 그들의 적대감은 정전(正傳)에 규정된 금지 사항이 아니었다. 이 문제에 대한 가장 확고한 진술이 생긴 것은 이슬람 예술이 이미 기본 특징을 획득한 뒤인 이슬람 후기였다.

아랍어 출처 가운데 아라베스크이든 기하학이든 이슬람 디자인에 속한 종교적 상징 의미를 알려주는 증거는 없다. 그라바가 이슬람 디자인의 쾌락지향적 성격을 강조한 점을 확인할 수 있다. 시각 예술의 창조를 이끄는 것은 미학적 기준뿐이었다. 예술품은 아름다움의 표현으로서, 종교나 신분의 상징으로 쓰이기도 했고, 일상생활을 장식하는 역할을 할 수도 있었다.

시가 요리를 포함하여 모든 것을 찬양하듯이, 비문(碑文)은 모든 종류의 물건을 장식했다. 어떤 물건이라도 정교하고 양식화된 비문을 담을 수 없는 것은 없었다. 나무나 꽃을 자연주의적인 방식으로 표현하는 것을 막는 종교적 금지는 없었지만, 아랍 예술가는 양식화를 선호했다. 이란이나 튀르키예 예술에 비해 아랍에서는 자연주의적 문양이 훨씬 드물다. 후기가 되면 이러한 경향이 더욱 커졌다.

건축은 문헌상 독특한 위치를 차지하고 있다. 건축은 학문으로 규정되지도 않았고, 회화와 동등한 예술로 받아들여지지도 않았는데, 회화는 종종 시와 비교되면서 상상력과 연관성을 지녔다. 역사가들은 문헌으로 건축 활동에 대한 주요한 연구를 남겼는데, 그렇다고 해도 멋진 건물을 바라보는 즐거움에 대해 언급하지만 그들의 관심은 비교적 기능적 측면에 집중되어 있었다. 공익과의 관련성에 따라 기념물을 바라보았으며, 기념물은 통치자의 헌신과 의무감의 표현으로서 국정 운영과 관련이 있었다. 따라서 건축과 관련된 의미는 사회적, 정치적이었다. 건축의 미적 기준은 장인과 후원자들에 의해 설정되었으며, 작품 자체에만 기록되어 있을 뿐이다.

아랍 문화가 미학의 일반 이론을 세우지 않았다고 하지만, 10세기에서 12세기 사이의 아랍 사상가들은 예술의 창작과 향유를 위한 기반으로서 지식과 노력에 초점을 맞추어서, 예술 작품과 아름다움에 대한 인식을 다루는 개념을 발전시켰다.

아름다움에 대한 아랍어 담론의 독창성은 심리적 요소인 즐거움을 강조하는 데 있다. 아름다움은 그를 보는 사람에게 어느 정도 기쁨을 불러 일으키느냐에 따라 측정할 수 있다. 개인의 감상 능력은 심리적 욕구를 따르는 것이고, 이는 고도로 다듬어질 수 있다. 그런데 개인은 규범이 세워져 있고 지식이 배양되는 사회의 구성원이라고 본다.

14세기 말, 전근대 이전의 마지막 위대하고 독창적인 아랍 사상가 이븐 할둔은 모든 문화 활동을 정치적, 사회적 환경과 연결함으로써 예술에 대한 합리주의적 접근에 새로운 차원을 더했다. 그러나 이븐 할둔의 사상에서 기대할 수 있는 근대성은 지적 돌파구를 찾지 못했다. 이븐 할둔 이후 시대의 이슬람 문화를 특징 짓는 것은 침체이다. 그렇지만 정치적 쇠퇴기를 거치면서도 충실히 보존된 유산은 시간이 흘러도 계속 황금시대의 추억으로 소중히 여겨졌다.

주

『이슬람 백과사전(*Encyclopaedia of Islam*)』(2판)은 *E.I.*로 줄인다.

1 Kahwaji, "*'Ilm al-djamāl*," *E.I.*

2 "Si les auteurs du moyen âge n'ont guère de théorie systématisée des beaux-arts, ce n'est pas qu'ils ignorent les rapports entre l'art et la beauté." De Bruyne, p. 221. 중세의 작가들이 미술에 대한 체계화된 이론이 거의 없었다고 해서 그들이 예술과 미의 관계를 몰랐던 것은 아니다.

1장

3 Arberry, Revelation, p. 62.

4 Arnaldez, "Ma'rifa," *E.I.*

5 참조 Rosenthal의 *Knowledge Triumphant*.

6 Lewis, "Siyasa"; Busse, " Fürstenspiegel."

7 von Grunebaum, *Kritik*, p. 129.

8 Wensinck 재인용, Hillenbrand, p. 264.

9 Rosenthal, *Four Essays*, p. 12

10 Abu Deeb, *Jurjani*, pp. 24ff.

11 "Gott ist schön," *Frankfurter Allgemeine Zeitung*, 1996년 6월 8일.

12 Ibn Qayyim, *Rawḍa*, p. 253.

13 Dols, p. 297.

14 Arkoun, *Traité*, pp. 133ff.

15 *shahīd*, 보통 '순교자'라고 번역되는데, 이슬람의 승리를 위해 성전(聖戰)에서 싸우다 전사한 사람.

16 달리 표기하지 않는 한 꾸란의 인용은 NJ. Dawood(London: Penguin, 1990) 번역을 이용했다.

17 37:6-7, 15:16, 41:11-12에서도 마찬가지다.

18 아름다움과 사랑에 대한 가잘리의 주장을 보려면 다음 참조. Iḥyā', IV, pp. 99ff., 117f., 270-90, 396ff., 495; Hillenbrand, "Ghazali"; Ettinghausen, "Ghazzali"; Ritter, Elixier, pp. 187ff.

19 Ghazālī, III, p. 380.

20 Ghazālī, III, p. 97.

21 Ettinghausen 번역; Ghazālī, IV, p. 275.

22 Ettinghausen, "Ghazzali," p. 164.

23 Ghazālī, III, p. 20f., VI, p. 156.

24 Arberry, *Avicenna*, pp. 64ff.

25 Ghazālī, IV, p. 273.

26 Ibn Qayyim, *Rawḍa*, p. 160.

27 Ibn Qayyim, *Rawḍa*, pp. 65ff.; 176.

28 Arberry, Saints, p. 47.

29 참조 Massignon, Passion.

30 Arberry, *Aspects*, p. 218.

31 Arberry, *Aspects*, p. 66.

32 Nicholson, *Literary History*, p. 397

33 Fakhry, p. 261.

34 Fakhry, p. 166.

35 Ikhwān al-Ṣafā, III, p. 280.

36 Nasr, pp. 44f.

37 앞 글.

38 Fakhry, p. 142.

39 Fakhry, pp. 264f.

40 Affifi, p. 173.

41 Corbin, *Ibn ʿArabī*, p. 78.

42 Corbin, *Ibn ʿArabī*, p. 205.

43 Ghazālī, IV, p. 312.

44 Nicholson, *Mystics*, p. 112.

45 Nicholson 번역, *Mystics*, p. 103.

46 Homerin, p. 11.

47 Ibn Qayyim, *Rawḍa*, pp. 99f.

48 Fakhry, p. 159.

49 위에서 언급했던 이븐 투파일의 후기 서술과 혼돈하지 말 것, 『하이 이븐 야크잔(Ḥayy ibn Yaqẓān, 독학 철학자)』이라는 이름도 사용했다.

50 Arnaldez, "Ibn Rushd," *E.I.*

51 Arberry, *Way*, p. 74.

52 Affifi, pp. 124f.

53 Fakhry, p. 248.

54 Sa'd, pp. 280ff.

55 두 문단 모두 Arberry, *Way*, p. 70.

2장

56 Ikhwān al-Ṣafā', I, pp. 253f.; III, p. 469.

57 Ikhwān al-Ṣafā', I, pp. 80, 103; Nasr, p. 45.

58 Nasr, pp. 45f.

59 Biruni, *Gärten*, pp. 42f.

60 Pellat, *Geisteswelt*, p. 421.

61 De Sacy, pp. 186-96; Maqrīzī, I, p. 122.

62 Ibn Qayyim, *Rawḍa*, p. 229.

63 Jurjānī, pp. 153, 154.

64 Abu Deeb, *Jurjani*, p. 282; Jurjani, p. 150.

65 Ibn Khaldūn, *Muqaddima*, pp. 470f.

66 Sabra, I, pp. 200-207.

67 Sabra, I, p. 201.

68 Tatarkievicz, II, pp. 263-71.

69 Sabra, I, pp. 200ff.

70 Geries, p. 55.

71 Pellat, *Geisteswelt*, p. 222.

72 Pellat, *Geisteswelt*, p. 420.

73 Ghazālī, IV, pp. 296f.

74 Goichon, *Directives*, pp. 470ff.

75 Abu Deeb, *Jurjani*, p. 278; Jurjani, pp. 133f.

76 Iṣbahānī, VI, p. 117.

77 Nicholson, *Literary History*, p. 309.

78 De Bruyne, p. 32

79 Eco, p. 119.

80 De Bruyne, pp. 225f.

81 1) 인체의 건전함, 2) 감각의 건전함, 3) 육신과 감각의 건전함에 이르는 것을 분별할 줄 아는 능력의 건전함, 4) 건전함으로 이르도록 노력할 수 있는 능력의 건전함. Mahdi, *Alfarabi*, p. 71.

82 Mahdi, *Alfarabi*, p. 73; ʿUṣfūr, *Qirāʾa*, pp. 277f.

83 Gardet, "Djanna," *E.I.*

84 ʿAbd al-Raḥman, pp. 332f.

85 Ettinghausen & Grabar, p. 34.

86 Duri, "Baghdad," *E.I.*

87 Hamori, p. 79.

88 Abu Nuwās, p. 692.

89 *Arabian Nights*(역. Haddawy), "The Story of Nur al-Din Ali Ibn Bakkar and the Slave Girl Shams al-Nahar," p. 298.

90 *Arabian Nights*(역. Haddawy), p.

130.
91 *Arabian Nights*(역. Haddawy), p. 131.
92 Sourdel, *Civilisation*, p. 356.
93 von Grunebaum, *Kritik*, p. 68.
94 Elisseeff, p. 136.
95 Ibn Sīrīn(추정), pp. 345ff.; lbn Shāhīn, II, p. 6.
96 Arberry, *Aspects*, p. 22.
97 Lunde & Stone, pp. 403f.
98 Grünert, p. 4.
99 *Arabian Nights*(역. Haddawy), p. 173.
100 Ibn Qayyim, *Rawḍa*, pp. 239ff.
101 참조 Ghazālī, III, pp. 97ff.
102 Vadet, p. 43.
103 Nicholson, *Literary History*, p. 106.
104 lbn Qayyim, *Rawḍa*, p. 228.
105 Ibn Qayyim, *Rawḍa*, pp. 240-44.
106 Sadan, Rainhart, Reinert, "Sha'r," *E.I.*
107 Arazi, "Al-Shayb wa'l-Shabāb," *E.I.*
108 *Arabian Nights*(역. Haddawy) pp. 118, 117.
109 *Arabian Nights*(역. Haddawy) p. 139.
110 *Arabian Nights*(역. Haddawy) p. 138.
111 *Arabian Nights*(역. Haddawy) p. 346.
112 Littmann, VI, 2, pp. 379ff. 초상화를 보고 유혹된다는 모티프는 이란에서 유래했다.
113 Miquel, p. 198.
114 Ibn Qayyim, *Rawḍa*, p. 229.
115 lṣbahānī, XVI, p. 160.
116 lṣbahānī, X, p. 162.
117 lṣbahānī, X, p. 177.
118 Sellheim, " Lächeln."
119 Müller, *Sklavenkauf*.
120 Iṣbahānī, II, p. 360, V, p. 340.
121 lbn Qayyim, Rawḍa, p. 217.
122 Ghazālī, IV, p. 99.
123 Ibn Qayyim, *Rawḍa*, p. 219.
124 Ibn Qayyim, *Rawḍa*, p. 215.
125 Abū Ḥayyān, *Muqābasāt*, p. 226.
126 Ibn Qayyim, *Rawḍa*, pp. 117, l 27f.
127 Van Gelder, p. 63.
128 Arberry, *Aspects*, pp. 187f.; Ibn Hazm, p. 109f.
129 Ibn Khaldūn, *Muqaddima*, pp. 470f.
130 C. Brockelmann & J. Vernet, "al-Anṭākī," *E.I.*
131 Mas'udī, II, pp. 354ff., 518f.; Lunde & Stone, pp. 109f.
132 Pellat, *Geisteswelt*, p. 425.
133 Corbin, *Philosophie*, p. 314.
134 Vadet, p. 388ff.
135 Arberry, *Aspects*, p. 178(저자 번안); Ibn Hazm, p. 59.
136 Ibn Qayyim, *Rawḍa*, pp. 109, 155.
137 Ibn Qayyim, *Rawḍa*, p. 211.
138 Ibn Qayyim, *Rawḍa*, p. l 73f.
139 이 주제에 대해서는 Khairallah 참조.
140 Khairallah, p. 78.
141 Arberry, *Aspects*, p. 122.
142 Arberry, *Aspects*, p. 127.
143 Ibn Qayyim, *Rawḍa*, p. 163.
144 Ibn Qayyim, *Ṭibb*, p. 233.
145 Ibn Qayyim, *Ṭibb*, pp. 233f.
146 Ibn Qayyim, *Ṭibb*, p. 234.

3장

147 이 주제에 대한 참조 Farmer, "al-Kindī."

148 Mas'udī, II, p. 591.
149 Berque, pp. 38, 42f.
150 Ikhwān al-Ṣafā', I, p. 289.
151 Nawājī, p. 178.
152 al-'Abbāsī, pp. 14, 122ff.
153 Farmer, "al-Kindī," p. 37.
154 Shiloah, p. 212.
155 Ibn Khaldūn, *Muqaddima*, pp. 469-75.
156 Shiloah, pp. 42f.
157 Ghazālī, II, p. 249; "Grincement," p. 166.
158 Vadet, p. 79.
159 Musique, pp. 42f.
160 Ghazālī, II, p. 245-80; III, p. 120; V, pp. 110-23.
161 Farmer, "The Influence of Music," p. 91.
162 앞 글.
163 'Uṣfūr, *Qirā'a*, p. 325.
164 Abū Ḥayyān, *Imtā'*, I, p. 214.
165 Abū Ḥayyān, *Muqābasāt*, p. 102.
166 Iṣbahānī, V, pp. 375f.
167 Iṣbahānī, I, p. 4.
168 Shiloah, p. 9.
169 Nawaji, p. 180.
170 Isbahani, V, p. 326.
171 Shiloah, p. 43.
172 Pellat, "kayna," *E.I.*
173 Littmann, IV, 2, pp. 645-59.
174 Iṣbahānī, V, p. 230.
175 Sawa, p. 188.
176 al-Faruqi, "Ornamentation," pp. 26f.
177 al-Faruqi, p. 20.
178 Iṣbahānī, V, p. 340.
179 "le principe social par excellence, discipline, politesse et idéal, par lequel l'individu s'affirme comme membre d'un groupe." Vadet, p. 327. 규율과 공손함, 이상 등 최상의 사회 원칙으로, 그에 따라 개인이 자신을 집단의 일원이라고 인정하게 되는 원칙.
180 Gabrieli, "Adab," *E.I.*
181 Mas'udī, Murūj al-dhahab; trans. Lunde & Stone, Meadows of Gold. *The Abbasids*.
182 Lunde & Stone, *Meadows of Gold*, p. 378; Mas'udī, *Murūj al-dhahab*, II, p. 647.
183 Heine, pp. 12-26.
184 Heine, p. 25.
185 Arberry, *Aspects*, p. 160; Mas'udī, II, p. 714. 미트라프(*Miṭrāf*)는 일종의 목도리이다.
186 Arberry, *Aspects*, pp. 163f.; Mas'udī, II, p. 717.
187 Lunde & Stone, p. 377; Mas'udī, II, p. 645.
188 Arkoun, "Islamic Culture," p. 15.
189 Bosworth I, pp. 31ff.
190 Bencheich, "Kharnriyya," *E.I.*
191 Ḥilmī, pp. 37ff.
192 Nicholson, *Literary History*, p. 318.
193 Van Gelder, p. 63.
194 Trabulsi, pp. 119ff.
195 Buttersworth, p. 140; Van Gelder, p. 101.
196 'Abbās, pp. 38f.; Van Gelder, p. 42.
197 'Uṣfūr, *Ṣūra*, p. 68.
198 Goodman, p. 226.
199 Dahiyat, pp. 48f., 74.
200 Goodman, p. 223
201 Arberry, *Aspects*, pp. 256f.
202 W. Walter in her afterword to Rückert, *Hariri*, p. 285. W. Walter,

Rückert, *Hariri*, 후기에서 재인용, p. 285.
203 Maqrīzī, *Khiṭaṭ*, I, pp. 118f.; Idrīsī/Haarmann, pp. 145f.
204 Iṣbahānī, I, p. 2
205 Rosenthal, *Fortleben*, p. 35.
206 Jāḥiẓ, *Ḥayawān*, III, pp. 13lf.; ʿUṣfūr, Ṣūra, p. 255.
207 Ibn Sīnā, *Shiʿr*, p. 174
208 "La théorie artistique la mieux élaborée au moyen âge est certainement la théorie littéraire." De Bruyne, p. 243. 중세에 가장 정교하게 다듬어진 예술 이론은 확실히 문학 이론이었다.
209 Nicholson, *Literary History*, pp. 329f.
210 Grabar, *Maqamat*.
211 Fahmī Muḥammad, "*Adab al-maqama*."
212 Bencheikh, *Poétique*, pp. 82f.
213 Abu Deeb, "Criticism," p. 368.
214 Lunde & Stone, p. 427.
215 Nicholson, *Literary History*, p. 309.
216 Abu Deeb, "Criticism," pp. 348ff.
217 Jurjānī, pp. 74, 147.
218 Heinrichs, *Dichtung*, pp. 54f.
219 Ibn Tabataba, 재인용 Abu Deeb, "Criticism," p. 369.
220 Ayyad, p.415.
221 ʿUṣfūr, *Qirāʾa*, pp. 155ff.; Schoeler, p. 116.
222 Bencheikh, *Poétique*, pp. 56ff. Ibn Khaldūn on poetry, *Muqaddima*, pp. 630-51.
223 Hamori, "Medieval Readers."
224 Ibn Khaldūn, *Muqaddima*, p. 636.
225 Von Grunebaum, *Kritik*, pp. 146f.
226 Nicholson, *Literary History*, p. 311.
227 Abu Deeb, *Jurjani*, pp. 275f.; Jurjānī, pp. 113f.
228 Heinrichs, *Dichtung*, pp. 69-99; Abu Deeb, "Criticism," p. 383.
229 Sperl, p. 27.
230 De Bruyne, p. 7.
231 Heinrichs, *Dichtung*, pp. 62f.
232 Sperl, pp. 168f.
233 "Le poème est le lieu de retrouvailles entre l'auditeur et le créateur." Bencheikh, *Poétique*, p.145. 시는 듣는 이와 지은 이의 만남의 장소이다.
234 Jurjānī, p. 134; Abu Deeb, *Jurjani*, p. 276.
235 Khalafallah, "Badīʿ", *E.I.*
236 Heinrichs, "Sariqa."
237 Grassi, pp. 169f.
238 ʿUṣfūr, *Ṣūra*, p. 326.
239 ʿUṣfūr, *Ṣūra*, p. 24.
240 Goodman, pp. 219f.
241 Arberry, *Aspects*, p. 132.
242 Eco, pp. 163f.
243 Eco, p. 166.
244 Ikhwān al-Ṣafā', III, p. 416.
245 Ikhwān al-Ṣafā', III, p. 420.
246 다이하트(Dayihat, p. 62)는 '피크리(fikrī')라는 단어를 'ratiocinatively' 라는 단어로 잘못 번역하고 있다.
247 Dahiyat, p. 63.
248 Goodman, pp. 219f.
249 ʿUṣfūr, *Ṣūra*, p. 190.
250 Abu Deeb, "Criticism," pp. 358ff., and *Jurjani*, pp. 136, 261; Jurjānī, p. 134.
251 Jurjānī, pp. 14lff.
252 ʿUṣfūr, *Ṣūra*, pp. 298, 302, 381.

4장

253 Panofsky, p. 67; Pochat, p. 176.
254 Eco, pp. l 72f., 175.
255. Fakhry, pp. 145f.
256 Fakhry, pp. 142ff; 'Uṣfūr, *Ṣūra*, pp. 28ff.; Goodman, pp. 146f.
257 Goichon, *Directives*, pp. 45, 507, 522.
258 Grassi, p.127.
259 Clevenot, p. 75.
260 Ibn Khaldūn, *Muqaddima*, pp. 449,477, 589.
261 Ibn Khaldūn, *Muqaddima*, pp. 533f.
262 Ibn Khaldūn, *Muqaddima*, pp. 477ff., 526, 568ff.; Fakhry, pp. 326f.
263 Hawi, p. 164.
264 Rosenthal, *Knowledge*, p. 241.
265 Abū Ḥayyān, *Muqabasat*, p. 60.
266 Abū Ḥayyān, *Imta'*, II, p. 39; *Muqabasat*, p. 292.
267 Abū Ḥayyān, *Muqabasat*, pp. l0lf.
268 Panofsky, p. 13.
269 Maqrīzī, II, p. 318; Ettinghausen, *Realism in Islamic Art*.
270 Ikhwān al-Ṣafā', I, p. 289.
271 Arberry, *Aspects*, p. 136; 'Uṣfūr, *Ṣūra*, p. 284.
272 Abu Deeb, *Jurjani*, pp. 264f. (with corrections); Jurjānī, p. 310.
273 Arkoun, *Essais*, p. 211.
274 Rebstock, pp. 55f.
275 Rebstock, pp. 82, 156; Necipoğlu, pp. 133, 139.
276 Galston, p. 144.
277 Galston, pp. 127ff., 141.
278 Arkoun, *Essais*, p. 267.
279 Ikhwān al-Ṣafā', I, p. 290.
280 De Bruyne, p. 42.
281 Ikhwān al-Ṣafā', I, pp. 284ff.
282 Ibn Khaldūn, *Muqaddima*, pp. 476-84.
283 Ibn Khaldūn, *Muqaddima*, p. 33.
284 Raymond, I, p. 215; Goitein, I, pp. 99, 106.
285 Biruni, *Gärten*, p. 215.
286 Rāghib al-Iṣfahānī, p. 203.
287 Maqrīzī, II, p. 318.
288 Behrens-Abouseif, "Building Craft."
289 Littmann, VI, 2, p. 454.
290 al-Shams, pp. 9 lf.
291 al-Shams, p. 93.
292 Clevenot, pp. 74f.
293 Farābī, *Iḥṣa'*, p. 34; Rosenthal, *Fortleben*, p. 94.
294 Ibn Khaldūn, *Muqaddima*, pp. 450ff.
295 Abū Ḥayyān, *Muqābasāt*, p. 312.
296 Bürgel, p. 99.
297 Maqrīzī, II, p. 183.
298 Maqrīzī, II, p. 382.
299 Maqrīzī, II, p. 316.
300 Kawkabānī, p. 42.
301 Maqrīzī, I, p. 32, II, pp. 101, 105.
302 Varisco, p. 8.
303 Behrens-Abouseif, "Physician."
304 참조 Necipoğlu, pp. 133, 138.
305 Le Goff, p. 219; Castelnuovo, pp. 258f.
306 Behrens-Abouseif, "Building Craft."
307 Ettinghausen, "Decorative Art," p. 285; *Collected Papers*, p. 33.
308 Sourdel-Thomime, "Fann," *E.I.*
309 Kroll, p. 153.
310 al-'Āmirī, p. 518.
311 재인용 Sawa, p. 72.
312 lbn al-Ḥājj, vol. 4, p. 198.
313 Creswell & Allan, p. 4.

314 Ibn Sīrīn(추정), pp. 16, 224; lbn Shāhīn, I, p. 311, II, 247.
315 Bosch, p. 6.
316 lbn Qayyim, *Rawḍa*, p. 260.
317 Zarkashī, p. 336.
318 Ghazālī, III, p. 380.
319 lbn Abī Zar', p. 38.
320 M. Amīn 출간, *Tadhkira*, Appendix, p. 355.
321 L. Mostafa 출간, pp. 46ff.
322 al-Janab, p. 163.
323 Gabrieli & Scerrato, p. 305.
324 Amari, pp. 295, 298, 300, 303.
325 Ettinghausen & Grabar, p. 15 l.
326 Bourouiba, p. 63.
327 Hodgson, II, pp. 507ff.
328 Ettinghausen, "Hilāl," *E.I.*
329 Brend의 상징주의 참조 *Islamic Art*, pp. 226f.
330 Grabar, *Jerusalem;* Behrens-Abouseif, " Baptistère"; Leisten, "Mashhad al-Nasr."
331 Busse, "Fürstenspiegel."
332 Farès, p. 25.
333 Littmann, III, 2, "성별의 장점에 대한 논쟁 이야기 Die Geschichte von dem Streit über die Vorzüge der Geschlechter," pp. 579ff.
334 Behrens-Abouseif, "Baptistère."
335 재인용, Arnold, p. 88.
336 Kawkabānī, pp. 40ff., 번역 Arnold, p. 88; 참조 Rosenthal, *Fortleben*, p. 357, Bosch et al., p. 10.
337 lbn Ḥazm, p. 21.
338 Maqrīzī, II, p. 273.
339 Allen, *Essays*, p. 30.
340 Welch, p. 22.
341 Welch, p. 33.
342 Schimmel, p. 35.
343 Qalqashandī, III, pp. 20f.
344 Minorsky, p. 52.
345 Sabra, II, p. 303.
346 Rosenthal, "Penmanship," pp. 40f.
347 Biruni, *Gärten*, p. 215.
348 Safadi, pp. 11 f.
349 Heimichs, *Dichtung*, pp. 257f.
350 Shiloah, pp. 202f.
351 Abu Deeb, *Jurjani*, p. 316.
352 al-Faruqi, "Ornamentation," p. 18.
353 Kühnel, *Die Arabeske*.
354 Ettinghausen & Grabar, p. 151.
355 Grabar, *Alhambra*, p. 137; Maqrīzī, pp. 130-139.
356 De Bruyne, pp. 168, 214.
357 Marçais, *Esthétique*.
358 Ibn Khaldūn, *Muqaddima*, pp. 184-202, 325ff., 410ff.
359 Busse. "Fürstenspiegel," p. 161 f.
360 Runciman, I, pp. 116f.
361 Maqrīzī, I, pp. 414ff.
362 Mas'udī, II, p. 602.
363 lbn Iyās, IV, p. 252.
364 Golombek, p. 32.
365 Ettinghausen & Hartner, "Conquering Lion."
366 Grabar, "What makes Islamic Art Islamic?" p. 2.
367 Serauky, p. 71.
368 앞 글.
369 Shirbīnī, p. 7.
370 Ibn Iyās, III, p. 240.
371 Maqrīzī, II, p. 318.
372 Grassi, pp. 127, 184.
373 Assunto, p. 22; De Bruyne, p. 228.
374 'Abd al-Wahhāb, p. 116.
375 Assunto, p.79.

376 Mas'udī, II, p.434.
377 Nizāmulmulk, p. 162.
378 Ibn Khaldūn, *Muqaddima*, pp. 242f.
379 al-'Abbāsī, p. 165.
380 재인용, Creswell & Allan, p. 20.
381 Maqrīzī, II, p. 69.
382 Ibn Khaldūn, *Muqaddima*, pp. 450f.
383 lbn Khaldūn, *Muqaddima*, pp. 32, 163.
384 Ibn Shāhīn, I, pp. 108f.
385 Ibn Abi Zar', p. 59.
386 'Abd al-Wahhāb, p. 125.
387 Ibn Khaldūn, *Muqaddima*, p. 394.
388 Mujīr al-Din, II, p. 25.
389 Maqrīzī, II, p. 444.
390 Khalidi, *Mas'udī*, p. 75.
391 Haarmann, p. 19 (아랍어 글귀).
392 *Timur and the Princely Vision*, p. 43
393 Maqrīzī, II, p. 328.
394 lbn Iyās, III, p. 413.
395 Haarmann, p. 47.
396 크레스웰(Creswell)이 자신의 저서 *Early Muslim Architecture*의 서문으로 인용.
397 lbn Khaldūn, *Muqaddima*, pp. 195.
398 De Sacy, pp. 186-96.
399 Maqrīzī, I, p. 120.
400 Jāḥiẓ(추정), *Maḥāsin*, pp. l ff.; Bosch, pp. 5f.
401 'Azzām, II, p. 81.
402 al-Rashīd, p. 19.
403 Maqrīzī, II, p. 382.
404 Sakhāwī, II, p. 24.
405 Mas'udī, II, p. 381.
406 lṣbahānī, II, pp. 35lf.
407 lbn Iyās, V, p. 58.
408 아자르(Azhar) 모스크의 아크부가(Aqbughā) 미나렛. Maqrīzī, II, p. 384.

참고문헌

Encyclopaedia of Islam, 2nd edition은 *E.I.*로 줄인다.

유럽어 문헌

Abu Deeb, K. *Al-Jurjānī's Theory of Poetic Imagery*. London, 1979.

Abu Deeb, K. "Literary Criticism." In *The Cambridge History of Arabic Literature. ʿAbhasid Belles-Lettres*, pp. 339-87.

ʿAbd al-Laṭīf al-Baghdādī: de Sacy 참조.

Affifi, A. E. *The Mystical Philosophy of Muḥyid Din Ibnul Arabi*. Cambridge, 1939.

Allen, T. *Five Essays on Islamic Art*. Sebastopol, Calif., 1988.

Allen, T. *Imagining Paradise in Islamic Art*. Sebastopol, Calif., 1993.

Amari, M. *Le Epigrafi Arabiche di Sicilia*, ed. F. Gabrieli. Palermo, 1971.

Arabian Nights (Muhsin Mahdi 편집), 번역. Husain Haddawy. New York / London, 1990.

Arazi, A. "al-Shayb wa 'l-shabāb." *E.I.*

Arberry, A. J. *Avicenna on Theology*. London, 1951.

Arberry, A. J. *The Poem of the Way*. London, 1952.

Arberry, A. J. *Revelation and Reason in Islam*. London, 1957.

Arberry, A. J. *Aspects of Islamic Civilization*. Ann Arbor, 1967.

Arkoun, M. *Traité d'Éthique*. Damascus, 1969.

Arkoun, M. *Essais sur la Pensée Islamique*. Paris, 1973.

Arkoun, M. "Islamic Culture, Modernity, Architecture." In *Architecture Education in the Islamic World* (Aga Khan Award for Architecture), 1986.

Arnaldez, R. "Ibn Ḥazm," *E.I.*

Arnaldez, R. "Maʿrifa." *E.I.*

Arnold, T. W. *Painting in Islam*. New York, 1965.

Assunto, R. *Die Theorie des Schönen im Mittelalter*. Köln, 1987.

Atil, E. *Renaissance of Islam. Art of the Mamluks*. Washington, D.C., 1981.

Atil, E., ed. *Islamic Art and Patronage*. New York, 1990.

Ayyad, S. M. "Regional Literature: Egypt" In *Cambridge History of Arabic Literature. ʿAbhasid Belles-Lettres*, pp. 412-41.

Behrens-Abouseif, D. "The Image of the Physician in Arab Biographies of the Post-Classical Period." *Der Islam* 66 (1989), pp. 331-43.

Behrens-Abouseif, D. "The Gardens of klamic Egypt." *Der Islam* 69/2 (1992), pp. 76-82.

Behrens-Abouseif, D. "Shād, Muhandis and Muʿallim—Note on the Building Craft in the Mamluk Period." *Der Islam* 72/2 (1995), pp. 293-309.

Bencheikh, J. E. "Khamriyya." *E.I.*

Bencheikh, J. E. *Poétique Arabe. Essai sur les Voies d'une Création.* Paris, 1975.

Berque, J. *Musiques sur le Fleuve. Les plus belles pages du kitāb al-aghāni.* Paris, 1995.

al-Biruni. *In den Gärten der Wissenschaft*, trans. G. Strohmaier. Leipzig, 1991.

Blachère, R. *Histoire de la Littérature Arabe.* 3 vols. Paris, 1952-66.

Bosch, G, J. Carswell, and G. Petherbridge. *Islamic Bindings & Bookmaking.* Chicago, 1981.

Bosworth, C.E. *The Mediaeval Underworld, The Banū Sāsān in Arabic Society and Literature.* 2 vols. Leiden, 1976.

Bourouiba, R. *Les Inscriptions Commémoratives des Mosquées d'Algérie.* Algiers, 1977.

Brend, B. *Islamic Art.* Cambridge, Mass., 1991.

Brocchieri, M. F. B. "L'Intellectuel." In *L'Homme Médiéval*, ed. J. Le Goff, pp. 225-32. Paris, 1987.

Brockelmann, C., and J. Vernet. "Al-Anṭākī." *E.I.*

Bürgel, J. Ch. *The Feather of Simurgh. The "licit magic" of the Arts in Medieval Islam.* New York/London, 1988.

Burgel, J. Ch. *Allmacht und Mächtigkeit. Religion und Welt im Islam.* Munich, 1991.

Burckhardt, T. *Art of Islam, Language and Meaning.* London, 1976.

Busse, H. "Fürstenspiegel und Fürstenethik im Islam." *Bustan* 1 (1968), pp. 12-19.

Butterworth, C. E., 번역 및 주석. *Averroes' Middle Commentary on Aristotle s Poetics.* Princeton, 1986.

Butterworth, C. E., ed. *The Political Aspects of Islamic Philosophy. Essays in Honor of Muhsin S. Mahdi.* Cambridge, Mass., 1992.

Calasso, G. "Les Remparts et la Loi, les Talismans et les Saints." *Bulletin d'Etudes Orientales* (Sciences Occultes et Islam) 44 (1992), pp. 83-104.

The Cambridge History of Arabic Literature ʿAbhasid Belles-Lettres, ed. J. Ashtiany and T. M. Johnstone. Cambridge, 1990.

Castelnuovo, E. "l'Artiste." In *L'Homme Médiéval*, ed. Le Goff, pp. 233-66. Paris, 1987.

Chebel, M. *Die Welt der Liehe im Islam—eine Enzyklopädie*, Munich, 1997.

Clevenot, D. *Une Esthétique du Voile.* Paris, 1994.

Corbin, H. *Suhrawardī d'Alep (+1191), Fondateur de la Doctrine Illuminative (ishrāqī).* Paris, 1939.

Corbin, H. *Avicenne et le Récit Visionnaire.* 2 vols. Paris/Teheran, 1954.

Corbin, H. *L'Imagination Créatrice dans le Soufisme d'Ibn ʿArabi.* Paris, 1958.

Corbin, H. *Histoire de la Philosophie Arabe.* Paris, 1964.

Creswell, K. A. C. *The Muslim Architecture of Egypt*. 2 vols. Oxford, 1959.

Creswell, K. A. C. *Early Muslim Architecture*. 2 vols. Oxford, 1969.

Creswell, K. A. C., and J. Allan. *A Short Account of Early Muslim Architecture*. Alershot, 1989.

Dahiyat, I. M. *Avicenna s Commentary on the Poetics of Aristotle*. Leiden, 1974.

Davidson, H. *Alfarabi, Avicenna and Averroes, on Intellect*. Oxford, 1992.

De Bruyne, *L 'Esthétique du Moyen Age*. Louvain, 1947.

D'Erlanger, *Baron R. La Musique Arabe*. Vol. 4. Paris, 1939.

De Sacy, S. *Relation de I'Egypte par Abd-Allatif Médecin Arabe de Baghdad*. Paris, 1810.

Dodd, C. E., and S. Khairallah. *The Image of the Word. A Study of Quranic Verses in Islamic Architecture*. Beirut, 1981.

Dois, M. W. *The Black Death in the Middle East*. Princeton, 1977.

Dubler, C. E. "Das Weiterleben der Antike im Islam." In *Das Erbe der Antike*, ed. F. Wehrli. Zürich / Stuttgart, 1963.

Duri, A. A. "Baghdād." *E.I.*

During, J. "Le Grincement de la Porte du Paradis. La Double Structure de Phénomène Musical dans la Culture Islamique." In *Gott ist schön*, ed. A. Giese and Ch. Bürgel, pp. 153-75.

During, J. *Musique et Extase. Audition Mystique dans la Tradition Soufie*. Paris, 1988.

Eco, U. *Kunst und Schönheit im Mittelalter*. Munich/Vienna, 1991.

Ecochard, M. *Filiations des Monument Grecs, Byzantins et Islamiques*. Paris,1977.

Elisseeff, N. *Thèmes et Motifs des Mille et Une Nuits*. Beirut, 1949.

Encyclopaedia of Islam. 2nd ed. (*E.I.*) Leiden, 1968 –

Ettinghausen, R. "Ghazzāli on Beauty." In *Art and Thought, Issued in Honor of Dr. Ananda K. Coomaraswamy on the Occasion of His 70th Birthday*, ed. K. Bharatna Iyer, pp. 160-65. London/Luzac, 1947. Repr. in *Islamic Art and Archaeology. Collected Papers*, pp. 16-21.

Ettinghausen, R. "Early Realism in Islamic Art." *Studi Orientalistici in Onore di Giorgio Levi Della Vida*. Vol. 1, pp. 250-73. Rome, 1956. Repr. in *Islamic Art and Archaeology. Collected Papers*, pp. 158-81.

Ettinghausen, R., and W. Hartner. "The Conquering Lion, the Life and Cycle of a Symbol." *Oriens* 17 (1964), pp. 161-71. Repr. in *Islamic Art and Archaeology. Collected Papers*, pp. 693-712.

Ettinghausen, R. "Decorative Art and Painting: Their Character and Scope." In *Legacy of Islam*, ed. J. Schacht and C. E. Bosworth, pp. 274-92. Oxford, 1974. Repr. in *Islamic Art and Archaeology. Collected Papers*, pp. 22-50.

Ettinghausen, R. "Originality and Conformity in Islamic Art," repr. in *Islamic Art and Archaeology. Collected Papers*, pp. 89-156.

Ettinghausen, R. *Islamic Art and Archaeology. Collected Papers*, ed. M. Rosen-Ayalon. Berlin, 1976.

Ettinghausen, R., and O. Grabar. *The Art and Architecture of Islam (650-1250)*. New York, 1987.

Fahd, T. *La Divination Arabe, Etudes Religieuses, Sociologiques, et Folkloriques sur le Milieu Natif de l'Islam*. Leiden, 1966.

Fakhry, M. *A History of Islamic Philosophy*. London/New York, 1983.

Farès, B. *Essai sur I'Esprit de la Décoration Islamique*. Cairo, 1952.

Farmer, H. G. "The Influence of Music: from Arabic Sources." *Proceedings of the Musical Association* 52 (1925-26), pp. 89-124. Repr. in Farmer, *Studies in Oriental Music*, vol. 1, pp. 291-328.

Farmer, H. G. *Music: The Priceless Jewel. From the Kitab al-'Iqd al-Farīd of lbn 'Abd Rabbihi (d. 949) Edited and Translated*. Published by the Author, Bearsden, 1942.

Farmer, H. G. "Al-Kindī on Ethos of Rhythm, Colour, and Perfume." *Transactions of the Glasgow University Oriental Society* 17 (1955-56), pp. 29-38.

Farmer, H. G. *A History of Arabian Music to the XIIth Century*, London, 1967.

Farmer, H. G. *Studies in Oriental Music (reprint of publications from the years 1925-66)*, ed. E. Neubauer. 2 vols. Frankfurt, 1986.

al-Faruqi, L. I. "Ornamentation in Arabian Improvisational Music: A Study of Interrelatedness in the Arts." *World of Music* 1 (1978), pp. 17-28.

al-Faruqi, L. I. *The Nature of the Musical Art of Islamic Culture: A Theoretical and Empirical Study of Arabian Music*. Ph.D. diss., Syracuse University, New York, 1964.

Gabrieli, F., and U. Scerrato. *Gli Arabi in Italia*. Milano, 1989.

Gabrieli, G. "Adab." *E.I.*

Galston, M. "The Theoretical and Practical Dimensions of Happiness as Portrayed in the Political Treatises of al-Farābī." In *Butterworth, Political Aspects*, pp. 95-151.

Gardet, L. *La Pensée Religieuse d'Avicenne*. Paris, 1951.

Gardet, L. "Djanna." *E.I.*

Gardet, L., and Anawati, G. C. *Mystique Musulmane: Aspects et Tendances, Expériences et Techniques*. Paris, 1961.

Gardet, L. *Les Grands Problèmes de la Théologie Musulmane: Dieu et la Destinée de l'Homme*. Paris, 1967.

Gaudefroy-Demombynes. *Ibn Qotaiba. Introduction au Livre de la Poésie et des Poètes*. Paris, 1947.

The Genius of Arab Civilization. Source of Renaissance. Cambridge, Mass., 1975.

Geries, I. *Un Genre Littéraire Arabe: al-Maḥāsin wa 'l-Masāwi*. Paris, 1977.

Ghazālī, Abū Ḥāmid Muḥammad. *The Alchemy of Happiness*, trans. C. Field and E. Daniel. New York / London, 1991.

Ghazi, M.F. "Un groupe social: 'Les Raffinés' (ẓurafā')." *Studia Islamica* 11 (1959), pp. 39-71.

Giese, A., and Ch. Bürgel, eds. *Gott ist schön und Er liebt die Schönheit. Festschrift für Annemarie Schimmel*. Bern, 1992.

Goichon, A.-M., trans. *Ibn Sina. Livre des Directives et Remarques (kitāb al-ishārāt wa l-tanhīhāt)*. Paris, 1951.

Goichon, A.-M. "Ḥayy b. Yaqẓān." *E.I.*

Goichon, A.-M. "Ibn Sīnā." *E.I.*

Goitein, S. D. *A Mediterranean Society*. Vol. 1, *Economic Foundations*. Berkeley, 1967.

Goldziher, I. A Short History of Classical Arabic Literature. Trans. & rev. J.Desomogyi. Hildesheim, 1966.

Golombek, L. "The Draped Universe of Islam." In *Content and Context of Visual Arts in the Islamic World*, ed. P. Soucek. London, 1988.

Gombrich, *The Sense of Order*. London, 1994.

Goodmann, L. E. *Avicenna*. London/New York, 1992.

Grabar, O. "The Earliest Islamic Commemorative Structures Notes and Documents." *Ars Orientalis* 6 (1966), pp. 7-46.

Grabar, O. "'Imperial and Urban Art in Islam." In *Colloque International sur l'Histoire du Caire 27 Mars-5 Avril 1969*, pp. 173-190. Cairo, 1969.

Grabar, O. "What Makes Islamic Art Islamic." *AARP (Art and Archaeology Research Papers)*, April 1976, pp. 1-3.

Grabar, O. *Die Alhambra*. Koln, 1981.

Grabar, O. *The Illustrations of the Maqāmāt*. Chicago/London, 1984.

Grabar, O. "The Iconography of Islamic Architecture." In *Content and Context of Visual Arts in the Islamic World*, ed. P. Soucek, pp. 51-60. London, 1988.

Grabar, O. "Patronage in Islamic Art." In *Islamic Art and Patronage. Treasures from Kuwayt*, ed. Esin Atil, pp. 27-39. New York, 1990.

Grabar, O. *The Mediation of Ornament*. Princeton, 1992.

Grabar, O. *The Shape of the Holy. Early Islamic Jerusalem*. Princeton, 1996.

Green, A. H., ed. *In Quest of an Islamic Humanism*. Cairo, 1984.

Guthrie, S. *Arab Social Life in the Middle Ages*. London, 1995.

Grassi, E. *Die Theorie des Schönen in der Antike*. Koln, 1980.

Grunebaum, G. von. *Kritik und Dichtkunst. Studien zur arabischen Literaturgeschichte*. Wiesbaden, 1955.

Grünert, M. *Der Löwe in der Literatur der Araber*. Prague, 1899.

Haarmann, U. *Das Pyramidenbuch des Abū Ǧaʿfar al-Idrīsī*. Beirut, 1991.

Hamori, A. *On the Art of Medieval Arabic Literature*. Princeton, 1974.

Hamori, A. "Did Medieval Readers Make Sense of Form? Notes on a Passage from al-

Iskāfī." In *In Quest of an Islamic Humanism*, ed. A.H. Green, pp. 39-47. Cairo, 1984.

Hawi, S. *Islamic Naturalism and Mysticism*. Leiden, 1974.

Heine, P. *Weinstudien: Untersuchungen zum Anbau, Produktion und Konsum des Weins im arahisch-islamischen Mittelalter*. Wiesbaden, 1982.

Heine, P. *Kulinarische Studien. Untersuchungen zur Kochkunst im arabischislamischen Mittelalter*. Wiesbaden, 1988.

Heinrichs, W. *Arabische Dichtung und Griechische Poetik*. Beirut, 1969.

Heinrichs, W. "An Evaluation of Sariqa." *Quaderni dei Studi Arahe* 5-6 (1987-88), pp. 357-68.

Herzfeld, E. *Der Wandschmuck der Bauten von Samarra und seine Ornamentik*. Berlin, 1923.

Hill, D. *Islamic Science and Engineering*. Edinburgh, 1993.

Hillenbrand, C. "Some Aspects of al-Ghazālīs Views on Beauty." In *Gott ist schön*, ed. Giese and Bürgel, pp. 249-265.

Hillenbrand, R. "La Dolce Vita in Early Islamic Syria of Later Umayyad Palaces." *Art History* 5 (1987), pp. 1-35.

Hodgson, M. G. S. *The Venture of Islam*. Vol. 2. Chicago, 1964.

Horovitz, J. "Die Beschreibung eines Gemäldes bei Mutanabbī." *Der Islam* 1 (1910), pp. 385-89.

Holod, R. "Plan and Building: On the Transmission of Architectural Knowledge." In *Theories and Principles of Design in the Architecture of Islamic Societies*. Cambridge, Mass., 1988.

Homerin, E. *From Arab Poet to Muslim Saint*. Columbia, S.C., 1994.

Hourani, G. "The Principal Subject of Ibn Ṭufayl's Ḥayy Ibn Yaqzān." *Journal of the Near-Eastern Studies* 15 (1956), pp. 40-46.

James, D. *Qur'ans of the Mamluks*. London, 1988.

al-Janab, T. J. *Studies in Mediaeval Iraqi Architecture*. Baghdaḍ, 1983.

Kahwaji, S. "ʿIlm al-Djamāl." *E.I.*

Khairallah, A. E. *Love, Madness, and Poetry. An Interpretation of the Mağnūn Legend*. Beirut, 1980.

Khalafallah, M. "Badīʿ." *E.I.*

Khalidi, T. *Islamic Historiography. The Histories of Masʿūdi*. Albany, 1975.

Khalidi, T. *Arabic Historical Thought in the Classical Period*. Cambridge, 1996.

Kraemer, J. L. *Humanism in the Renaissance of Islam. The Cultural Revival During the Buyid Age*. Leiden, 1986.

Kroll, F.-L. *Das Ornament in der Kunsttheorie des 19. Jahrhunderts*. Zürich/New York, 1987.

Kuehne L E. *Die Arabeske*. Wiesbaden, 1949.

Le Goff, J., ed. *L'Homme Medieval*. Paris, 1987.

Le Goff, J. *La Civilisation de l'Occident M édiéval*. Paris, 1988.

Leisten, T. "Mashhad al-Nasr: Monuments of War and Victory in Medieval Islam," *Muqarnas* 13 (1996), pp. 7-26.

Lewis, B. "Siyāsā." In *In Quest of an Islamic Humanism*, ed. A. H. Green, pp. 3-14. Cairo, 1984.

Lings, M., and Y. H. Safadi. *The Qur'an*. A British Library Exhibition. World of Islam Festival, 1976.

Littmann, E. *Die Erzählungen aus den Tausendundein Nächten*. 6 vols. Frankfurt, 1981.

Lunde, P., and C. Stone, trans, and ed. *The Meadows of Gold. The Abbasids*. London/New York, 1989.

Mahdi, M. *Alfarabi's Philosophy of Plato and Aristotle*. New York, 1962.

Mahdi, M. "Islamic Philosophy and the Fine Arts." In *Architecture and Community. Building in the Islamic World Today* (Aga Khan Award for Architecture), 1983.

El-Mallah, I. *Arab Music and Musical Notation*. Tutzing, 1997.

Marçais, G. "Remarques sur l'Esthétique Musulmane." *Annales de l'lnstitut d'Etudes Orientates*, Tome 4 (1938), pp. 55-71.

Marçais, G. "Nouvelles Remarques sur l'Esthétique Musulmane," *Annales de l'lnstitut d'Etudes Orientales*, Tome 6 (1942-47), pp. 31-71.

Marçais, G. *L'Architecture Musulmane d'Occident*. Paris, 1954.

Massignon, L. *La Passion d'al- Ḥallāj*. Paris, 1922.

Mehren, A. F. *Die Rhetorik der Araber*. Copenhagen and Vienna, 1853.

Meinecke, M. *Die Mamlukische Architektur in Ägypten und Syrien*. 2 vols. Glückstadt, 1992.

Mez, A. *Die Renaissance des Islams*. 2 vols. Heidelberg, 1922.

Minorsky, V., trans. *Calligraphers and Painters. A treatise by Qāḍī Aḥmad son of Mīr Munshī*. Washington, 1959.

Miquel, A. *Sept Contes des Mille et Une Nuits*. Paris, 1987.

Mostafa, S. L. (and F. Jaritz). "Madrasa , Hānqāh und Mausoleum des Barqūq in Kairo." *Abhandlungen des Deutschen Archaologischen Instituts Kairo* 4(1982), pp. 36-139.

Müller, H. *Die Kunst des Sklavenkaufs*. Freiburg, 1980.

Naff, T. "History and Reform in Islam." In *In Quest of an Islamic Humanism*, ed. A. H. Green, pp. 123-38. Cairo, 1984.

Nasr, S. H. *An Introduction to Islamic Cosmological Doctrines*. London, 1964.

Nassar, N. *La Pensée réaliste d'lbn Khaldūn*. Paris, 1967.

Necipoğlu, G. *The Topkapi Scroll. Geometry and Ornament in Islamic Architecture*. Santa Monica, 1995.

Neubauer, E. *Musiker am Hofe der frühen Abbasiden*. Frankfurt a.M., 1965.

Nicholson, R. A. *A Literary History of the Arabs*. London, 1907; reprinted Cambridge, 1953, 1969.

Nicholson, R. A. *The Mystics of Islam*. London, 1989.

Nizāmulmulk, *Das Buch der Staatskunst Siyāsatnāma*, trans. K. E. Schabinger. Zürich, 1987.

O'Leary, D. *Arabic Thought and its Place in History*. London, 1939.

Panofsky, E. *Idea. Ein Beitrag zur Begriffsgeschichte der älteren Kunsttheorie*. Berlin, 1960.

Papadopoulo, A., ed. *Le Miḥrāb dans l'Architecture et la Religion Musulmanes*. Leiden/New York, 1988.

Pellat. Ch. *Arabische Geisteswelt Dargestellt von Charles Pellat auf Grund der Schriften von al- Ǧāḥiz 777-869*. Zürich /Stuttgart, 1967.

Pellat, Ch. "Ḥikāya." *E.I.*

Pellat, Ch. "Kayna." *E.I.*

Pellat, Ch. "Makāma." *E.I.*

Pandit, S. *An Approach to the Indian Theory of Art and Aesthetics*. New Delhi, 1977.

Pochat, G. *Geschichte der Ästhetik und Kunsttheorie—von der Antike bis zum 19. Jahrhundert*. Köln, 1986.

al-Qaddumī, G., trans. & ed. *Book of Gifts and Rarities (Kitāb al-Hadāyā wa al-Tuḥaf)*. Cambridge, Mass., 1990.

al-Rashīd, S. *Dark Zubayda. The Pilgrim Road from Kufa to Mecca*. Riyadh, 1980.

Raymond, A. *Artisans et Commerçants au Caire au XVIIIe Siécle*. 2 vols. Damascus, 1973.

Rebstock, U. *Rechnen im islamischen Orient*. Darmstadt 1992.

Ritter, H., trans. *Al-Ghasāli. Das Elixier der Glückseligkeit*. Munich, 1989.

Rosenthal, F. "Abu Haiyan al-Tawḥīdī on Penmanship." *Ars Islamica* 13-14 (1948), pp. 1-30.

Rosenthal, F. *Das Fortleben der Antike im Islam*. Zürich /Stuttgart, 1965.

Rosenthal, F. *Knowledge Triumphant: The Concept of Knowledge in Medieval Islam*. Leiden, 1970.

Rosenthal, F. *Four Essays on Art and Literature in Islam*. Leiden, 1971.

Rückert, F. Al-Harīrī. *Die Verwandlungen des Abu Seid von Serug*, with an afterword by W. Walter. Leipzig, 1989.

Rückert, F. *Orientalische Dichtung*, ed. A-M. Schimmel. Bremen, 1963.

Runciman, S. *A History of the Crusades*. 2 vols. London, 1990.

Russell, G. A. "The Rusty Mirror of the Mind: Ibn Ṭufayl's and Ibn Sīnā's Psychology." In *The World of Ibn Ṭufayl: Interdisciplinary Perspectives on Ḥayy Ibn Yaqẓān*, ed. L. Conrad. Leiden, 1991.

Sabra, A.I. (번역 및 주석) *The Optics of Ibn al-Haytham. Books I-III On Direct Vision*. 2

vols. London, 1989.

Sadan, J., A.K. Reinhard, and B. Reinert, "Sha'r." *E.I.*

Safadi, Y. H. *Islamic Calligraphy*. New York, 1987.

el-Said, I., and A. Parman. *Geometric Concepts in Islamic Art*. London, 1976.

Sawa, G. D. *Music Performance Practice in the Early 'Abbāsid Era*. Toronto,1989.

Schatzmiller, M. *Labor in the Medieval Islamic World*. Leiden/New York/Köln, 1994.

Schimmel, A. *Calligraphy and Islamic Culture*. New York, 1984.

Schoeler, G. *Arabische Naturdichtung*. Beirut, 1974.

Sellheim, R. "Das Lächeln des Propheten," in *Festschrift für A. D. E. Jensen*, vol.2, pp. 621-34. Munich, 1964.

Serauky, E. "Das Verhältnis zwischen Beduinen und Ansässigen im 9. /10. Jh. In Zcntralgebieten des islamischen Kalifats." In *Ihn Haldūn und seine Zeit*, ed. D. Sturm, pp. 69-76. Halle, 1983.

Shehadi, F. *Philosophies of Music in Medieval Islam*. Leiden/New York/Köln, 1995.

Shiloah, A., 번역 및 편집. al-Kātib, al-Ḥasan Ibn Aḥmad Ibn 'Ali. *La Perfection des Connaissances Musicales (Kitāb kamāl adab al-ġinā')*, Paris, 1972.

Sourdel, D. and J. *La Civilisation de l'Islam Classique*. Paris, 1983.

Sperl, S. *Mannerism in Arabic Poetry—A Structural Analysis of Selected Texts (3d century AH/9th century AD-5th century AH/11th century AD)*. Cambridge/New York, 1989.

Tatarkiewicz, W. *History of Aesthetics*, ed. C. Barrett. 2 vols. The Hague/Paris, 1970.

Thackston, W. M., trans. *The Mystical and Visionary Treatises of Shihabuddin Yahya Suhrawardi*. London, 1982.

Timur and the Princely Vision. Persian Art and Culture in the Fifteenth Century. Los Angeles, 1989.

Trabulsi, A. *La Critique Poétique des Arabes*. Damascus, 1955.

Vadet, J. C. *L'Esprit Courtois en Orient dans les Cinq Premiers Siècles de l'Hégire*. Paris, 1968.

Van Gelder, G. J. *The Bad and the Ugly Attitudes Towards Invective Poetry (Hijā') in Classical Arabic Literature*. Leiden/New York, 1988.

Varisco, D. M. *Medieval Agriculture and Islamic Science*. Seattle/London, 1994.

Watt, W. M. *Islamic Philosophy and Theology*. Edinburgh, 1962.

Walzer, R. *Greek into Arabic: Essays on Islamic Philosophy*. Oxford, 1962.

Welch, A. *Calligraphy in the Arts of the Muslim World*. New York, 1979.

Wensinck, A. J. *La Pensée de Ghazzalī*. Paris, 1940.

아랍어 문헌

ʿAbbās, I. *Tarīlkh al-naqd al-adabī ʿinda ʾl-ʿarab*. 2nd ed. Amman, 1993.

al-ʿAbbāsī, Ibn ʿAbd Allāh al-Ḥasan. *Āthār al-uwal fi tartīb al-duwal*. Cairo, 1295H.

ʿAbd al-Raḥmān, ʿA. *al-Ghufrān li- Abī l-ʿAlāʾ al-Maʿarrī*. Cairo, 1962.

ʿAbd al-Wahhāb, H. "al-Rusūmāt al-handasiyya liʾl-ʿimāra ʾl-islāmiyya." *Al-Muʾtamar al-Thānī liʾl-Āthār fī-l-bilād al-ʿArabiyya*, pp. 107-29. Cairo, 1958.

Abū Ḥayyān al-Tawḥīdī. *Thalāth rasāʾil*. ed. Ibrāhīm al-Kaylānī. Damascus,1951.

Abū Ḥayyān al-Tawḥīdī. *al-Imtāʿ waʾl-muʾānasa*. Beirut, 1953.

Abū Ḥayyān al-Tawḥīdī. *al-Muqābasāt*. Beirut, 1989.

Abū Nuwās. *Dīwān*. Beirut, n.d.

Alf Laylā wa Laylā, ed. M. Mahdī. Leiden, 1984.

Amīn, B. Sh. *Muṭālaʿāt fī ʾl-shiʿr al-mamlūki wa ʾl-ʿuthmānī*. Beirut, 1979.

ʿAzzām, ʿA. *Majlis al-Sultān al-Ghūrī*. 2 vols. Cairo, 1941.

Badawī, ʿAbd al-Raḥmān. *Aflūṭīn ʿinda ʾl-ʿarab*. 3rd ed. Cairo, 1977.

Fahmī Muḥammad, ʿAbd al-Raḥmān. "Bayn adab al-maqāma wa fann al- ʿimāra fī ʾl-madrasa al-saʿdiyya." *Majallat al-majmaʿ al-ʿilmī al-miṣrī* 52 (1970-71), pp. 39-63.

al-Fārābī. *Iḥṣāʾ al-ʿulūm*, ed. ʿU. Amīn. Cairo, 1949.

al-Fārābī. *Kitāb al-musīqī al-kabīr*, ed. Gh. Khashaba. Cairo, 1967.

al-Ghazālī. *Iḥyāʾ ʿulūm al- dīn*, 16 vols. Cairo, 1357/1938-39.

al-Ḥarīrī. *Sharḥ maqāmāt al-ḥarīrī*, with commentary by Ibn al-Khashshāb and Ibn Barbarī. n.p.: Dār al-Fikr, 1326/1908-9.

Ḥāzim al-Qarṭājannī. *Minhāj al-bulaghāʾ wa sarāj al-udabāʾ*, ed. M. H. Ibn al-Khūjā. Tunis, 1966.

Hilmī, M. K. *Abūʾl-Ṭayyib al-Mutanabbī*. Damascus, 1986.

Ibn Abī Hajla. *Dīwān al-ṣabāba*. Cairo, 1279H.

Ibn Abī Zarʿ. *Al-Anīs al-muṭrib bi rawḍ al-qirṭās*. Rabat, 1973.

Ibn Ḥabīb. *Tadhkirat al-nabīh fī ayyām al-manṣūr wa banīh*, ed. M. Amin. Vol. 1. Cairo 1976.

Ibn al-Ḥājj. *al-Madkhal*. 4 vols. Beirut, 1981.

Ibn al-Haytham: Sabra 참조.

Ibn Ḥazm. *Ṭawq al-ḥamāma*. Beirut, 1992.

Ibn Iyās. *Badāʾiʿ al-zuhūr fī waqʾāiʿ al-duhūr*, ed. M. Mustafa. 5 vols. Cairo, 1961-1975.

Ibn al-Kātib: Shiloah 참조.

Ibn Khaldūn. *Al-Muqaddima*. Beirut, n.d.

Ibn Khaldūn. *al-Taʿrīf bi Ibn Khaldūn*. Beirut, 1979.

Ibn Qayyim al-Jawziyya. *Rawḍat al-muḥibbīn*. Cairo, n.d.

Ibn Qayyim al-Jawziyya. *al-Ṭibb al-nabawī*. Cairo, n.d.

Ibn Qayyim al-Jawziyya. *Zād al-ma'ād*. Cairo, 1324/1906-7.
Ibn Shāhīn, Khalīl. *Tafsīr al-aḥlām al-musammā al-isharāt fī 'ilm al-'ibārāt*. 2vols. Cairo, 1991.
Ibn Sīna. *Fann al-shi'r min kitāb al-shifā*, ed. 'A. Badawi. Cairo, 1953.
Ibn Sīnā: Goichon, *Directives* 참조.
Ibn Sīrīn, M.(추정). *Tafsīr al-aḥlām*. Beirut, 1995.
Ibn al-Zubayr. *Kitāb al-dhakhā'ir wa 'l-tuḥaf*, ed. M. Hamid Allah. Kuwayt, 1959.
al-Idrīsī: Haarmann 참조.
Ikhwān al-Ṣafā'. *Rasā'il*. 4 vols. Beirut, n.d.
al-Iṣbahānī. *Kitāb al-aghānī*. 24 vols. Cairo, 1963.
Ismā'īl, I. *al-Usūs al-jamāliyya fī 'l-naqd al-adabī*. Cairo, 1968.
al-Jāḥiz, Ibn 'Uthmān 'Umar Ibn Baḥr. *al-Ḥayawān*, ed. 'A. Hārūn and M. B. Ḥalabī. Cairo, 1948.
al-Jāḥiz(추정). *Al-Kitāb al-musammā bi'l-maḥāsin wa'l-aḍdād (Le Livre des Beautés et des Antithèses)*, ed. Gerlov Van Vloten. Leyden, 1898; repr. Amsterdam, 1974.
al-Jurjānī, Abd al-Qāhir. *Asrār al-balāgha fī 'ilm al-bayān*. Beirut, 1995.
al-Jurjānī, al-Qādī 'Abd al-'Azīz. *al-Wasāṭa bayna al-mutanabhī wa khuṣūmihi*, ed. Muḥ. Abu'l-Faḍl Ibrāhīm and Muḥ. al-Bajawī. Cairo, 1945.
al-Kātib, al-Ḥasan Ibn Aḥmad. *Kitāb kamāl adab al-ghinā*, ed. G. 'A. Khashaba. Cairo, 1975. Shiloah 참조.
al-Kawkabānī. *Hadā'iq al-nammām fī 'l-kalām 'alā mā yata'allaq bi'l-ḥammām*. Beirut, 1986.
Kurd 'Alī Muḥammad. *Rasā'il al-bulāghā'*. Cairo, 1954.
al-Ma'arrī, Abū'l-'Ala'. *Risālat al-Ghufrān*, ed. 'A. 'Abd al-Raḥmān. Cairo, 1963.
al-Maqrīzī. *al-Mawā'iz wa'l-i'tibār fī dhikr al-khiṭaṭ wa'l-āthār*. Būlāq, 1270/1853-4.
al-Mas'ūdī. *Murūj al-dhahab*. 2 vols. Beirut, 1982.
Mujīr al-Dīn. *al-Uns al-jalīl bi tarīkh al-Quds wa'l-Khalīl*. 2 vols. Amman, 1973.
Mubārak, Z. *al-Taṣawwuf al-islāmī fī'l-adab wa'l-akhlāq*. 2 vols. Cairo, n.d.
al-Nawājī. *Ḥulbat al-kumayt fī'l-adab wa'l-nawādir al-muta'alliqa bi 'l-khamriyyāt*. Cairo 1299/1881-82.
al-Qalqashandī. *Subḥ al-a'shā fī ṣinā'at al-inshā*. 14 vols. Cairo, 1963.
al-Rāghib al-Iṣfahānī. *al-Dhari'a 'alā makārim al-sharī'a*, ed. Ṭ. 'A. Sa'd. Cairo, 1973.
Sa'd, F. *Khayāl al-ẓill al-'arabī*. Beirut, 1993.
al-Sakhāwī, Shams al-Dīn Muḥ. *al-Ḍaw' al-lāmi' li-ahl al-qarn al-tāsi'*. 12 vols. Cairo, 1896.
Salīm, M. R. *'Aṣr salāṭīn al-mamālīk wa nitājuhu 'l-'ilmī wa'l-adabī*. 8 vols. Cairo, 1962.
al-Shāmi, A. *al-Ẓāhira al-Ẓamāliyya fī 'l-islām*. Beirut, 1986.
al-Shams, M. 'Abd Allāh. *Muqaddima li 'ilm al-mīkānīk fī'l-ḥaḍāra al-'arabiyya*. Vol. 1.

Baghdad, 1977.

al-Shirbīnī. *Hazz al- quhūf fī'sharḥ qaṣīd abī-shādūf.* Cairo, 1890-91.

al-Suhrawardī, Yaḥyā. *Ḥikmat al-ishrāq. Opera Metaphysica et Mystica*, ed. H. Corbin. Paris/Teheran, 1952.

ʿUṣfūr, J. *Qirāʾat al-turāth al-naqdī.* Kuwait, 1992.

ʿUṣfūr, J. *al-Ṣūra 'l-fanniya fī'l-turāth al-naqdī wa 'l-balāghī.* Cairo, 1992.

al-Washshaʾ, Abū Ṭayyib Muḥammad Ibn Isḥāq. *Kitāb al-muwashshā*, ed. R. Brünnow. Leiden, 1886.

al-Zabīdī, Muḥammad Murtada. *Ḥikmat al-ishrāq ilā kuttāb al-āfāq.* Cairo, 1374/1954.

al-Zarkashī, Muḥammad Ibn ʿAbd Allāh. *Iʿlam al-sājid bi-aḥkām al-masājid.* Cairo, 1397/1976-77.

al-Zawzanī. *Sharḥ al-muʿallāqāt al-sabʿ.* Cairo, 1958.

인명사전*

아부 하니파 Abū Ḥanīfa 알 누만(al-Nu'mān, 699년 쿠파 출생으로 추정, 767년 바그다드에서 사망). 이슬람 율법의 하나피(Ḥanafī)파(마드하브*Madhhab*)의 창시자이다. 하나피파는 공식적으로 인정된 수니(Sunni) 이슬람의 4개 학파 중 하나로, 그의 이름을 따라 명명되었다. 그 생애에 대해서는 거의 알려진 바가 없다. 할아버지는 카불 출신의 해방 노예였다고 한다. 아부 하니파 자신은 이슬람 율법에 관한 책을 쓰지 않았지만, 교육과 구술(口述), 토론을 통해 제자와 학생들에게 사상을 전달했다.

아부 누와스 Abū Nuwās 하산(Ḥasan, 747년에서 762년 사이 이란 남부의 알-아와즈 /쿠지스탄 출생, 813년에서 815년 사이 바그다드에서 사망). 압바스 칼리프조 시대의 가장 유명한 시인이었다. 어머니는 페르시아인이었고 아버지는 아라비아 반도 남부 출신이었다. 아부 누와스는 쿠파, 바스라, 바그다드에서 살았고, 아랍어 지식을 늘리기 위해 베두인들 사이에서 시간을 보내기도 했다고 알려져 있다. 그의 가장 성공적인 경력은 칼리프 아민 궁정에서 쌓았고, 바르마크 가문(압바즈 칼리프조 궁정의 재상을 계속 배출한 가문)의 후원을 누렸다. 그러나 그의 연애시와 권주시(勸酒詩)에 표현된 자유분방함 때문에 어려움을 겪었다. 전통적인 아랍어 문학 비평에서 아부 누와스는 근대 학파의 가장 중요한 대표자로 간주되며, 이슬람 이전의 고전 학파와는 대조된다고 본다. 그가 어떻게 사망했는지에 대해서는 상호 모순되는 설이 전해지는데, 모두 그의 성격을 드러내는 것들이다. 신성 모독으로 유죄 판결을 받고 감옥에서 사망했을 수도 있고, 선술집이든가 어떤 학자나 친구의 집에서 사망했을 수도 있다.

알-아미리 al-'Āmirī 아불 하산 무함마드(Abu'l-Ḥasan Muḥammad, 10세기 초

....

* 『이슬람 백과사전(*Encyclopaedia of Islam*)』(2판) 참조.

호라산 출생, 992년 니샤푸르/호라산에서 사망). 신플라톤주의적이며 아리스토텔레스적 경향의 철학자로, 철학 사상과 종교 사상의 조화를 이루고자 했다. 그는 라이에 거점을 두었던 부이 왕조 재상들의 후원을 받았다. 바그다드를 2차례 방문했으나 무례한 시골뜨기 취급을 받아서 성공을 얻지 못했다.

알 아샤리 al-Ashʿarī 아부 하산 알리(Abū ʻl-Ḥasan ʿAlī, 873/74년 바스라 출생, 935/36년 바그다드에서 사망). 그의 이름을 딴 신학파(神學派)의 창시자였다. 그는 무타질라파(Muʿtazilī, 그리스 사상에 크게 영향을 받은 합리주의적 신학파)로 경력을 시작했으나, 912/13년에 정통파로 선회했는데, 선지자가 꿈에 나타나 그의 비정통(非正統)의 믿음을 비난하였기 때문이라고 한다.

알 아스마이 al-Aṣmaʿī 아부 사이드 압달 말리크(Abū Saʿīd ʿAbd al-Malik, 740년 바스라 출생, 828년경 사망). 문헌학자이자 문학 비평가였다. 아랍어 지식을 개선하기 위해 베두인들 사이에서 어느 정도 시간을 보냈다. 바스라와 바그다드에서 많은 학생들이 모여들었으며, 칼리프 하룬 알 라시드(Harūn al-Rashīd)에 고용되어 여러 예화로 칼리프의 관심을 얻었다.

알 비루니 al-Bīrūnī 아부 라이한 무함마드(Abū al-Rayḥān Muḥammad, 973년 아랄호 남쪽의 카스/호라즘에서 출생, 1048년경 가즈나에서 사망한 것으로 추정). 자연과학자이자 천문학자, 역사가이며 지리학자의 지식을 두루 갖추어 중세 이슬람 시대의 가장 뛰어난 학자 중 한 사람이다. 그의 후원자들로는 부하라에 수도를 둔 사만 왕조 술탄 만수르 2세 이븐 누흐(Manṣūr II Ibn Nūḥ)와 카스피해를 따라 고르간에 거점을 둔 지야르 왕조의 아불 하산 카부스(Abū 'l-Ḥasan Qābūs)였고, 그는 첫 연대기 작품을 카부스에게 헌정했다. 그런 다음 가즈나 왕국의 통치자 마흐무드(Maḥmūd)의 궁정으로 가서 인도에 관한 책을 편찬했다.

둘눈 Dhū ʻl-Nūn 아불 파이드 타우반(Abū l-Fayḍ Thawbān, 796년 이크밈/상(上) 이집트 출생, 기자에서 사망). 초기 수피 중 하나로, 수피즘을 최초로 교리로 체계화하여 가르쳤던 사람이다. 아버지는 누비아 흑인이었고, 자신은 해방 노예였던 것으로 보인다. 메카, 다마스쿠스, 안티오크로 여행했다. 정통파뿐만 아니라 합리주의적인 무타질라파의 미움을 받아 감옥에 가게 되었지만 압바스 칼피프의 명으로 풀려났다. 이슬람 길드 문헌에 따르면 둘눈은 의사들의 수호 성인이기도 하다.

알 파라비 al-Fārābī 아부 나스르 무함마드(Abū Naṣr Muḥammad, 870년 트란스옥시아나의 파라브Farab 출생, 950년 다마스쿠스에서 사망). 그는 라틴어 문헌에 알파라비우스(Alfarabius) 또는 아베나사르(Avennasar)라고 알려져 있는데, 가장 위대한 무슬림 철학자이자 음악가 중 한 사람이었다. 아버지는 바그다드의 칼리프의 신변보호를 맡은 투르크 장교였으리라 추정된다. 알레포에 자리한 함단 왕조의 통치자, 사이프 알 다을라(Sayf al-Dawla)의 궁정에 초빙되었는데, 함단 왕조 궁정에는 많은 학자들이 모여 있었다. 알 파라비는 플라톤과 아리스토텔레스의 사상을 통합하여 이슬람적 신플라톤주의로 해석하였다.

알 가잘리 al-Ghazālī 아부 하미드 무함마드(Abū Ḥāmid Muḥammad, 1058년 투스/호라산 출생, 1111년 투스에서 사망). 이슬람의 가장 중요한 신학자이자 개혁가 중 한 사람이었다. 바그다드에서 니잠 알 물크(Niẓām al-Mulk)의 유명한 마드라사에서 가르치다가 다마스쿠스로 은퇴하여 수피이자 개인 학자로 있다가 다시 투스로 돌아왔다. 다마스쿠스에 있는 동안 그의 가장 유명한 책 『종교학의 부흥(*Iḥyā' 'Ulūm al- Ḍīn*)』을 썼다. 그가 이슬람에 남긴 가장 큰 공로는 수피즘을 정통파로 통합시킨 것이다.

이븐 아라비 Ibn 'Arabī 무이 알 딘 무함마드(Muḥyī al-Dīn Muḥammad, 1165년에 스페인 무르시아 출생, 1240년 다마스쿠스에서 사망). 이슬람의 가장 위대한 수피 중 한 사람으로, 가장 많은 글을 남긴 수피 작가여서 '거장(巨匠, *al-Shaykh al- Akbar*)'이라는 별명을 얻었다. 스페인, 북아프리카, 히자즈 지방, 아나톨리아, 이라크, 팔레스타인, 이집트, 시리아 등을 여행했다.

이븐 알 파리드 Ibn al-Fāriḍ 우마르('Umar, 1181년 출생, 1235년 카이로에서

사망). 상속 관리인(파리드fāriḍ)이었던 아버지를 따라 법학으로 경력을 시작했으나 후에 수피즘으로 온전히 전향했다. 여러 해 동안 사막에서 은둔자로 살았고 살아 생전에 이미 성인으로 추앙받았다.

이븐 하즘 Ibn Hazm 아부 무함마드 알리(Abū Muḥammad ʿAlī, 994년 코르도바 출생, 1064년 안달루시아의 마을, 만타 리샴에서 사망). 시인, 역사가, 법학자, 철학자, 신학자였다. 원래 기독교도였을 것으로 보인다. 아버지는 스페인의 우마이야 궁정의 재상이었으며 자신도 잠시 우마이야조를 위해 일했으나 당시 정치적 불안으로 인해 정치 생활에서 물러났다.

이븐 할둔 Ibn Khaldūn 왈리 알 딘 압달 라흐만(Walī al-Dīn ʿAbd al-Raḥmān, 1332년 튀니스 출생, 1406년 카이로에서 사망). 역사가, 사회학자, 철학자였다. 그의 책 『무카디마(*Muqaddima*, 입문서)』는 뛰어난 역사 철학서이다. 튀니스에서 세빌리야 출신 아랍인 가정에 태어났는데, 가족은 스페인의 레콩키스타(再征服, Reconquista)를 피해서 튀니스로 이주해 왔다. 튀니스에서 학술 교육을 받았다. 흑사병으로 가족을 잃은 후, 페즈로 갔고, 그곳에서 메린 왕조의 궁정에서 행정직을 맡았다. 그런 다음 그라나다로 가서 나스르 궁정에서 영접을 받았고, 다음 베자이아로 이동하여 궁내장관이 되어 교사와 설교자로도 활동했다. 그라나다와 마그레브에서 좀 더 머문 후 카이로에 와서 마지막이면서 가장 빛나는 업적을 이루었다. 그곳에서 그는 교사이자 한카(khanqāh)* 의 수장(首長)이며 카디(*qadi*, 법률가)로서 여러 직위를 받았다. 그는 1400년 다마스쿠스 공성전(攻城戰) 동안 외교 사절단으로 티무르에게 파견되었다.

이븐 카이임 알 자우지야 Ibn Qayyim al-Jawziyya 샴스 알 딘 아부 바크르 무함마드(Shams al-Dīn Abū Bakr Muḥammad, 1292년 출생, 1350년 다마스쿠스에서 사망). 한발리 학파의 신학자이자 법학자였다. 한발리파 스승인 이븐 타이미야(Ibn Taymiyya)와 함께 한때 다마스쿠스 감옥에 감금되어 있었다. 많은 종

* 수피 교단 모임. (역자주)

교 및 법률 연구서를 저술했다.

이븐 알 루미 Ibn al-Rūmī 아불 하산 알리 이븐 알 압바스(Abū 'l-Ḥasan 'Alī ibn al-'Abbās, 836년 출생, 897년 바그다드에서 사망). 시인이자, 철학자이며 학자로 알려져 있다. 비잔틴 기독교에서 개종한 아버지와 페르시아인 어머니 사이에서 태어났다. 관료라기보다는 찬사(讚辭)문학자로 기억되고 있다. 시아파(Shī'a)이고 무타질라파 신앙을 가졌기 때문에, 궁정의 후원을 항상 받았던 것은 아니어서 다른 곳의 저명인사들 가운데 후원을 찾아야 했다. 그의 시 작품은 방대하고 다양하여 분류가 쉽지는 않지만, 일반적으로 신고전주의 궁중 문학 전통에 속한다.

이븐 루슈드 Ibn Rushd 아불 왈리드 무함마드(Abū 'l-Walīd Muḥammad, 1126년 코르도바 출생, 1198년 마라케시에서 사망). 중세 최고의 아리스토텔레스 주해가로 서양에서 아베로스(Averröes)라고 알려져 있다. 카디 가문 출신으로, 그 역시 세빌리야와 코르도바에서 카디로 일했다. 이븐 투파일(Ibn Ṭufayl)의 소개로 마라케시의 알와히드 왕조 통치자인 아부 야쿠브 유수프(Abū Ya'qūb Yūsuf)를 만나 우여곡절 끝에 후원을 얻었다. 그러나 정통파 학자들의 압력 때문에 잠시 총애를 잃었고, 그 사이 그의 책이 불태워졌다. 무슬림 제자가 거의 없었지만, 서양 철학에 끼친 영향은 특히 강력했다.

이븐 시나 Ibn Sīnā 아부 알리 알 후사인(Abū 'Alī al-Ḥusayn, 980년 부하라 근처 출생, 1037년 하마단/이란 중부에서 사망). 의사이자 철학자로서 이슬람과 서구 문화에 막대한 영향을 미쳤으며, 서구에서는 아비세나(Avicenna)라는 이름으로 알려져 있다. 정치 경력도 있었는데, 부하라에 있는 누 이븐 만수르(Nūḥ Ibn Manṣūr)의 사만 왕조 궁정에서 오랫동안 재상을 지냈고 나중에는 이스파한과 하마단에서 부이 왕조를 섬기기도 했다.

이븐 투파일 Ibn Ṭufayl 아부 바크르 무함마드('Abū Bakr Muḥammad, 1100년에서 1110년 사이 그라나다 근처의 과딕스 출생, 1185/86년 마라케시에서 사망).

의사이자 철학자였다. 아랍부족연맹인 카이스(Qays)의 유명한 아랍 부족 출신이다. 서구에서 아부바커(Abubacer)로 알려져 있다. 그라나다, 세우타, 탕헤르에서 의사로 일하다가 마라케시의 알와히드 왕조 통치차 아부 야쿠브 유수프의 궁정 의사로 임명되었다. 그의 철학 소설인 『하이 이븐 야크잔(*Ḥayy ibn Yaqẓān*, 독학철학자)』 덕분에 명성을 얻은 바가 크다.

이크완 알사파 Ikhwān al-Ṣafā' 순결 형제단은 10세기 후반 바스라에 살았던 작가 집단이다. 그들은 『라사일 이크완 알사파(*Rasā'il Ikhwān al-Ṣafā'*, 순결 형제단전 純潔兄弟團典)』라고 알려져 있는 52개의 서신으로 구성된 철학 백과사전을 편찬했다. 저자들은 이스마일리(Ismā'īlis) 성향의 시아파에 속했을 것으로 보이지만, 수니파 학자들에게도 영향을 미쳤다.

임루 알 카이스 Imru' al-Qays (540년경 사망). 이슬람 이전 시대 가장 유명한 아랍 시인이었다. 킨다(Kinda) 부족 족장의 막내아들로 태어나 거의 평생 떠돌아다니며 사냥하고 술 마시며 시를 지었다. 아버지가 암살된 후 가산 부족(Ghassanids) 통치자가 그를 콘스탄티노플의 비잔틴 황제 유스티니아누스 1세(483-565)에게 소개하여 황제에게 군대를 얻어 왕위를 되찾을 수 있었다. 그러나 귀향길에 사망했는데, 독살된 것으로 보인다.

알 이스바하니 al-Iṣbahānī(또는 알 이스파하니al-Iṣfahānī) 아불 파라즈(Abū 'l-Faraj, 897년 이스파한 출생, 967년 바그다드에서 사망). 역사가, 시인, 문학가였다. 이스파한 출신으로 그의 가족은 선지자와 혈통 관계에 있는 고귀한 아랍 가문이다. 알레포의 함단 왕조의 통치자 사이프 알 다울라의 후원을 받았고, 바그다드의 부이 왕조의 후원도 받았는데, 일생 대부분 바그다드에서 보냈다.

알 주르자니 al-Jurjānī 아부 바크르 압달 카히르(Abū Bakr 'Abd al-Qāhir, 카스피해 연안 구르간 출생, 1078년 구르간에서 사망). 평생 동안 주로 문법학자로 알려져 있었다. 그러나 후대에는 문학 비평 이론으로 특히 주목을 받고 있는데, 그의 이론은 많은 점에서 현대 예술 개념을 앞질러 가고 있다.

알 킨디 al-Kindī 아부 유수프 야쿠브(Abū Yūsuf Ya'qūb, 800년 이전 쿠파 출생, 866년에 바그다드에서 사망). "아랍인의 철학자"라고 알려져 있다. 압바스 칼리프 궁정에서 일하면서, 저술을 칼리프에게 헌정했다. 알 킨디는 종교와 철학의 조화를 믿었다.

알 마아리 al-Ma'arrī 아불 알라 아흐마드(Abu 'l-'Ala' Aḥmad, 973년 출생, 1038년 북부 시리아의 마아라트 알 누만에서 사망). 가장 뛰어난 아랍 시인 중 한 사람이다. 그의 가문은 대대로 유명인과 샤피이파(Shāfi'ī) 카디를 배출했다. 어린 시절의 질병으로 인해 시력을 잃었다. 바그다드를 방문하여 도서관을 찾았다는 것 외에는 그의 행방에 대해 알려진 바가 거의 없다. 거의 평생 고향에서 은둔하며 보냈다.

알 마크리지 al-Maqrīzī 타키이알딘 아불 압바스 아흐마드(Taqīy al-Dīn Abū 'l-'Abbās Aḥmad, 1364년 카이로 출생, 1442년 카이로에서 사망). 시리아 학자 가문 출신이다. 관료로 짧은 경력을 쌓은 후 개인 학자로 또 다작의 역사가로 평생을 보냈다.

알 마수디 al-Mas'ūdī 아불 하산 알리(Abū 'l-Ḥasan 'Alī, 890년 바그다드 출생, 956년 푸스타트/카이로에서 사망). 여행가이자 백과사전 작가이며 역사가였다. 선지자와 인척 관계가 있는 아랍 귀족 가문 출신이다. 인도까지 여행한 후 대부분의 시간을 시리아와 이집트에서 보냈다. 그의 주요 저서 『황금초원(*Murūj al-Dhahab*)』은 일반 역사서로 압바스 궁정에 대한 많은 정보를 담고 있다. 이븐 할둔(Ibn Khaldūn)에게 큰 영향을 미쳤다.

알 무타나비 al-Mutanabbī 아불 타이브 아흐마드 알 주피(Abū 'l-Ṭayyib Aḥmad al-Ju'fī, 915년 쿠파 출생, 954년 페르시아에서 바그다드로 가는 길에 사망). 가장 위대한 아랍 시인 중 한 사람이다. 아랍 문학 양식을 다듬는 일에 자부심을 가지고 있어 한동안 베두인 사이에서 시간을 보냈다. 알레포에 거점을 둔 함단 왕조의 통치자 사이프 알 다울라의 궁정 시인이었는데, 오만한 행동으로 인해 총애를 잃었다. 이집트에서 이크시드 왕조의 궁정에 머무는 것도 성공적이지 못했다. 마침내 쉬라즈의 부이 왕조의 궁정에서 얼마 동안 지내다가 바그다드로 돌아가는 길에 베두인 강도에게 살해당했다.

알 카르타야니 al-Qarṭājannī 하짐 아불 하산(Ḥāzim Abū 'l-Ḥasan, 1211년 카르타헤나 출생, 1285년 튀니스에서 사망). 시인이며 문법학자이고, 독창적인 문학 비평가였다. 무르시아, 세빌리야, 그라나다에서 공부한 후 그는 마라케시의 알와히드 궁정에서 어느 정도 지내다 튀니스에 있는 아부 자카리야(Abū Zakariyya)의 하프스 왕조의 궁정에서 총리를 역임했다.

알 라지 al-Rāzī 아부 바크르 무함마드(Abū Bakr Muḥammad, 약 854년 출생, 925년 또는 935년 현재 테헤란 근처의 라이에서 사망). 의사이자 철학자인데, 이러한 조합은 당시로서는 흔한 것이었다. 그는 라이와 바그다드에서 병원을 운영했다. 서구에서는 라제스(Rhazes)라고 알려져 있으며 의학서로 유명하다. 철학적 성향은 플라톤적이었고 윤리적 사상은 소크라테스의 영향을 받았다.

알 샤피이 al-Shāfiʿī 이맘 아부 압달라 무함마드(Imām Abū ʿAbd Allāh Muḥammad, 767년 팔레스타인 또는 예멘 출생, 820년 이집트에서 사망). 선지자와 인척 관계에 있는 가문 출신이다. 문헌학자로 경력을 시작했으며 양궁에도 관심이 있었다. 후에 메디나에서 법학을 공부하고 말리키 학파(Malīkī madhhab)의 창립자인 이맘 말리크 이븐 아나스(Imām Mālik Ibn Ānas) 강좌에 참석했다. 예멘, 이라크, 이집트를 여행하며 자신의 이슬람법 교리를 가르쳤고, 이는 결국 순니파의 4대 마드하브 중 하나로 인정받게 되었다.

알 수흐라와르디 al-Suhrawardī 시하브 알딘 야히아(Shihāb ad-Dīn Yaḥyā, 12세기 중반 수흐라와르디/페르시아 출생, 1191년 알레포에서 사망). 유명한 철학자이자 수피교도로, 이스파한, 바그다드, 알레포에서 살았다. 알레포에서 통치자 알 말리크 알 자히르(al-Malik al-Ẓāhir)의 후원을 받았으나 정통파 울레마의 압력으로 처형당했다.

알 타위디 al-Tawḥīdī 알리 아부 하이얀(ʻAlī Abū Ḥayyān, 922-932년 페르시아 또는 바그다드 출생, 1023년경 쉬라즈에서 사망). 문학가이자 신플라톤주의의 영향을 받은 철학자였다. 까다로운 성격 때문이었는지 군주의 후원을 찾을 수 없어서, 서기로 생계를 꾸려야 했다. 말년에는 괴로움 끝에 자신의 책을 불태웠다.

찾아보기

ㄱ

ㄴ

ㄷ

ㄹ

ㅁ

ㅇ

ㅈ

ㅊ

ㅋ

ㅌ

ㅍ

ㅎ